W0186509

DAS JÜDISCHE KONSTANZ

BLÜTEZEIT UND VERNICHTUNG

„‚Man kann nicht allen helfen', sagt der Engherzige und hilft keinem.“

MARIE VON EBNER-ESCHENBACH (1830 – 1916)

„Wer zu handeln versäumt, ist noch keineswegs frei von Schuld. Niemand erhält seine Reinheit durch Teilnahmslosigkeit.“

SIEGFRIED LENZ (1926 – 2014), „DIE ZEIT DER SCHULDLOSEN“

TOBIAS ENGELSING

DAS JÜDISCHE KONSTANZ

BLÜTEZEIT UND VERNICHTUNG

Mit Beiträgen von Manfred Bosch, Lisa Foege
und Birgit Lockheimer

Südverlag

Bibliografische Information der Deutschen Bibliothek
Die Deutsche Bibliothek verzeichnet diese Publikation in der Deutschen Nationalbibliografie; detaillierte bibliografische Daten sind im Internet über http://dnb.ddb.de abrufbar.

ISBN 978-3-87800-072-3

Das Werk einschließlich aller seiner Teile ist urheberrechtlich geschützt. Jede Verwertung außerhalb der engen Grenzen des Urheberrechtsgesetzes ist ohne Zustimmung des Verlages unzulässig und strafbar. Das gilt insbesondere für Vervielfältigungen, Übersetzungen, Mikroverfilmungen und die Einspeicherung und Verarbeitung in elektronischen Systemen.

Erschienen anlässlich der Sonderausstellung zur Erinnerung an die vor 75 Jahren am 22. Oktober 1940 erfolgte Deportation der badischen Juden in das Internierungslager Gurs.

© Südverlag GmbH, Konstanz 2015
Herausgeber: Tobias Engelsing für das Rosgartenmuseum Konstanz
1. Auflage, Juli 2015
Autor: Tobias Engelsing, mit Beiträgen von Manfred Bosch, Lisa Foege und Birgit Lockheimer
Katalogredaktion: Annette Güthner (Südverlag), Lisa Foege
Mitarbeit bei Archivrecherchen: stud. phil. Lukas-Daniel Barwitzki, stud. phil. Daniela Schilhab
Gestaltung: bbv, Siegrun Nuber, Konstanz
Umschlagabbildungen: © Titel: Nachlass Veit/Hornung, Rückseite: Rosgartenmuseum
Abbildungen: s. Bildnachweis im Anhang
Scans: Ursula Benkoe
Druck und Bindung: CPI – Ebner & Spiegel, Ulm

Südverlag GmbH
Schützenstr. 24, 78462 Konstanz
Tel. 07531-9053-0, Fax: 07531-9053-98
www.suedverlag.de

Gefördert von Baden-Württemberg Stiftung
WIR STIFTEN ZUKUNFT

DAS JÜDISCHE KONSTANZ
BLÜTEZEIT UND VERNICHTUNG

Tobias Engelsing

Es waren Jahre des Aufbruchs und rosiger Zukunftsperspektiven für die größte Stadt am Bodensee: 1863 erhielt Konstanz endlich den seit langem diskutierten Anschluss an die zwischen Waldshut und Konstanz verlaufende „Hochrheinbahn" und damit Verbindung zum überregionalen deutsch-schweizerischen Eisenbahnnetz. Nach mehr als einem Jahrzehnt des wirtschaftlichen und gesellschaftlichen Stillstands und der politisch repressiven Stimmung seit der gescheiterten bürgerlichen Revolution von 1848/49 schien sich die rund 8000 Einwohner zählende Stadt unter dem Einfluss junger liberal gesinnter Köpfe vom mittelalterlichen Mief befreien zu wollen: Militärisch nutzlos gewordene Stadttore und Umfassungsmauern wurden abgerissen, die Straßen der Innenstadt gepflastert, erste Gaslater-

Der 1863 eröffnete Hauptbahnhof mit seinem markanten Glockenturm in einer zeitgenössischen Darstellung.

nen beleuchteten sie. Bereits 1847 hatte die württembergische Eisenbahn den Bodensee erreicht. Mit den Dampfschiffen kamen erstmals auch Sommergäste von Friedrichshafen und Romanshorn her über den See gefahren, um die alte Reichsstadt und ihre Sehenswürdigkeiten zu bestaunen. Innerhalb eines Jahrzehnts vervielfachte sich die Zahl der Handelsgeschäfte, Gasthäuser und Hotels sowie der Massengüter herstellenden Gewerbebetriebe. Aus der beengten und heruntergekommenen, nur mehr auf den lokalen Markt bezogenen Stadt wurde eine ansehnliche regionale, vom Einzelhandel geprägte Metropole, die auch zunehmend Gewerbe- und Industriebetriebe anziehen konnte.

Ansicht des inneren Schottentores. Von über 30 Toren und Türmen der spätmittelalterlichen Stadtbefestigung blieben bis etwa 1870 nur drei stehen, die anderen wurden abgerissen oder als „Steinbruch" verkauft.

Der Geist des Aufbruchs, der das noch relativ junge Großherzogtum Baden unter seinem neuen Großherzog Friedrich I. um 1860 erfasst hatte, löste auch in der bis dahin noch immer spätmittelalterlich geprägten Stadt mehrere Fortschrittsimpulse aus. Nach dem spektakulären Brand der hölzernen Rheinbrücke 1856 war beispielsweise eine Freiwillige Feuerwehr ins Leben gerufen worden. Deren Initianten verstanden sich als mündige Bürger, die eine so wichtige Aufgabe wie den Brandschutz in die eigene Hand nehmen und neuzeitlich organisieren wollten. Mit der Notwendigkeit, eine neue Brücke zu bauen, hatte auch die Eisenbahnfrage neuen Schwung bekommen. Damit verbunden waren Überlegungen zur städtebaulichen Entwicklung. Düstere Patrizierhäuser sollten modernen Wohnbauten weichen, sumpfiges Ufergelände aufgefüllt und für den Wohnungsbau nutzbar gemacht werden. Mehrere Textilunternehmer weiteten ihre Produktion aus, und die örtliche Dampfschifffahrtsgesellschaft vergrößerte ihre Flotte. Zeitungsgründungen und regelmäßig veranstaltete Bürgerabende schufen Foren für die öffentliche Meinung. Nach den Jahren der Unterdrückung jeder freiheitlichen Äußerung fanden kommunalpolitisch interessierte Bürger nun Zu-

Die Stadtsilhouette während der großen Veränderungen: Das mittelalterliche Kaufhaus (links) steht noch direkt am Wasser, doch der Münsterturm hat schon seinen neuen neogotischen Turmaufsatz. Um 1855.

gang zu den bedeutsamen Angelegenheiten der Kommune und erhielten Gelegenheit mitzureden. Ihre Stimmen zählten jedoch wenig, denn das geltende Wahlrecht begünstigte die begüterten Bürger. Im Bildungswesen und kulturell begann sich die Stadt der neuen Zeit zu öffnen: Eine höhere Töchterschule wurde gegründet, 1857 initiierte der ehemalige Bistumsverweser Heinrich Ignaz von Wessenberg einen Kunstverein, und es fand sich eine Initiative zur Gründung eines Museums zusammen. Das halb verfallene Theater wurde renoviert. Durchziehende Wandertruppen belebten das Haus, indem sie neben seichten Schwänken auch Stücke zeitgenössischer Autoren auf die Bühne brachten.

Die liberale Elite warb für ein neues Verständnis von Arbeit, für den technischen Fortschritt, für eine breitere, von den Kirchen losgelöste Bildung der Jugend, sie proklamierte Selbstverwaltung und bürgerliche Freiheiten. Ihre führenden Köpfe waren junge Verwaltungsbeamte und alte Revolutionäre der Freiheitsbewegung von 1848: Zu nennen sind der spätere Bürgermeister Max Stromeyer, die Mediziner und Alt-48er Dr. Ernst Stitzenberger und Eduard Vanotti, der liberale Kaufmann Karl Zogelmann und der Bierbrauer Hermann Kempter. Zunehmend nationalbewusst, redeten diese liberalen Kreise auch der Vereinigung der deutschen Länder in einem Nationalstaat unter Preußens Führung das Wort. Der Fortschrittsgeist durchdrang das schon bestehende Vereinswesen und führte zu zahlreichen Neugründungen: Turner, Sänger, Jäger, Schützen schufen sich Plattformen öffentlicher Wirksamkeit. Der freundschaftliche Austausch mit Vereinen in den anderen Bodensee-Anrainerstaaten war damals noch selbstverständlich. Gewerbevereine, Arbeiterbildungsvereine und die in dieser Zeit aufkommende Arbeiterbewegung bemühten sich, die unteren Bevölkerungsschichten für die eigenen politischen Ziele zu begeistern.

DIE „BÜRGERLICHE VERBESSERUNG“ DER JUDEN

Der liberale Zeitgeist der sogenannten „Neue Ära“ griff auch ältere Forderungen der Judenemanzipation aus der Zeit der Aufklärung wieder auf. Entsprechende verfassungsrechtliche Reformen des österreichischen Kaisers Joseph II. hatten den badischen Markgrafen Karl Friedrich schon 1782 dazu angeregt, die Juden seines Herrschaftsgebietes besser in die christliche Mehrheitsgesellschaft zu integrieren. Er beauftragte seine Staatsverwaltung, die rechtlichen Voraussetzungen dafür zu schaffen, dass Juden vermehrt Handwerksberufe erlernen konnten. Das theoretische Rüstzeug zu diesen Emanzipationsideen war vom preußischen Kriegsrat Christian Wilhelm Dohm gekommen: Der hatte mit seinem richtungsweisenden Buch *„Über die bürgerliche Verbesserung der Juden“* die Emanzipationsdiskussion 1781 überhaupt erst angestoßen. Dohm hatte dargelegt, dass *„die Juden von Natur gleiche Fähigkeiten erhalten haben, glücklichere, bessere Menschen, nützlichere Glieder der Gesellschaft zu werden; dass nur die unseres Zeitalters unwürdige Unterdrückung sie verderbt habe.“* Es sei eine Pflichtaufgabe *„der aufgeklärten Politik“*, die Juden aus ihrer rechtlosen Existenz zu befreien und sie mit den gleichen Rechten auszustatten, die auch den übrigen Landeskindern zustehen.[1] Neu daran war die Behauptung, der als beklagenswert beschriebene Zustand des armen Landjudentums sei eine Folge der jahrhundertelangen Unterdrückung durch die äußeren Bedingungen ihrer Existenz. Ganz im Geiste der Aufklärung forderte Dohm, man müsse nur diese Bedingungen verändern, dann würden sich die Juden in kurzer Zeit *„bürgerlich verbessern“* und zu nützlichen Mitgliedern der modernen Gesellschaft heranreifen.

Der Kuhhandel: Zwei jüdische Viehhändler preisen einem Käufer eine Kuh an. Zizenhauser Terrakotta.

Die Forderung nach rechtlicher Gleichstellung der Juden mit den übrigen Staatsbürgern fand in der damaligen Mark-

Ein Zollgardist durchsucht einen jüdischen Wanderhändler auf unangemeldete Waren, der Sohn des Händlers weint.

grafschaft Baden jedoch keinen Beifall. Das anfangs vorbildgebende Österreich hatte seit 1781 viele die Juden betreffenden Sonderbestimmungen aufgehoben, so den erniedrigenden *„Leibzoll“*, der von Juden beim Betreten von Städten erhoben wurde. Doch in den konservativen badischen Kanzleien herrschte noch immer die Überzeugung, man müsse den Staat vor den schädlichen Folgen der jüdischen *„Landplage“* schützen. Doch als das revolutionäre Frankreich 1791 den Juden die Rechtsgleichheit gewährte, wachten auch die Badener auf. Ein 1809 erlassenes *„Constitutionsedict“* sollte jüdischen Badenern die Aufnahme in das kommunale Ortsbürgerrecht ermöglichen. Voraussetzung war jedoch der Nachweis von Bildung und Vermögen. Auch sollten die Aufnahmewilligen einen für die Stadt als *„nützlich“* erachteten Beruf ausüben. Volle Freizügigkeit gewährte der Markgraf allerdings nicht: Auch weiterhin war es Juden nicht möglich, ihren Aufenthaltsort frei zu wählen. Damit waren sie an die engen Möglichkeiten ihres Geburtsorts gebunden, was die Chancen auf berufliche Entwicklung und sozialen Aufstieg stark behinderte.[2]

Als mit den revolutionären Ereignissen 1830 auch in Baden die Zeit des vormärzlichen Liberalismus begann, kam frischer Wind in die Emanzipationsfrage. Der große Reformlandtag von 1831 verabschiedete eine neue Gemeindeordnung und ein neues Bürgerrechtsgesetz. Die Gemeindeordnung hob zwar den überkommenen Unterschied zwischen Ortsbürgern (Vollbürgern) und Schutzbürgern auf. Damit erhielten Bürger bisher zweiten Ranges auf kommunaler Ebene die vollen politischen Rechte und Anspruch auf Teilhabe an kommunalen Versorgungsleistungen wie Allmendnutzung, Bürgerholz oder Armenunterstützung. Aber die Juden wurden wieder von der Gleichberechtigung ausgenommen. So blieben sie minderberechtigte Schutzbürger, Einwohner zweiter Klasse. Zugleich beschränkte die neue badische Gemeindeordnung die Wählbarkeit in kommunale Ämter auf christliche Bewerber.

Eine „Politiker“ bezeichnete Karikatur auf bedächtig lesende und räsonnierende Landjuden. Um 1900.

Diese faktische Verschlechterung der Rechtsstellung von Juden war Ausdruck einer antijüdischen Haltung der liberalen Kammermehrheit. Führende Liberale wie der Freiburger Staatsrechtler Karl von Rotteck waren vom *„antisozialen Wesen“* des religiös konservativen badischen Landjudentums überzeugt. Er lehnte diese Religion pauschal als *„Mumie aus der Antike“* ab. Juden seien, so Rotteck 1846 vor dem Landtag, die *„allergetreuesten Repräsentanten des Systems des Stillstands“*.[3] Reformer wie Rotteck machten die jüdische Religion mit ihren angeblich staats- und gesellschaftsfeindlichen Grundsätzen und ihrer traditionalistischen Rückständigkeit für die behauptete *„Nationalabsonderung“* der Juden verantwortlich. Volle Rechtsgleichheit sollten sie erst nach einer grundlegenden Modernisierung ihrer Religion erhalten. Gefordert wurden die Verlegung des Sabbats, die Aufhebung der Speisegesetze, der Verzicht auf das Hebräische und die Reinigung des Talmuds von *„staatsfeindlichen Tendenzen“*.[4]

In diesem Geist bekräftigte das 1831 erlassene Bürgerrechtsgesetz sogar Regelungen des überholten *„Constitutionsedicts“* von 1808: Dort war das Recht von Gemeinden, die sich bis dahin geweigert hatten, Juden in das Bürgerrecht aufzunehmen, ausdrücklich auch für die Zukunft verbrieft worden. Als die neue Gemeindeordnung und das Bürgerrechtsgesetz in Geltung traten, gestatteten folglich nur 173 der 1555 badischen Gemeinden und Städte jüdischen Zuwanderungswilligen die Niederlassung. Auf diese alten Ausnahmeregelungen berief sich auch der Konstanzer Gemeinderat: Wie Freiburg und Offenburg wollte die Stadt am Bodensee jüdischen Zuwanderern auch künftig kein Bürgerrecht verleihen.

Eine erste Lockerung dieser liberalen Rechtsgrundsätzen widersprechenden rückschrittlichen Regelungen brachte die Initiative demokratisch gesinnter Konstanzer Bürger vom Sommer 1847: Bürgerausschuss und Gemeinderat beschlossen nun mit beträchtlicher Mehrheit von 65 gegen 29 Stimmen einen Antrag, der die Aufnahme von Juden ins Ortsbürgerrecht generell vorsah. Damit war eine Debatte auch auf lokaler Ebene angestoßen worden, die zur selben Zeit im Badischen Landtag geführt wurde: Seit 1831 hatten das Parlament mehrfach Petitionen jüdischer Gemeinden erreicht. Eine dieser Petitionen führte 1846 endlich zu einem befürwortenden Votum der parlamentarisch gewählten Zweiten Kammer des Badischen Landtags. Die konservative großherzogliche Regierung, verfassungsrechtlich nicht an Empfehlungen des Parlaments gebunden, wies den Beschluss jedoch zurück.

Fromme Juden während des Gottesdienstes in der Synagoge.

„Juden sind die allergetreuesten Repräsentanten des Systems des Rückstands.“

KARL VON ROTTECK, 1846

„WER CHRIST IST, STIMME FÜR JUDEN“: EINE POLITISCHE DEBATTE 1847

Auch in Konstanz führte der Grundsatzbeschluss vom Sommer 1847 nicht zu einer neuen Aufnahmepraxis. Es gelang den Bedenken tragenden Stadträten unter Führung des liberalen Bürgermeisters Carl Hüetlin vielmehr, die generelle Möglichkeit des Zuzugs mit so hohen finanziellen Hürden zu versehen, dass die Aufnahmeregel praktisch wirkungslos blieb. Dem Beschluss war eine über Monate heftig geführte öffentliche Debatte vorausgegangen. Wortführer der Befürworter war der Herausgeber der radikaldemokratischen Zeitung „Seeblätter“, Josef Fickler. Als Mitglied des Bürgerausschusses hatte dieser überragende publizistische Wortführer der frühen Demokratiebewegung und spätere 1848er-Revolutionär den Konstanzer Antrag 1846 selbst eingebracht.

Der Herausgeber der radikaldemokratischen „Seeblätter“, Josef Fickler.

Über den Dächern einer alten Stadt: Der Blick vom Münsterturm zum Hafen, um 1865.

Treffend beschrieb er den Grundkonflikt der bisherigen badischen Emanzipationspolitik: *„Wie kann man den Juden aber auf der einen Seite zumuthen, Gewerbe zu erlernen, wenn man denselben auf der andern Seite die zu deren Ausübung einzig geeigneten Plätze unmöglich macht?“* [5] Wie er führten auch andere Redner in den Gremiensitzungen, darunter etliche fortschrittlich denkende Handwerker und Kaufleute, die positiven wirtschaftlichen Folgen für die heruntergekommene Stadt aus. Die Befürworter nahmen an, dass durch belebende Konkurrenz im Geschäftsleben die *„Regsamkeit und Betriebsamkeit der hiesigen Kaufleute gestachelt und angefeuert“* würde. Sie glaubten an wachsenden Konsum durch niedrigere Preise, einen Anstieg der Mieten und Immobilienwerte und hofften auf neue Bautätigkeit.[6] Die radikalen Gegner jeder Zuwanderung durch Juden, überwiegend Kleinhändler, konservative Handwerksmeister und katholische Stiftungsbeamte, hatten sich um die „Konstanzer Zeitung“ geschart. Dort wurden alle gängigen antijüdischen Vorurteile der Zeit ins Feld geführt: Den Juden fehle die sittliche und politische Reife zur Teilhabe am modernen Staatswesen, ihre Religion ziele darauf, das Gastvolk zu unterjochen, und sie erlaube Lüge und Betrug im Umgang mit Nichtjuden. Auch sei die Pflicht zur Nächstenliebe, anders als bei Christen, nur auf das eigene Volk gerichtet: Das Phantom von der jüdischen Weltverschwörung tauchte erstmals auch in der kleinen Stadt am Bodensee auf.

„Jud Abraham gibt seinem Sohn Lehren auf die Wanderschaft“, ist diese Zizenhauser Karikatur betitelt.

Am 28. August 1846 fasste die „Konstanzer Zeitung“ ihre radikale Position in einer rassistisch motivierten Begründung zusammen: *„Nicht wegen ihres Glaubens treten wir den Juden entgegen, sondern weil wir in ihnen die Glieder eines allen Völkern feindlich gesinnten Volkes sehen, die täglich den Messias erwarten, der sie aus der Diaspora in der sie jetzt leben, sammeln und zu den Herren der Welt machen wird. Wie kann solchergestalt ein Jude unser deutscher Mitbürger sein?“* Damit auch schlichtere Geister verstanden, was damit gemeint war, nutzte die Zeitung – wie 90 Jahre später der nationalsozialistische „Der Stürmer“ – auch die Mittel von Karikatur und Satire: In einer Parodie auf eine *„Petition der Jüdenschaft um bürgerliche Aufnahme in die Stadt Konstanz“* lässt die Zeitung jiddisches Kauderwelsch sprechende Antragsteller auftreten, die alle Vorurteile bedienen: Halsabschneiderische, Knoblauchwurst essende Krummnasen versprechen alles, nur damit sie wie Ungeziefer in die Häuser der christlichen Stadt eindringen können.[7] Diese vulgäre Polemik scheint auch Gegenkräfte mobilisiert zu haben. In Ficklers Zeitung „Seeblätter“ meldeten sich Stimmen wie die des liberalen Malermeisters Josef Eschbacher zu Wort. Angewidert von Vorurteilen und angeblich beweiskräftigen Talmud-Zitaten, die gegen die Juden angeführt wurden, appellierte er an die christliche Gesinnung seiner Mitbürger: *„Wer Christ sein will, der stimme für die Juden.“*[8]

Bürgermeister Carl Hüetlin nahm in dieser Frage eine vermittelnde Haltung ein: Er sprach sich als rechtsstaatlich denkender Jurist und Liberaler für eine grundsätzliche Gleichstellung der Juden aus. Zugleich wollte er in Widerspruch zu seinen liberalen Wirtschaftsauffassungen die ökonomisch bedrängten Kleinhändler und die in zünftischen Strukturen verhafteten konservativen Handwerker seiner Stadt vor dem Wettbewerb des freien Marktes schützen. Dieser Versuch musste zur Entwertung des fortschrittlichen Beschlusses führen. Es war Hüetlin, der schließlich einen langen Katalog von Bedingungen durchsetzte, die Aufnahmewillige künftig erfüllen sollten: Dazu gehörten eine vierfach höhere Aufnahmegebühr und ein fünfmal höherer Vermögensnachweis gegenüber nicht-jüdischen Antragstellern. Außerdem blieben Juden viele Berufe verschlossen, und sie sollten keinen Anteil an der Armenversorgung der Stadt erhalten. Schließlich musste sich jeder jüdische Neubürger verpflichten, in Konstanz ein Haus im Wert von mindestens 5000 Gulden zu kaufen. Diese Summe entspricht etwa 20 Jahresgehältern eines Konstanzer Lehrers der damaligen Zeit. Aber selbst Antragstellern, die diese überhöhten Forderungen hätten erfüllen können, stand kein Rechtsanspruch auf die Aufnahme ins Bürgerrecht zu. Jeder Einzelfall sollte auch künftig durch die Gemeindebehörden nach individueller Einschätzung entschieden werden.

Geordnetes Familienleben: „Rüstung auf den Schabbis“ heißt diese Gruppe, die eine landjüdische Familie um die Jahrhundertmitte zeigt.

Der Zeitungsherausgeber und Antragsteller Josef Fickler rühmte den Grundsatzbeschluss dennoch: Es sei gelungen, *„ein Vorurtheil abzuschütteln, welches religiöse Unduldsamkeit und schnöder Eigennutz fast zwei Jahrtausende gehegt und gepflegt“* hätten. Die fast unerfüllbaren Bedingungen bezeichnet er jedoch als *„drückendste Ungerechtigkeit“*. Die von Fickler zum Abschluss der Debatte geäußerte Hoffnung, nun möge es gelingen, *„jüdische Ansiedler als Mitbürger zu erhalten“* und seine Erwartung, der Kontakt mit ihnen werde *„die Erkenntnis ihrer vorteilhaften Einwirkung auf die gewerblichen Verhältnisse hiesiger Stadt“* befördern, erfüllte sich lange nicht: Es dauerte weitere 15 Jahre, bis die ersten jüdischen Familien als gleichberechtigte Bürger in Konstanz sesshaft wurden.[9]

» Nur Diener der Reaktion oder von ihnen Irregeleitete vermögen zu Judenverfolgungen die Hand bieten. «

DER BADISCHE ABGEORDNETE FRIEDRICH HECKER, 1848

In dieser Zeit lebte bereits ein Jude in Konstanz: Er hieß Leopold Frank, stammte aus Worblingen, war Kaufmann und wohnte seit 1845 zur Miete in einem Haus in der Innenstadt. Als er um Nachzug seiner Familie bat und 1847 den Antrag zur Aufnahme ins Bürgerrecht stellte, lehnten die Stadtoberen ab. Frank musste ein kurz zuvor erworbenes Wohnhaus sogar wieder verkaufen. Daraufhin soll er die Stadt verlassen haben. Vermutlich war es ihm nicht gelungen, den geforderten Vermögensnachweis zu führen oder die überteuerten Aufnahmegebühren für sich und seine Familie zu bezahlen.[10]

So blieb es bis auf Weiteres beim rein geschäftlichen Kontakt, den die Juden der umliegenden *„Judendörfer"* im Hegau und auf der Höri zu Konstanz unterhielten. Sie waren als Händler auf den traditionellen Jahrmärkten im Frühjahr und Herbst mit eigenen Buden vertreten, belieferten Einzelhändler und Haushalte mit Handelswaren aller Art, brachten Vieh zu den örtlichen Metzgern und in die

Der Friedhof des „Judendorfs" Randegg in der Darstellung von Otto Dix, 1935.

Ställe der stadtnahen Bauerndörfer. Doch schon die Überlegung, ein jüdisches Kind nach Konstanz auf eine höhere Schule oder in eine Lehre zu schicken, blieb ohne Niederlassungsrecht und ohne die Aussicht auf eine spätere berufliche Existenz unrealistisch.

Kurz vor Ausbruch der revolutionären Unruhen im deutschen Südwesten schlug der Bruchsaler Abgeordnete Lorenz Brentano im Februar 1848 vor, die badischen Juden nun endlich den übrigen Bürgern rechtlich gleichzustellen. Doch da überfielen während der Fasnachtswoche aufgestachelte Bauern in 30 badischen Ortschaften die Häuser und Betsäle der Juden, demolierten die Einrichtung, misshandelten und quälten die Bewohner. Die Überfallenen wurden gezwungen, auf ihr Ortsbürgerrecht zu verzichten, Wertgegenstände und vor allem Schuldscheine herauszugeben; denn zu Beginn der damals herrschenden Wirtschaftskrise hatten sich viele Bauern verschuldet, konnten nun ihren Zahlungsverpflichtungen nicht mehr nachkommen und suchten nach Verantwortlichen für ihr Unglück.

Ein typischer jüdischer Wanderhändler, der mit seinem Korb umherzog und Stoffbänder und Borten verkaufte.

In dieser bedrohlichen Situation schickte eine jüdische Gemeinde aus dem Taubertal eine Delegation zum Mannheimer Abgeordneten Friedrich Hecker, um ihn um Hilfe zu bitten. Nur vier Wochen, bevor der sich von Konstanz aus Richtung Karlsruhe aufmachte, um den Großherzog zu verjagen und die deutsche Republik zu proklamieren, wandte sich Hecker zusammen mit anderen Köpfen der Bewegung an alle *„wahren Freunde der Volksfreiheit“*. Er verurteilte die antisemitischen Übergriffe: *„Nur Diener der Reaktion oder von ihnen Irregeleitete vermögen zu Judenverfolgungen die Hand bieten.“* Bald darauf kam Hecker an den Bodensee, um Truppen für seinen Freischarenzug aufzubieten. Aus dem Ort Gailingen schlossen sich ihm auch die Brüder Elias und Salomon Bloch an. Als im Jahr darauf alles verloren war und die badische Revolution unter den Kanonenschüssen des preußischen „Kartätschen“-Prinzen Wilhelm zusammenbrach, rettete Elias Bloch die schwarz-rot-goldene Freiheitsfahne der Gailinger und brachte sie ins schweizerische Diessenhofen in Sicherheit. Heute wird diese Reliquie der demokratischen Freiheitsbewegung im Museum des Jüdischen Bürgerhauses Gailingen aufbewahrt.[11]

Die Juden, oft als das Volk der Schrift bezeichnet: Alte Lehrbücher aus der jüdischen Gemeinde Gailingen, um 1820.

Todes-Anzeige.

Freunden, Verwandten und Bekannten machen wir die traurige Mitteilung, daß unser lieber Vater, Großvater und Schwiegervater,

Levi Frank, Privatier,

heute Vormittag im Alter von 92 Jahren sanft verschieden ist. Wir empfehlen den teuern Verstorbenen einem freundlichen Andenken und bitten um stille Teilnahme.

Im Namen der trauernd Hinterbliebenen:

Gebrüder Frank.

Konstanz, den 13. Juni 1889.

Die Beerdigung findet Freitag den 14. Juni, nachmittags 4 Uhr, statt. Dies statt jeder besonderen Anzeige.

Kondolenzbesuche bittet man zu unterlassen. r6834

Einer der Gründerväter der jüdischen Gemeinde Konstanz wurde 92 Jahre alt.

KRIEGSVETERAN UND OPTIKER:
LOUIS FRANK

Der Vater von Louis Frank, Levi, war einer der Gründerväter der jüdischen Gemeinde Konstanz gewesen und im biblischen Alter von 92 Jahren 1889 in Konstanz gestorben. Louis war 1850 noch in Worblingen zur Welt gekommen, etliche Jahre bevor die Familie 1862 nach Konstanz übersiedelte. Während der junge Louis beim Konstanzer Regiment seinen Militärdienst ableistete, begann der Deutsch-Französische Krieg von 1870. Als badischer Patriot zog der 20-Jährige begeistert an die Front. Er nahm an etlichen Gefechten teil, was ihm mehrere Auszeichnungen bescherte. Noch Jahrzehnte später war Louis Frank als Mitglied der Schützengesellschaft Konstanz und des Kriegerbundes ein ausgezeichneter Schütze und ein glühender Patriot des neuen deutschen Nationalstaats unter preußischer Führung.

Nach dem Krieg erlernte Louis Frank den Beruf des Optikers und des Goldschmieds. Seine Familie ermöglichte ihm Ausbildungsstationen in Österreich und Russland. Danach machte er sich in Konstanz als Optikermeister selbständig, heiratete Emma Falkenstein, Tochter eines Optikers, und bekam mit ihr vier Töchter. In der „Konstanzer Zeitung" war über ihn zu lesen: Durch sein *„geselliges, leutseliges Wesen, seinen liebenswürdigen Charakter und seine solide Handlungsweise"* habe er sich die Liebe und Achtung seiner Mitbürger und *„aller seiner Geschäftsfreunde in hohem Maße"* erworben. Als diese Zeilen 1902 über ihn erschienen, war der 52-Jährige gerade überraschend gestorben. Ihm zu Ehren schossen seine Kameraden vom Kriegerbund auf dem jüdischen Friedhof sogar eine Kanonensalve ab, damals eine besondere Ehre. Das Optiker-Geschäft Frank wurde von seiner Witwe weitergeführt, noch heute tauchen in Nachlässen Brillenetuis mit der Inschrift „Louis Frank Optiker" auf.

TE

ENDLICH BÜRGER:
DAS GLEICHSTELLUNGSGESETZ VON 1862

Der Durchbruch zur rechtlichen Gleichstellung kam spät: Acht Jahrzehnte nach Beginn der ersten Emanzipationsdebatten in der damaligen Markgrafschaft Baden setzte das Gleichstellungsgesetz von 1862 den vorläufigen Schlusspunkt unter den Prozess der Judenemanzipation in Baden. Dieser Prozess war bis zuletzt vom erbitterten Widerstand adliger, konservativ-bürgerlicher sowie kirchlicher Kreise geprägt gewesen. Schon zu Beginn seiner Regierungszeit 1854 hatte der junge Großherzog Friedrich I. zahlreiche diskriminierende Vorschriften und Verordnungen fallen gelassen, auch wurde die Übernahme von Juden in den Staatsdienst ermöglicht. Die großen Städte Karlsruhe, Mannheim und Heidelberg nahmen erstmals jüdische Familien ins Ortsbürgerrecht auf, bald darauf gelangten jüdische Bürger durch Wahl in kommunale Selbstverwaltungsgremien. Auch im Schulwesen und an den Hochschulen des Landes wurden Benachteiligungen aufgehoben. Mit dem Gleichstellungsgesetz und den kurz zuvor verabschiedeten Gesetzen über die Gewerbefreiheit und über die Freizügigkeit (das Recht, sich an einem beliebigen Ort des Landes niederzulassen) wurden 1862 in Baden alle verfassungsrechtlichen Einschränkungen der Rechtsgleichheit von Juden aufgehoben. Die damit geschaffene formale Gleichstellung ergab sich zwingend aus den von den Liberalen damals vertretenen Prinzipien des konstitutionellen Staates, der volle Gleichberechtigung, Glaubensfreiheit und -ausübung sowie Gewerbefreiheit für alle Bürger vorsah.

Konfektionierte Damen- und Herrenschuhe aus dem Konstanzer Einzelhandel und ein Schuhlöffel der Firma Haberer, um 1900.

Einer der ersten Betsäle der neuen jüdischen Gemeinde: Der heutige vor- und frühgeschichtliche „Leinersaal“ des 1870 gegründeten Rosgartenmuseums.

Während der Entwurf des Gleichstellungsgesetzes im badischen Landtag debattiert wurde, lebten einer amtlichen Zählung zufolge 6667 Katholiken, 1139 Protestanten und 13 jüdische Einwohner in Konstanz.[12] In anderen Städten sah es ähnlich aus. Dennoch gingen dem Landtag zahlreiche Petitionen gegen die Gleichstellung zu. Auffällig war die Form dieser Bittschriften: Zum ersten Mal nutzten anonym auftretende Gegner eines politischen Vorhabens einen vorgedruckten Text, den sie Bürgern zur Unterschrift vorlegten. Die Gegner der Judenemanzipation nannten sich *„Freunde der Regierung, des Volkes und des Vaterlandes“*. Der damalige liberale badische Innenminister August Lamey begegnete dieser Selbstbeschreibung im Landtag mit der ironischen Bemerkung: *„Die Regierung kennt diese Freunde nicht. Sie will sie nicht kennen und sie verzichtet überhaupt auf ihre Freundschaft.“* Schon 1851 hatte er als Befürworter der Judenemanzipation in einer Landtagsdebatte klar Position bezogen und kritisiert, *„dass eine Klasse von Untertanen um eines so wenig zutreffenden Merkmals willen, wie der äußerlich bekannte religiöse Glaube es ist, von einer Reihe rechtlicher Befugnisse ausgeschlossen bleibt.“*[13]

Die „Konstanzer Zeitung“ war inzwischen auf die Seite der liberalen Gleichstellungsbefürworter gewechselt. In einer Artikelserie zu den Beratungen des Gleichstellungsgesetzes erinnerte das Blatt seine Leser daran, dass die *„Juden im deutschen Reich durch die beiden Unholde des Mittelalters – Aberglaube und Fanatismus – den furchtbarsten Verfolgungen und Bedrückungen unterworfen“* gewesen seien. Auch habe das Volk in wirtschaftlicher Not die Juden immer wieder als die vermeintliche Ursache aller Übelstände bezichtigt, sie in *„fanatischer Wuth“* zu Tausenden ermordet oder in den Synagogen lebendig verbrannt. Zur *„förmlichen Ausrottung dieser unglücklichen Nation“* sei es da oft nur noch ein kleiner Schritt gewesen. Gleichwohl herrsche noch immer diese *„kindische Gespensterfurcht“*, so als würde *„das jüdische Element nun alle Kreise des bürgerlichen und politischen Lebens beherrschend durchdringen“*.[14]

Die damals erhobenen Einwände gegen die Gleichberechtigung der Juden ähneln verblüffend den Parolen, die in den aktuellen Zuwanderungsdebatten und in der Polemik über die angebliche Islamisierung Deutschlands eine Wiederauferstehung feiern: Flutartiges Eindringen in das geordnete christlich geprägte Gemeinwesen, fehlende Anpassungswilligkeit, andersartige Gebräuche und angeblicher religiöser Fanatismus - das alles taucht ebenso wieder auf wie der Vorwurf der Unterwanderung der bürgerlichen Gesellschaft und der angeblichen Bildungs- und Integrationsunwilligkeit der kritisierten Minderheit.

Damals machten die Gegner geltend, die religiöse Moral der Juden verbiete die *„bürgerliche Gleichstellung mit den christlichen Staatsbürgern"* geradezu, denn der Talmud erlaube den Juden *„die Übervorteilung und den Betrug gegen die Nichtjuden"*. Der Redakteur der „Konstanzer Zeitung" setzte solchem Irrglauben den nüchternen Blick der Vernunft entgegen: *„Wie in andern Religionen, so wäre es auch bei der jüdischen höchst ungeeignet und ungerecht, wenn man einzelne Sprüche eines einzelnen Schriftstellers aus dem Zusammenhang reißen und damit einen Beweis für eine vorgefasste Meinung führen wollte"*.[15]

Das neue „Warenhaus": Die Geschwister Knopf in der Rosgartenstraße 27 führten neben Kurzwaren, Wäsche, Tuchen und Spielwaren auch Haushaltsgeräte und Küchenartikel.

Doch alle Versuche, die Juden als eine fleißige, sparsame, häuslich veranlagte und sozial verantwortlich handelnde Bevölkerungsgruppe darzustellen und auf ihre höchst ungerechte Benachteiligung und berufliche Isolierung hinzuweisen, vermochten wenig auszurichten gegen hartnäckige Vorurteile. Die Angst ländlicher und kleinstädtischer Schichten vor der befürchteten Konkurrenz durch fleißige jüdische Zuwanderer saß tief. Dabei spielte auch der historische Antijudaismus der beiden christlichen Kirchen eine bedeutende Rolle. Das von einem liberalen Großherzog eingebrachte Gleichstellungsgesetz überzeugte zwar die Mehrheit der Zweiten Kammer des Landtags, doch der Widerstand konservativer Bevölkerungskreise hielt an. So erreichten das Parlament Petitionen aus 194 badischen Gemeinden, unterzeichnet von insgesamt 18 000 Badenern. Sie alle sprachen sich gegen die rechtliche Gleichstellung der Juden in den Kommunen aus.[16]

„Nicht wegen ihres Glaubens treten wir den Juden entgegen, sondern weil wir in ihnen die Glieder eines allen Völkern feindlich gesinnten Volkes sehen. (...) Wie kann solchergestalt ein Jude unser deutscher Mitbürger sein!“

AUS DER »KONSTANZER ZEITUNG«, AUGUST 1862

Diese tief sitzende Ablehnung schreckte jedoch die Juden in der Bodenseeregion nicht ab. Zu verlockend erschien die Möglichkeit, in einer größeren Stadt ein berufliches und soziales Fortkommen zu finden. Schon wenige Monate nach Inkrafttreten des Gleichstellungsgesetzes zogen fünf Familien aus Gailingen, Randegg und Worblingen nach Konstanz, um sich dort dauerhaft niederzulassen. Die Neubürger waren Moritz, Isaak und David Bloch, Max und Levy Frank sowie die Familien Leib und Wolf. Die amtlichen Quellen sagen wenig aus über diese ersten Zuwanderer ins Konstanzer Bürgerrecht. Isaak und David Bloch eröffneten eine *„Modewarenhandlung“*, die mehrere Jahre lang Bestand hatte. Levy Frank betätigte sich wie Emanuel und Lazarus Frank viele Jahre lang als Viehhändler. So meldet es der Konstanzer „Adress-Kalender“ von 1874. Die übrigen Männer der ersten jüdischen Bürger-Generation dürften dem traditionellen Reisehandel nachgegangen sein, denn als Inhaber eines niedergelassenen Handwerks, Gewerbes oder einer industriellen Produktion tauchen sie in den Adressbüchern der Jahre nach 1863 nicht auf.

Jenseits ihrer individuellen Motive, die wir nicht kennen, weil kaum schriftliche Zeugnisse ihres Lebens erhalten sind, folgten die ersten Zuwanderer einem landesweiten Trend, der mit der Gleichstellung 1862 einsetzte: Aus den Dörfern begann die Landflucht in die umliegenden größeren Städte, wo Aussicht auf einen sicheren Broterwerb, größere Kundschaft, bessere Schulen, ärztliche Versorgung, lebendigeren Austausch und kulturelle Angebote bestand. Ein halbes Jahrhundert nach der Gleichstellung von 1862 lebten die meisten badischen Juden nicht mehr auf dem Land, sondern in den großen Städten Mannheim, Karlsruhe und Heidelberg. Auch die anfangs kleine Konstanzer Gemeinschaft wuchs sehr schnell: 1872 zählte die jüdische Wohnbevölkerung in Konstanz schon 251 Personen. Bis 1910 stieg die Zahl auf 575, nach dem Ersten Weltkrieg sank sie unter dem Einfluss einer zunehmend antisemitischen Strömung in Deutschland allmählich ab, bevor nach 1933 die erzwungene Emigration einsetzte.[17]

Das religiöse Leben der neuen jüdischen Gemeinschaft nahm rasch festere Formen an: Die Familienoberhäupter hatten nach Karlsruhe die Bildung einer Gemeinde gemeldet, der badische Oberrat der Israeliten unterstellte die Neugründung daraufhin dem Rabbinat der Gailinger Gemeinde. Schon 1863 wurde zur Unterrichtung der Kinder ein eigener Religionslehrer angestellt, der auch als Vorbeter fungierte und die rituelle Schlachtung des Viehs, das Schächten, vornehmen musste. 1869 erhielt die Gemeinde auf dem eben erst eröffneten Hauptfriedhof außerhalb der Stadt ein eigenes Gräberfeld, auf dem sich noch heute der israelitische Friedhof mit seinen eindrucksvollen Grabdenkmälern aus der Gründungszeit befindet. Seit 1945 werden

Der Radolfzeller Viehmarkt mit jüdischen Händlern und kaufinteressierten Bauern. Mitte des 19. Jahrhunderts.

die Toten der Gemeinde auf einem direkt neben dem alten Friedhof liegenden neuen Gräberfeld bestattet.

Zizenhauser Judenkarikatur „Kinder Israels“ bezeichnet. Sie zeigt einen schnupfenden Viehhändler, einen Buchhändler und zwei Landleute mit Kind.

Die neue jüdische Gemeinde wuchs rasch an; da baten die Ältesten die Stadtverwaltung um einen Raum, der als Betsaal geeignet sei. Aus der Entscheidung der Stadtverwaltung spricht nicht die freundlichste Haltung gegenüber den Neubürgern: Den Juden wurden Räume im ehemaligen „Seelhaus“ in der Vorstadt Stadelhofen angewiesen, dort, wo im Spätmittelalter die aus der Gemeinschaft ausgestoßenen Leprakranken untergebracht waren. Wenige Jahre später, die Gemeinde war erneut gewachsen, bot die Stadtverwaltung die frühere Metzgerei im Zunfthaus „Zum Rosgarten“ als Betsaal an. In der heutigen Rosgartenstraße hatte sich schon im Spätmittelalter das lokale Wohnzentrum der jüdischen Einwohnerschaft befunden. Doch es fällt schwer, auch in diesem Akt keinen Ausdruck einer antijüdischen Gesinnung zu erblicken: Ausgerechnet dort, wo die spätmittelalterliche Metzgerzunft einst Schweinswürste und Schinken verkauft hatte, sollten die Juden beten. Heute beherbergt dieser Saal den ältesten Ausstellungsraum des Rosgartenmuseums, den nach dem Museumsgründer benannten Leinersaal. Vermutlich entsprach der Raum in mancher Hinsicht nicht den Anforderungen an einen Ort für Gottesdienste: Schon nach wenigen Jahren zog die Gemeinde weiter in das Stadttheater, wo sie einen Saal im Erdgeschoss nutzen konnte. Einige Jahre später, 1883, errichtete die Jüdische Gemeinde eine eigene Synagoge.

Nach der Reichsgründung 1871 waren 15 jüdische Männer als Viehhändler im Umland von Konstanz und in der benachbarten Schweiz tätig. Neben diesen traditionellen landjüdischen Berufen richtete die jüngere Generation ihren Blick auf andere Erwerbszweige. Die jüdischen Neubürger sympathisierten mit dem Fortschritt und mit der Idee des Liberalismus, der ihnen wirtschaftliche und politische Freiheit verhieß. Die Stadt war in Bewegung: Mit der Wahl des bisherigen Stiftungsverwalters Max Stromeyer 1866 zum Bürgermeister waren die Liberalen zur beherrschenden Gruppierung der

Betriebsausflug einer jüdischen Kaufmannsfamilie mit ihren Angestellten in die Ravenna-Schlucht. Um 1900.

Stadt geworden. Sie nahmen ein gewaltiges Modernisierungsprogramm in Angriff: Das Schulwesen und die wohlhabenden gemeinnützigen Stiftungen, allen voran die im 13. Jahrhundert gegründete Spitalstiftung, wurden der Kontrolle der katholischen Kirche entzogen und *„verstaatlicht"*. Westlich des alten Wehrgrabens, der später sogenannten „Laube", entstanden neue Wohngebiete, ebenso im Areal der aufgeschütteten Seestraße und im heutigen Bahnhofsviertel, das durch den Abriss und die Überbauung des alten Augustinerklosters geschaffen wurde. Auf dem rechten Rheinufer wurde ein neues Krankenhaus errichtet, 1873 erhielten Altstadt und Petershausen Anschluss an eine moderne Wasserleitung, und ein neues Schlachthaus wurde gebaut. Im selben Jahr wurde die Stadt durch die neue „Seetallinie" der Eisenbahn mit den Schweizer Städten am Südufer des Bodensees verbunden. Eine Wirtschafts- und Bankenkrise trübte auch in Konstanz kurzzeitig die Euphorie und den Fortschrittsoptimismus der sogenannten Gründerjahre nach 1871. Die Stadt Konstanz erlitt große finanzielle Verluste. Auf dem Höhepunkt der Krise musste der mittlerweile zum Oberbürgermeister aufgestiegene Max Stromeyer wegen fauler städtischer Kreditabsicherungen 1877 sein Amt aufgeben.

Doch die Stadt wuchs weiter. Unter dem neuen Oberbürgermeister Otto Winterer stieg die Einwohnerzahl im Jahr 1888 auf 16 000 an, eine Verdoppelung im Vergleich zum Jahr 1864. Aus der Schweiz, aus dem nahen Hegau und vom Linzgau kamen Kunden in großer Zahl, um in Konstanz einzukaufen. Der Fremdenverkehr war seit der 1875 erfolgten Eröffnung der großen Hotels „Halm" und „Insel-Hotel" zu einem wichtigen Erwerbszweig vieler Konstanzer geworden. Dutzende Speisegaststätten, Biergärten und Weinstuben zogen Fremde und Einheimische an.

Julia Picard, verheiratete Neuburger

Ludwig Neuburger als Bankier

TUCHHÄNDLER UND BANKIER:
LUDWIG NEUBURGER

Wäre es nach den Vorstellungen seines Vaters gegangen, hätte sich der 1843 in Gailingen geborene Ludwig Neuburger im Viehhandel oder als Immobilienhändler betätigt. Wie es ihm gelungen ist, den Vater von seinen eigenen Plänen zu überzeugen, ist nicht überliefert. Doch 1861 wanderte der 18-jährige Ludwig nach Amerika aus. In New York arbeitete er anfangs als Silberputzer in einem Hotel, bevor er sich als Tuchhändler eine Existenz begründen konnte. Als erfolgreicher Geschäftsmann kehrte er 1875 nach Deutschland zurück und eröffnete in Konstanz eine Tuchhandlung für Herrenbekleidung. Noch im selben Jahr heiratete er die aus Wangen am Untersee stammende Julia Picard, was darauf schließen lässt, dass es sich um eine im Landjudentum damals noch übliche arrangierte Ehe gehandelt haben könnte. Das Ehepaar bekam die Kinder Thekla und Rolf.

Ludwig Neuburger wird als humorvoller, rechtschaffener und kaufmännisch begabter Mann beschrieben. Nachdem er den Tuchhandel fast 35 Jahre lang geführt hatte, brach Neuburger noch einmal aus vorgezeichneten Bahnen aus: Er erwarb die vormalige Hausbank der Familie Macaire-Zeppelin, die nach dem Tode von Eberhard von Zeppelin, dem Bruder des Luftschiffpioniers, in andere Hände übergegangen war. Neuburger verlegte den Geschäftssitz von der Dominikanerinsel in die Bahnhofstraße 1. Hatte die Bank bis dahin vor allem Unternehmer als Kunden gehabt, entwickelte der im Bankgeschäft bis dahin völlig unerfahrene Neuburger ein Kreditmodell für junge Handwerker und Kaufleute, die sich selbständig machen wollten. Die Bank finanzierte auch einige größere Neubauvorhaben mit, so etwa in der heutigen Theodor-Heuss-Straße und in der Zogelmannstraße. Kurz vor seinem Tod 1922 übertrug Ludwig

Neuburger das blühende Bankhaus an die Süddeutsche Disconto-gesellschaft. Diese fusionierte 1929 mit der Deutschen Bank. Bis heute befinden sich deren Geschäftsräume in der Bahnhofstraße 1.

Neuburgers chronisch kranker Sohn Rudolph, er lebte in der Pflegeabteilung des Israelitischen Krankenhauses in Gailingen, wurde 1940 nach Südfrankreich deportiert. Dort kam er 1942 ums Leben. Seine Schwester Thekla (siehe Porträt) heiratete vor dem Ersten Weltkrieg den Konstanzer Kinderarzt Dr. Gustav Meinrath. Nach Beginn der NS-Zeit emigrierte sie mit ihrer Mutter Julia und ihren Kindern Theodor und Wolf nach Palästina.

TE

Frühe Zuzügler nach der Gleichstellung: Zeitungsannoncen der jüdischen Kaufleute Lippmann und Bloch, die sich nach 1862 in Konstanz niederließen.

In der politischen Kultur machte sich zwar die Aufsplitterung der politischen Interessengruppen bemerkbar. Die Vormachtstellung der zunehmend nationalistisch auftretenden Liberalen war gebrochen, katholische Zentrumspartei, Sozialdemokratie und linksliberale Demokraten waren zu starken Kräften auch in der Kommunalpolitik herangewachsen. Doch insgesamt erlebte die Stadt eine Phase der politischen Stabilität und des Wachstums, in der kommunalpolitische Konflikte weitgehend konsensorientiert gelöst werden konnten.[18]

Die jüdischen Bürger der Stadt leisteten einen bedeutenden Beitrag zu dieser Blütezeit der Stadt. Zunächst waren sie überwiegend im Handel, später auch vereinzelt im produzierenden Gewerbe und ab etwa 1880 auch in den freien Berufen tätig. Mit der zunehmenden Industrialisierung nahm die Kaufkraft breiter Bevölkerungskreise zu. Güter des täglichen Bedarfs, die früher oft Jahrzehnte in Gebrauch gewesen waren, wurden zu Konsumgütern mit einer wesentlich kürzeren Haltbarkeit. Die Mode, inzwischen als normierte Fabrikware zu kaufen, war einem raschen Wechsel unterworfen. So erblühte auch in der Grenzstadt Konstanz mit ihrem angestammten Schweizer Hinterland ein reich sortierter Einzelhandel. Etwa ein Jahrzehnt nachdem die ersten Familien zugezogen waren, gab es in Konstanz zwar noch 35 Schneider und 51 Schuhmacher. Doch etwa zwei Dutzend Einzelhandelsgeschäfte boten bereits konfektionierte Damen- und Herrenkleidung, Kurz- und Seidenwaren sowie industriell gefertigte Schuhe an. Die Waren wurden in großen, anziehend gestalteten „Schaufenstern“ gezeigt. Zehn solcher Einzelhandelsgeschäfte, darunter auch ein Optikergeschäft und einige Großhandlungen für Tuche, wurden von jüdischen Kaufleuten betrieben.

Um 1892 zählte die Konstanzer Geschäftswelt schon 24 jüdische Firmeninhaber. Heinrich Thanhauser, der in der heutigen

Im neuen, nach 1870 entstandenen Stadtquartier nahe des Bahnhofs gründeten neben anderen die Familien Guggenheim, die Gebrüder Spiegel und der Bankier Neuburger ihre Unternehmen.

Kanzleistraße sein Geschäft betrieb, war der erste Kaufmann, der sich auf die neue, von konservativen Händlern erbittert bekämpfte Geschäftsidee des Warenhauses verlegte: In seinem „Bazar Thanhauser" waren eine breite Produktpalette an Textilien und außerdem auch Spielzeug und Haushaltswaren erhältlich. Neu hinzugekommen waren auch die Hemdenmanufaktur von Jakob Leib-Löb an der Marktstätte (heute Commerzbank) und der koschere Metzger Samuel Auerbach, der seinen Beruf neben 14 nicht-jüdischen Metzgern und Wurstverkäufern ausübte. Der steigende Fleischkonsum der Gesamtbevölkerung und der zunehmende Bedarf an Zug- und Nutzpferden ist an der Zahl der Konstanzer Viehhändler abzulesen: Von den 25 Viehhändlern, die 1892 von Konstanz aus das deutsche und Schweizer Umland bereisten, waren 20 jüdisch. Koschere Fleischprodukte wie etwa Lammfleisch, das nicht nur zur Osterzeit auch bei nicht-jüdischen Käuferinnen geschätzt war, lieferten einige Jahre später neben Samuel Auerbach auch die jüdischen Metzger Emanuel Seligmann und Siegfried Rothschild.

Zwar war der Anteil von Geschäften, Handelsunternehmen und Fabriken in jüdischer Hand bis 1892 auf 43 eingetragene Firmen angewachsen. Doch von der 1847 so düster beschworenen angeblichen Übermacht der Juden in Handel und Gewerbe konnte keine Rede sein: Firmen jüdischer Inhaber machten allenfalls ein Viertel der in Konstanz um die Jahrhundertwende tätigen Einzelhandelsgeschäfte, Großhandlungen und Firmen des produzierenden Gewerbes aus. Die jüdischen Familien hatten sich überwiegend im Textilfach etabliert: Herrenausstatter, Schuhgeschäfte, Damensalons, Spezialgeschäfte für Haustextilien, Unterwäsche, Herrenhemden und Hüte waren entstanden und hatten seit 1863 dazu beigetragen, Konstanz in der ganzen Ostschweiz, aber auch jenseits des Überlinger Sees im Linzgau als Einkaufsstadt bekannt zu machen. Gerade die ländliche Bevölkerung, durch kirchliche Prägung sonst häufig antijüdisch eingestellt, schätzte die jüdischen Händler, auch weil einige von ihnen minderbemittelten Landwirten den Ratenkauf von Kommunions- oder Hochzeitsanzügen ermöglichten.

Zum Zeitpunkt der Hochblüte der jüdischen Konstanzer Gemeinde um 1912 verzeichnet der „Adress-Kalender" 76 jüdische Einzelhändler und Großhändler in Textilien, Metallwaren und Rohprodukten, das Architekturbüro Ganter & Picard, die Ärzte Dr. Daniel Guggenheim, Dr. Gustav Meinrath und Dr. Moses Rothschild, die Rechtsanwälte Dr. Moritz Bloch, Leopold Jung, Eduard Frank und Rechtsagent Berthold Bloch, einige Viehhändler und Metzger. Einige Firmen gründeten um die Jahrhundertwende Filialbetriebe im benachbarten schweizerischen Kreuzlingen, nachdem die Schweiz ihre Zollbestimmungen über die Einfuhr deutscher Waren verschärft hatte. Die große Nachfrage nach Textilien und Konsumgütern ermutigte einige der bedeutenderen Einzel- und Großhändler zur selben Zeit, im belebten Konstanzer Stadtzentrum großzügige Neubauten zu errichten: So entstanden etwa das Geschäftshaus der Textilgroßhandlung Jonas & Michael Lion an der Bodanstraße 22 bis 24, das Bettenhaus Max Levi an der Ecke Bodanplatz-Rosgartenstraße, die lange Reihe neobarocker und neoklassizistischer Häuser entlang der Rosgartenstraße und der große, 1913 in Formen des Jugendstil ausgeführte Wohn- und Geschäftskomplex der Firmen Casewitz, Leib und Lippmann an der Ecke Marktstätte-Rosgartenstraße.

Jonas Lion, Betreiber einer Tuchgroßhandlung in der Bodanstraße 26 und Beirat der Handelskammer Konstanz.

Seit den 1870er-Jahren entstanden in der Stadt auch neue industrielle Produktionsstätten: Als bedeutendster Industriebetrieb muss die Zeltfabrik Stromeyer & Co genannt werden, die anfangs Stromeyer & Landauer hieß. Die beiden Gründer, Ludwig Stromeyer und Julius Landauer, waren zunächst für ein Unternehmen in Fürth

Rechts neben dem Pulverturm befand sich die 1876 von Emanuel Rothschild gegründete Zigarrenfabrik.

tätig gewesen, bevor sie in Romanshorn einen Filialbetrieb der Firma übernahmen und sich dort bald darauf mit einem Betrieb zur Herstellung von Getreidesäcken selbständig machten, weil Romanshorn der Haupteinfuhrhafen für Getreide in die Schweiz war. Nach der 1873 erfolgten Übersiedlung nach Konstanz stellte der Betrieb wasserdichte Wagen- und Pferdedecken her. Einige Jahre später schied Julius Landauer aus, blieb aber als Leiter der „Handelsgenossenschaft“, einer Vorläuferin der späteren Industrie- und Handelskammer, weiterhin in Konstanz tätig. Der aus Worblingen zugezogene Unternehmer Emanuel Rothschild gründete 1876 im damaligen Nebengebäude des Rheintorturms eine Zigarren- und Zigarettenfabrik. Die Produkte fanden guten Absatz, sodass nach einigen Jahren schon eine Filiale in Engen eröffnet werden konnte. Rothschild, eine markante Persönlichkeit, wurde Vorsteher der Israelitischen Gemeinde und 1899 Stadtverordneter. Von 1904 bis zu seinem Tod 1912 war er der erste jüdische Stadtrat von Konstanz. Diesem Gremium oblag nach der damaligen Kommunalverfassung die exekutive Leitung der kommunalen Fachgebiete. Rothschild war also gewissermaßen ein ehrenamtlicher Amtsleiter, dem die zentralen Dezernate Finanzen, Verkehr und Arbeitswesen unterstanden.

Der erste jüdische Stadtrat: Der Fabrikant Emanuel Rothschild, aufgenommen in voller Ordenspracht, um 1910.

Brauereiartikel stellte die Firma Hotz & Kemper her. Sie wurde um die Jahrhundertwende von Samuel Schatz übernommen und erfolgreich weitergeführt. Schatz hatte in den Jahren zuvor ein Damenkonfektionshaus betrieben. Nach dem Ersten Weltkrieg widmete sich die Firma der Herstellung von Bodenputzmitteln - als „Bodolin AG“ genoss das Unternehmen einen überregionalen Ruf. Am südlichen Rande der Altstadt, in der Raueneckgasse, bestand die von Moritz Rosenthal gegründete „Schweizer Lohnstickerei“, in der Ackertorgasse wurden bei „Aska“ Füllfederhalter hergestellt, am Fischmarkt wurden bei Nathan & Levi Schürzen genäht, und in einem Hinterhaus an der Hussenstraße produzierte Joseph Löwenstein Zigaretten. Die von Abraham und Emil Rothschild geführte Konservenfabrik Honsell fertigte Gemüsekonserven. Zulieferer waren Gemüsebauern aus dem Stadtteil Paradies und von der Insel Reichenau. In der Fischenzstraße 1 ließ der Unternehmer Alfred Kleinberger Taschentücher sticken. Kleinberger verkaufte sein Unternehmen 1936 an einen nicht-jüdischen Nachfolger, bei dem er bis zu seiner Emigration weiterhin als Angestellter arbeiten konnte. Die Firma bestand bis zum Ende des 20. Jahrhunderts. Zuletzt war dort einer der letzten *„Maschinenpantographen“* der Bundesrepublik in Betrieb: Wie zur Gründungszeit der Firma wurden an diesem mechanischen Wunderwerk Taschentücher mit bunten Motiven bestickt.[19]

Alfred Kleinberger mit Ehefrau in der Pose des erfolgreichen Unternehmers, um 1925.

EIN MULTITALENT AM THEATER:
ADOLF OPPENHEIM

Das Konstanzer Stadttheater war in seinem reichen Künstler- und Journalistenleben wohl nur eine nachrangige Station. Aber sie dauerte mehr als ein Jahrzehnt: 1886 war Adolf Oppenheim vom Stadtrat als Direktor an das kleine, damals ziemlich heruntergekommene Konstanzer Stadttheater berufen worden. Von Anfang an kämpfte er gegen den maroden Zustand der Spielstätte im ehemaligen Jesuitentheater, klagte über zu geringe Zuschüsse (nur 1200 Reichsmark jährlich), den fehlenden Fundus und die ungenügende Bezahlung der Schauspieler. Anfänger erhielten eine Monatsgage von nur 50 Reichsmark, so war es ihnen kaum möglich, im schon damals teuren Konstanz eine bezahlbare Wohnung zu finden.

Der 1845 im damals österreichischen Pressburg, dem heutigen Bratislava in der Slowakei, geborene Adolf Oppenheim war seit den 1870er-Jahren in Wien als Autor von Theaterstücken und als Journalist aufgefallen. Historische Lustspiele wie *„Eine Stunde Kaiserin von Österreich“* und *„Edelweiß“*, biografische Stücke wie *„Albert Lortzing“* oder *„Vater Jahn oder Der Alte im Bart“* kamen auf deutschen Bühnen gut an. Auch als Autor biografischer Romane, etwa *„Aus den Sturmjahren Richard Wagners“* oder das 1877 veröffentlichte sozialkritische Werk *„Ferdinand Lasalle, der Arbeiterkönig“*, fanden Beachtung. Oppenheim gehörte mit dem Schauspieler, Regisseur und späteren Intendanten des Raimundtheaters in Wien, Ernst Gettke, zu den Mitgründern der Genossenschaft Deutscher Bühnen-Angehöriger, einer gewerkschaftlichen Einrichtung für Angehörige der Theaterberufe. Mit Gettke gab Oppenheim ab 1886 das *„Deutsche Theater Lexikon“* heraus, ein monumentales dokumentarisches Werk des Theaterlebens seiner Zeit.

Adolf Oppenheim mit seinen Kindern Karl und Antonia.

Vermutlich zwangen Oppenheim wirtschaftliche Gründe dazu, neben der freiberuflichen Tätigkeit eine feste Stelle zu übernehmen. So zog er mit seiner Frau und den Kindern Karl und Antonia an den Bodensee. Hier erstaunte er das provinzielle Publikum unter anderem mit der Aufführung der 1874 erschienenen Bühnenbearbeitung von Jules Vernes Roman *„Die Reise um die Erde in 80 Tagen“*: In vier Akten waren 15 Szenerien auf der kleinen Bühne zu sehen. Oppenheim brachte Ballettaufführungen, bayerische Komödien und eigene Werke auf die Bühne. Nebenbei schrieb er humorvolle Feuilletons, vor allem für Zeitungen des Berliner Ullstein Verlags. Nach seinen Konstanzer Jahren war Adolf Oppenheim als Spielleiter und Dramaturg in Berlin, Köln und Düsseldorf tätig, 1910 ließ er sich als freier Schriftsteller und Leiter einer Theaterschule in München nieder. Autoren wie Frank Wedekind, Ludwig Ganghofer und Max Halbe schätzten den geistreichen Journalisten, der auch ein engagierter Verfechter einer besseren sozialen Absicherung der Bühnenberufe war. 1916 ist Adolf Oppenheim in München gestorben. Sein Sohn Karl folgte dem väterlichen Vorbild nicht, er betrieb später in München eine Drogerie.

TE

ENGAGEMENT
IN DER KOMMUNALPOLITIK

Eine ähnlich einflussreiche Position wie Stadtrat Emanuel Rothschild nahm der Unternehmer Samuel Schatz ein. Seit 1903 hatte er dem Bürgerausschuss angehört, 1912 wurde er in der Nachfolge Rothschilds in den Stadtrat gewählt. Während des Ersten Weltkriegs engagierte er sich gegen die überhand nehmende Teuerung vieler alltäglicher Gebrauchsgüter und Lebensmittel. Gegen die Interessen des örtlichen Handels setzte Schatz die Errichtung einer Preisprüfungsstelle durch und leitete die Abteilung für Lebensmittelbeschaffung. Schon zu Kriegsbeginn hatte der damalige Oberbürgermeister Hermann Dietrich als Maßnahme gegen Preiswucher eine städtische Lebensmittelversorgung initiiert. Schatz folgte ihm auf diesem Kurs und sorgte dafür, dass städtisch beschaffte Grundnahrungsmittel an bedürftige Familien abgegeben wurden.

Juden hatten als Kaufleute reiche Erfahrung im Umgang mit Zahlen, Bilanzen und Planungen. Die Kommunalpolitik kam ihren Begabungen und Erfahrungen entgegen, sie bot ihnen die Möglichkeit, am Fortschritt des Gemeinwesens mitzuwirken und zugleich Patriotismus und Heimatverbundenheit unter Beweis zu stellen. Die ersten gewählten Mitglieder eines kommunalen Selbstverwaltungsgremiums in Konstanz waren zwei der damaligen „Gründerväter" der jüdischen Gemeinde von 1863: Max Frank und der Textilkaufmann

Der Herren- und Damenkonfektionär Alfred Guggenheim war auch Stadtverordneter und Synagogenrat.

Kaufmann Berthold Wieler musste als Synagogenrat 1938 die Verschleuderung des Synagogengrundstücks mitbetreiben.

Isaak Bloch gehörten dem Bürgerausschuss seit 1874 bzw. seit 1878 an. Ebenfalls seit 1878 saß der Kaufmann Nathan Hirsch in diesem damals 47 Sitze zählenden beratenden Ausschuss. In der von vielen Juden bewohnten Gemeinde Gailingen war 1870 der angesehene jüdische Bürger Leopold Guggenheim zum Bürgermeister gewählt worden. Er übte das Amt bis 1884 aus.

Der Eisen- und Metallwarenhändler Albert Spiegel engagierte sich ehrenamtlich als Stadtverordneter.

In der regionalen Hauptstadt Konstanz, wo die Juden nur eine kleine Bevölkerungsminderheit von etwas mehr als zwei Prozent ausmachten, genossen sie gegen Ende des Jahrhunderts zunehmend das Vertrauen auch der nicht-jüdischen Bürgerschaft. So wurden bis zum Ersten Weltkrieg mehrere wirtschaftlich erfolgreiche jüdische Bürger in die durch das Bevölkerungswachstum der Stadt auf zuletzt 91 Mandate angewachsene Stadtverordneten-Versammlung gewählt: Dr. Daniel Guggenheim, Heinrich Thanhauser, Karl Rosenthal, Karl Lion, Abraham Wolf Rothschild, Jacob Koblenzer, Salomon Picard, Hermann Einstein, Alfred Guggenheim, Bertold Wieler, Eduard Frank und Albert Spiegel sind hier zu nennen. Sie befanden sich in einem illustren Kreis: Durch das badische Gemeindewahlrecht, das bis zur demokratischen Gesetzgebung nach 1919 die oberen Steuerklassen bevorzugte, dominierten im Bürgerausschuss vor allem Männer aus Handel, Gewerbe und Industrie. Einige jüdische Stadtverordnete und mancher Unternehmer nahmen zudem Ehrenämter in der Handelskammer, im „Kaufmannsgericht", einem Vorläufer des heutigen Arbeitsgerichts, und in anderen Gremien des wirtschaftlichen und kommunalen Lebens wahr. Einige erhalten gebliebene Prozesstabellen des „Kaufmannsgerichts" lassen erkennen, dass auch jüdische Arbeitgeber Konflikte mit ihren Beschäftigten austrugen und vor Gericht zogen oder dorthin gezogen wurden: In den Jahren nach der Jahrhundertwende bis in den Ersten Weltkrieg hinein wurde um rückständigen Arbeitslohn, Schadensersatz wegen nicht erbrachter Arbeitsleistung oder wegen Vertragsbruchs gestritten. Wie heute endeten viele der Verfahren mit einem Vergleich zwischen den Parteien.[20]

Die meisten jüdischen Stadtverordneten gehörten der Demokratischen oder der Nationalliberalen Partei an. Die Stadtverordneten Jacob Koblenzer, bis 1925 Inhaber einer Mechanischen Baumwollweberei in Meersburg, Fabrikant Abraham Wolf Rothschild und Kaufmann Albert Spiegel engagierten sich im Vorstand der Genossenschaftsdruckerei, die ab 1894 einige Jahre lang das Parteiblatt der linksliberalen Freisinnigen Partei, die „Konstanzer Abendzeitung", herausgab. Die Freisinnigen gingen später in der Demokratischen Partei auf. Im Vorstand der Vereinigung „Demokratischer Volksverein für Konstanz und Umgebung" arbeiteten unter Leitung des Landtagsabgeordneten und Rechtsanwalts Martin Venedey auch die Kaufleute Jacob Rosenfeld und Heinrich Schwarz mit.

Nach dem Ersten Weltkrieg wurden einige jüdische Sozialdemokraten in den Bürgerausschuss gewählt. Bertold Wieler und Rechtsanwalt Eduard Frank zogen für die Unabhängige Sozialdemokratische Partei, eine linke Abspaltung der SPD, in das Gremium ein. Die demokratische Reichsverfassung von Weimar brachte Frauen das passive und aktive Wahlrecht. Bald darauf wurde in Konstanz Berta Geismar als erste jüdische Frau in den Bürgerausschuss gewählt. Ihr Mann arbeitete als Kantor der Israelitischen Gemeinde. Sie widmete sich der städtischen Sozialfürsorge und soll mit dem damaligen katholischen Münsterpfarrer und späteren Freiburger Erzbischof Dr. Conrad Gröber eng zusammengearbeitet haben.[21]

Der Stadtrat mit Oberbürgermeister Alfred Weber. Dritter von links: Dr. Daniel Guggenheim.

Hörrohr des beliebten Kinderarztes Dr. Richard Guggenheim, Sigismundstraße 16. Die kleine Holzfigur zeigt den später emigrierten Kinderarzt bei der Arbeit.

Das kommunalpolitische Engagement in Ehrenämtern kann nicht darüber hinwegtäuschen, dass die völlige Gleichberechtigung der Juden auch im liberalen Baden nicht durchgängig vollzogen worden war. Die Gleichstellung hatte alte Vorurteile keineswegs beseitigt, und so wurden deutsche Juden von bedeutenden öffentlichen Positionen ferngehalten. Nach anfänglicher Öffnung konnten sie in der Armee bis zum Ersten Weltkrieg kaum Karriere machen, Ähnliches galt für die Justiz und den höheren Beamtenapparat. Dies belegt auch ein Blick auf die Personalliste der Konstanzer Schulen des Jahres 1912: An der Volksschule für Knaben und an der Oberrealschule amtierte der städtische Rabbiner Dr. Hermann Chone immerhin als Hilfslehrer für Religionsunterricht. Auch saß zu diesem Zeitpunkt der erste jüdische Stadtrat, Fabrikant Emanuel Rothschild, als geborenes Mitglied in der Volksschulkommission. Doch im Lehrerkollegium aller Konstanzer Schulen findet sich damals mit Siegmund Bloch, der an der Knabenvolksschule tätig war, nur ein vollamtlicher Lehrer jüdischer Herkunft.[22]

Weiterhin konzentrierten sich jüdische Familien auf den Handel und auf die freien Berufe, weil sie in diesen Tätigkeitsfeldern keinen Zugangsbeschränkungen ausgesetzt waren. Um dem Kleinhändler-Milieu der Elterngeneration in der Stadt und der konservativ-frommen Welt des Landjudentums zu entkommen, war es notwendig, höhere Abschlüsse des staatlichen Bildungswesens zu

Zylinderschachtel der von Sally Salomon betriebenen Firma „Union“ in der Bodanstraße 18 und ein Zylinder der Gebrüder Guggenheim, Rosgartenstraße 32. Um 1900.

erlangen. Deutsche jüdischer Herkunft waren um 1900 überzeugte „Bildungsbürger“. Sie schätzten eine umfassende kulturelle Bildung als Voraussetzung einer guten persönlichen Entwicklung und Erziehung. Manche Kindheitserinnerung rechtzeitig emigrierter Konstanzer Juden enthält farbige Schilderungen des kulturbezogenen Familienlebens: Die Familien lasen gemeinsam klassische oder zeitgenössische Literatur, sie musizierten und unternahmen Ausflüge zu Baudenkmälern der Bodenseelandschaft.[23]

Die Befreiung aus der wirtschaftlichen und rechtlichen Zurücksetzung begriffen die deutschen Juden auch als Freiheit zur Bildung. Sie nahmen die sich bietenden Möglichkeiten begierig an. Anders als viele christliche Altersgenossen, zumal in einer Kleinstadt wie Konstanz, waren jüdische Kinder durch die Tradition religiöser Unterweisung und den damit verbundenen frühen Umgang mit Texten häufig schreib- und lesegeübter, ihre Auffassungsgabe in der Schule geschulter als die ihrer nicht-jüdischen Mitschüler oder ihrer späteren Kommilitonen an der Hochschule. Auch kannten jüdische Kinder durch verwandtschaftliche Beziehungen nicht selten schon Grundzüge einer anderen Sprache, was ihnen half, sich in einer neuen Grammatik zurechtzufinden. Gemessen an christlichen Schulkindern erreichten jüdische Schüler viel häufiger mittlere und hohe Schulabschlüsse, vielleicht auch, weil sie das Neue als Chance und nicht als Bedrohung des Althergebrachten betrachteten.[24] Schnelle Auffassungsgabe, Bildungsinteresse und Können auf einem oder mehreren Gebieten weckten bei den Minderbegabten und weniger Ehrgeizigen Missgunst, alte Vorurteile wurden neu belebt. Unter dem im Zusammenhang mit Finanzskandalen der 1870er-Jahre geprägten Begriff des *„Antisemitismus“* sammelten sich Forderungen, die eine Rücknahme der Judenemanzipation propagierten. Widerhall dieser Entwicklungen in den Zentren des Reiches findet sich auch in der Provinz, wo Redner antisemitischer Vereinigungen auftraten und Zeitungen darüber schrieben.

In der goldenen Epoche bis zum Ersten Weltkrieg aber lebten jüdische Familien in Konstanz in gutem Einvernehmen mit ihren nicht-jüdischen Nachbarn zusammen. Die ein halbes Jahrhundert zuvor in die Stadt gezogenen Familien hatten die Sprache, die Umgangsformen und Lebensgewohnheiten der prosperierenden Einkaufs- und Fremdenverkehrsstadt angenommen. Die wirtschaftlich erfolgreicheren Familien legten Wert auf ein gediegenes Zuhause, gesellschaftliche Kontakte und auf soziales Engagement. Dienstmädchen aus ländlichen christlichen Familien kümmerten sich um Kinder und Haushalt, der unter der Leitung von häufig gebildeten, vielseitig interessierten und gesellschaftlich engagierten Frauen stand. Die Arbeit, der sich die Väter und oft auch schon die heranwachsenden Söhne widmeten, bestimmte den Tagesablauf, sie gab dem Dasein einen Sinn, war Ausweis eigener Tüchtigkeit und ermöglichte der ganzen Familie ein gutes Leben. Viele Familien hatten mit dem Umzug in die Stadt die konservativ-fromme Religiosität ihrer Herkunft nach und nach abgelegt und zu Formen eines assimiliert-li-

Das Haus Bodanstraße 2 (rechts) vor dem 1909 erfolgten Umbau zum Herrenkonfektionsgeschäft „Merkur“ der Brüder Isi und Hermann Simon.

„Es wurde erwartet, dass man sich in Kleidung, Reden und finanziellen Dingen an bestimmte Regeln hielt.“

FRITZ STERN, ERINNERUNGEN

beralen Judentums gefunden. Die jüdischen Feiertage wurden noch begangen, am „Schabbes“ stand ein Synagogenbesuch an, und im Ofen wurde der Sabbateintopf „Schalet“ warm gehalten. Doch die Einzelhandelsgeschäfte jüdischer Konstanzer Bürger blieben auch am Samstag geöffnet. Im gebildeten jüdisch-deutschen Bürgertum der Stadt sprach niemand mehr das jiddische Alemannisch der Elterngeneration. Durchziehende *„fromme Männer“* aus der religiös konservativen ostjüdischen Tradition fanden vor allem in den herkömmlich frommen Familien Aufnahme. Stärker assimilierte Familien grenzten sich gegen die ostjüdische Kultur deutlicher ab. Durch den vielfältigen Kontakt zu nicht-jüdischen Familien sind für die Zeit nach der Jahrhundertwende auch für Konstanz Eheschließungen zwischen Juden und Christen bekannt – Liebesheiraten, an denen außer Konservativen aus beiden religiösen Lagern niemand Anstoß nahm.

Die wilhelminische Gesellschaft legte in ihrer steifen Förmlichkeit allerdings konfessionsübergreifend besonderen Wert auf Konventionen. Sie bestimmten, wie der US-amerikanische Historiker Fritz Stern über seine Jugend in Breslau berichtet hat, *„die Sitten, die äußere Form der Moral“*. Sittliche Erziehung sowie korrektes Verhalten waren äußerst wichtig: *„Es wurde erwartet, dass man sich in Kleidung, Reden und finanziellen Dingen an bestimmte Regeln hielt, ganz zu schweigen von ernsteren Dingen wie Liebe, Ehe, Wahrheitsliebe und Treue.“* [25] Der Alltag im aufgeklärt-liberalen Klima einer süddeutschen Kleinstadt scheint sich, wenn man den lebensgeschichtlichen Interviews folgt, die Ehrhard Roy Wiehn, Werner Trapp oder Manfred Bosch mit Zeitzeugen geführt haben, in diesen *„goldenen Jahren“* etwas weniger förmlich abgespielt zu haben als im streng protestantischen Preußen. Doch ein ausgeprägtes Rechtlichkeitsdenken, die Hochschätzung altbewährter kaufmännischer Anstandsregeln und der badische und Reichspatriotismus waren auch hier verbreitet. So hingen auch in bürgerlich-jüdischen Wohnstuben die gerahmten Porträts des Herrscherpaares, Großherzog Friedrichs I. und seiner Frau Luise von Baden, und das Bild des Kaisers an der Wand.[26]

Sonntagsspaziergang im Hafen: Kinder der Familien Veit und Schatz im typischen „Sonntagsstaat“ der wilhelminischen Gesellschaft um die Jahrhundertwende.

ARZT IN UNIFORM:
DR. DANIEL GUGGENHEIM

Eine der patriarchalischen Persönlichkeiten jüdischen Lebens vor dem Ersten Weltkrieg war der Arzt Dr. Daniel Guggenheim. Er hatte sich 1887 als 26-jähriger junger Allgemeinarzt in Konstanz niedergelassen und eine Praxis eröffnet, die nach kurzer Zeit florierte. Vor allem als Geburtshelfer genoss der Mediziner einen ausgezeichneten Ruf. Guggenheim baute in der neu angelegten Sigismundstraße (Nr. 16) ein mehrgeschossiges Wohnhaus, in dessen Erdgeschoss er seine neue Praxis einrichtete. Als strammer Patriot seiner Zeit hatte er den Militärdienst geleistet und war dort, trotz der Benachteiligungen jüdischer Armeeangehöriger, in die Funktion eines Stabsarztes aufgerückt. Auch im zivilen Leben hielt es Guggenheim mit hierarchisch gegliederten Organisationen: Wenige Jahre nach seiner Niederlassung in Konstanz wurde er einstimmig zum leitenden Arzt der noch jungen „Freiwilligen Sanitätskolonne", einer Vorläuferin des heutigen Deutschen Roten Kreuzes, gewählt. Unter der Leitung des energischen Kolonnenarztes Dr. Guggenheim

Dr. Daniel Guggenheim in der Uniform der „Freiwilligen Sanitätskolonne“.

Patriarch mit Familie: Neben Daniel Guggenheim steht seine Frau Recha, rechts die Kinder Richard und Hedwig.

entwickelte sich diese Selbsthilfeeinrichtung zu einem modernen Rettungsdienst mit professionellen Sanitätern, freiwilligen Helfern und zeitgemäßen Transportfahrzeugen für den Unfall- und Krankendienst.

So wurde auch die Freiwillige Feuerwehr auf den führungsstarken Mediziner aufmerksam und wählte ihn zum Corpsarzt. Seit 1900 gehörte er als gewähltes Mitglied zudem der Stadtverordnetenversammlung an, nahm die Funktion des Konstanzer Armenarztes wahr und rückte 1912 für den verstorbenen Fabrikanten Emanuel Rothschild in das oberste Leitungsgremium der Verwaltung, den Stadtrat, auf. In dieser Funktion unterstanden ihm neben anderem die Spitalkommission und das städtische Krankenhaus. So viel bürgerschaftliches Engagement blieb nicht ohne öffentliche Resonanz: Neben anderen Ehrungen erhielt Dr. Guggenheim den Orden vom Zähringer Löwen, eine der höchsten Auszeichnungen des Großherzogtums Baden.

Der vielgefragte Bürger hatte auch ein Privatleben: Mit seiner aus Mannheim stammenden Frau Recha hatte er zwei Kinder, Richard und Hedwig. Richard wurde wie sein Vater Arzt in Konstanz. Nach dem demütigenden Ausschluss aus der örtlichen Ärztekammer 1933 und dem Verlust der Kassenzulassung 1937 verließ er Deutschland noch rechtzeitig vor der Deportation.

Im Januar 1915 starb Dr. Daniel Guggenheim überraschend. In der Überfülle seiner Aufgaben hatte er sich ein Herzleiden zugezogen, das dem Leben des 54-Jährigen ein frühes Ende setzte. Der Nachruf der „Konstanzer Zeitung“ rühmt seinen Einsatz für das Gemeinwesen: *„Vortrefflich“* habe er es verstanden, *„die Mitglieder in ihre gemeinnützige Tätigkeit einzuführen und die Begeisterung für den schönen Dienst der Nächstenliebe wachzuhalten“.*

TE

HEIMAT DER DEUTSCHEN:
DER VEREIN

„Aufgenommen können nur Studenten werden, die arischer Abstammung sind.“

AUS DER SATZUNG DER STUDENTEN-VERBINDUNG „AUSTRIA-GERMANIA“ AM TECHNIKUM KONSTANZ, 1927

Versteht man das deutsche Bürgertum weder als Stand im traditionellen Sinn noch als Klasse nach den Definitionen von Karl Marx oder Max Weber, sondern als ein spezifisches Ensemble von Normen und Werten, dann lässt sich die fortschreitende Verbürgerlichung der deutschen Juden auch an ihrem gesellschaftlichen und kulturellen Engagement festmachen.[27] Die Mitgliedschaft in einem gemeinnützigen Verein konnte den Aufstieg innerhalb der sozialen Hierarchie einer Stadt beschleunigen. Neben der Tätigkeit in religiösen Vereinen des israelitischen Gemeindelebens widmeten sich jüdische Kaufleute, Ärzte und Rechtsanwälte in Konstanz gegen Ende des 19. Jahrhunderts häufig berufsständischen Vereinigungen und Verbänden. In Aufsichtsgremien der Ortskrankenkasse, im ärztlichen Kreisverein, im Anwaltsverein und in Ausschüssen der Handelskammer und in nicht-konfessionellen Gremien der Sozialfürsorge tauchen relativ früh die Namen jüdischer Honoratioren und vereinzelt auch jüdischer Frauen auf. Starkes Engagement zeigten, gemessen an ihrem Bevölkerungsanteil, jüdische Männer an der 1857 gegründeten Freiwilligen Feuerwehr. Für manchen Juden mag diese militärisch-demokratisch organisierte Selbsthilfeeinrichtung der Gemeinde mit ihrem hohen öffentlichen Ansehen und ihrem vaterländischen Wertekodex als geeignetes Betätigungsfeld seiner patriotischen Gesinnung erschienen sein. Auch dürfte eine Rolle gespielt haben, dass in dieser Uniform tragenden Vereinigung jüdische Männer keiner Zurücksetzung wie etwa im Militär ausgesetzt waren, sondern in Offiziersfunktionen gewählt werden konnten. Schließlich widerlegte die selbstlose und gefahrvolle Tätigkeit in der Freiwilligen Feuerwehr das verbreitete antisemitische Vorurteil, nach dem Juden sich vor harter körperlicher Arbeit scheuten und feige seien.

Die Stammliste der Freiwilligen Feuerwehr weist 1882 den ersten Beitritt eines jüdischen Mannes aus: Es war der angesehene, in der linksliberalen Demokratischen Partei aktive Kaufmann Jakob Rosenfeld, der in der Kreuzlingerstraße einen Textilgroßhandel für Weißwäsche führte. Möglicherweise verband sich in Rosenfelds Engagement das ökonomische Interesse an einem guten Brandschutz für die Warenlager des Einzelhandels mit dem Bestreben, der örtlichen Gemeinschaft nützlich zu sein. Einige Zeit nach Rosenfeld traten der Herrenkonfektionär Abraham Lippmann und die Kaufleute Max Levi, Adolf Adler und Max Jakob der Feuerwehr bei. Jakob leistete 40 Jahre lang Feuerwehrdienste, unter anderem war er viele Jahre lang zweiter Obmann der körperlichen Höchsteinsatz fordernden Rettungsmannschaft. Mitglieder der Feuerwehr waren auch der spätere Stadtrat und Fabrikant Samuel Schatz und der Mediziner Dr. Daniel Guggenheim. Zeitweise standen bis zu 20 Namen junger jüdischer Männer auf der Vormerkliste zum Beitritt in die Wehr. Wer dieser bürgerschaftlichen Vereinigung einmal beigetreten war, blieb meist auch mehrere Jahrzehnte: Nicht wenige jüdische Feuerwehrmänner erhielten in den Jahren vor 1933 die Dienstauszeichnungen des Badischen Feuerwehrverbandes für 40-jährige Mitgliedschaft.[28]

Jüdische Bürgerinnen und Bürger nahmen auch großen Anteil an kulturellen Einrichtungen und Angeboten. Vortragsreihen, Kammermusikabende, Lesungen sowie Aufführungen des örtlichen Theaters lebten von der Treue der jüdischen Stammgäste, wie der Buchhändler Ernst Ackermann als Veranstalter von Lesungen später

Erinnerungsfoto zum 40. Dienstjubiläum des Feuerwehrmannes Max Jakob, der in der Mitte seiner Kameraden sitzt. Die Aufnahme vor dem Gerätehaus am Stephansplatz entstand 1932.

einmal bekannte. Diese Treue der jüdischen Kundschaft hielt Ackermann jedoch nicht davon ab, nach 1933 ein begeisterter Gefolgsmann Hitlers zu werden.[29] Der Bodensee-Geschichtsverein, die Konstanzer Freimaurerloge und andere bildungsbürgerliche Vereinigungen mit eigenen kulturellen Angeboten hatten jüdische Mitglieder. Bildende Künstler der Bodenseeregion wie Ernst Württenberger, Adolf Dietrich, Willi Münch-Khe, Kasia von Szadurska, Karl Einhart, Walter Waentig, Eugen Segewitz, Hans Breinlinger und der später begeisterte Nationalsozialist Hugo Boeschenstein erhielten Aufträge aus jüdischen Familien. Jahre später zur Emigration und zum übereilten Verkauf von Wertgegenständen gezwungen, mussten sich die jüdischen Familien auch von ihren regional geprägten Kunstsammlungen trennen. Mancher nicht-jüdische Nachbar kam so günstig zu repräsentativen Werken der Bodensee-Malerei.

Eine lange Mitgliedstradition jüdischer Bürger findet sich in der Sängerrunde „Bodan", die einst aus dem liberal-demokratischen „Bürgermuseum" hervorgegangen war. Um die Jahrhundertwende sangen im ersten Bass der Volksschullehrer Siegmund Bloch und der

Jüdische „Fussballdamen" mit Zylinder: Aufgenommen Silvester 1928/29.

Kaufmann Moritz Neuburger, im zweiten Bass der Optiker Julius Falkenstein und im Sopran Margaretha und Therese Wieler sowie deren Mutter Marie Wieler. In den Reihen der passiven Mitglieder unterstützen mehrere Mitglieder der Familien Bloch, Guggenheim, Levinger, Lippmann, Rothschild, Schwarz, Schwab, Spiegel, Thanhauser und Veit das anspruchsvolle musikalische und gesellige Programm dieser großen bürgerschaftlichen Kultureinrichtung, die unter dem Namen „Konstanzer Kammerchor" bis heute existiert.[30]

Ausflug ins Grüne: Ein Konstanzer Verein, dem auch jüdische Mitglieder angehören, auf Gebirgsfahrt mit Cabrio-Bus. Um 1925.

Als passive Förderer betätigten sich jüdische Bürger auch in den beiden großen Fasnachtsgesellschaften, der „Elefanten AG" und der „Niederburg". Allerdings tauchen in den Mitgliedslisten der aktiven Elfer- oder Neunerräte keine jüdischen Namen auf. Auch in vielen anderen Vereinen und Vereinigungen sind Spuren jüdischer Beteiligung kaum auszumachen, zumal nicht alle Vereine den Juden ihre Reihen öffneten. In reichsweiter Perspektive waren antisemitische Tendenzen vor allem bei Schützen, in studentischen Verbindungen und bei Turnern früh auszumachen.

Die Studentenverbindung „Landsmannschaft Austria-Germania", eine von neun Verbindungen am damaligen Konstanzer Technikum (der heutigen Hochschule für Technik, Wirtschaft und Gestaltung), fügte der Vereinssatzung 1927 einen *„Arierparagraphen"* bei. Er lautete: *„Aufgenommen können nur Studenten werden, die arischer Abstammung sind."* Die durchaus republikanisch gesinnte Leitung der staatlichen Ingenieurschule verfolgte damals zwar das verbotene Mensurwesen der schlagenden Verbindungen, den Ausschluss von Juden aus einer an der Schule angesiedelten Verbindung ließ sie jedoch unkommentiert. Diese Tatsache veranschaulicht, wie sehr völkisch-nationalistische Anschauungen die deutsche Gesellschaft zu dieser Zeit bereits prägten.[31]

SCHAUSPIELERIN IN DER PROVINZ:
GERTRUD LÖB

Die Konstanzer Blätter bescheinigten der jungen Schauspielerin in ihren Kritiken *„erfrischende Natürlichkeit“*, manchmal auch *„forsche Keckheit“*, und sie lobten ihre *„vorzügliche“* Darstellung Shakespearscher Verse. Dabei bewältigte die 28-jährige Juliana Delboth in ihrer ersten Spielzeit am Stadttheater Konstanz im Herbst 1931 ein beträchtliches Spektrum: Sie spielte im *„Biberpelz“* von Gerhart Hauptmann, in der Komödie *„Der Brotverdiener“* von William Summerset Maugham, in Shakespeares *„Sommernachtstraum“*, im Anti-Kriegsstück *„Der Mann, den sein Gewissen trieb“* von Maurice Rostand und in einigen weiteren Inszenierungen zum Teil tragende Rollen.

Im bürgerlichen Leben hieß die junge, an den Bodensee verpflichtete Schauspielerin Gertrud Löb. Ihr Vater Walther Löb war Professor an der Berliner Universität und Leiter der chemischen Abteilung des dortigen Virchow-Krankenhauses gewesen. Ihre Mutter Agnes stammte aus einer alten jüdischen Kölner Familie. Nach dem Besuch des von Paul Geheeb gegründeten reformpädagogischen Internats Odenwaldschule, hatte sich Gertrud zur Schauspielerin ausbilden lassen. Zur Spielzeit 1931 war sie nach Konstanz verpflichtet worden. Die in Berlin aufgewachsene, als unangepasste, eigenständige Persönlichkeit beschriebene junge Frau erlebte das

Gertrud Löb in mittleren Jahren.

Eine Postkarte an ihren Vater, nicht lange vor ihrer Verhaftung.

beschauliche, weitab von den großen Krisen dieser Zeit liegende Städtchen Konstanz als reine Idylle. An eine Freundin schrieb sie im September 1931: *„Konstanz ist sehr schön, der Bodensee sieht beinah wie die Ostsee aus und vor ein paar Tagen habe ich zum ersten Mal den Säntis gesehen – ein richtiger Schweizer Schneeberg, der aber nur als Vorbote von Regenwetter über die nahen grünen Berge guckt."* Itti, die Freundin, hatte Gertrud immer wegen ihres Lebens in Berlin beneidet. Nun schrieb sie aus der Provinz: *„Du brauchst mich jetzt also nicht mehr um Berlin beneiden, hier gibt's keine Elektrische, zwei Kinos und viele Tauben und Katzen."*

Die künstlerisch erfolgreiche Zeit am Konstanzer Theater blieb Episode und zugleich das einzige feste Engagement, das Gertrud Löb je hatte. Anfang 1932 knüpfte sie Kontakte zur Berliner Theaterszene, wohin sie wechseln wollte. In einer Besprechung des „Konstanzer Volksblatts" vom Januar 1932 heißt es: *„Man wird von dieser jungen begabten Schauspielerin noch reden, wenn sie einigermaßen Glück hat."* Dieses Glück blieb ihr jedoch versagt. Max Reinhardt hatte sich für sie interessiert, doch der Beginn der nationalsozialistischen Herrschaft vereitelte alle Pläne. Gertrud Löb übersiedelte dennoch nach Berlin, wo sie mit einer Freundin zusammenlebte und, nach dem Verlust der Berufsmöglichkeiten, im jüdischen Kinderhort der dortigen Gemeinde arbeitete. Gertruds Mutter Agnes zog zu einer ihrer vier Töchter nach Holland. Von dort aus versuchte sie, Gertrud aus Deutschland herauszuholen. Der Kriegsbeginn ließ diese Versuche scheitern. Gertruds jüngste Schwester Dora, eine begabte Geigerin, war schon nach Palästina emigriert, kehrte jedoch noch einmal nach Deutschland zurück, geriet in die Fänge der Gestapo und wurde 1941 deportiert. Im Frühsommer 1942 sollte sich auch Gertrud Löb zu einem der Transporte in den Osten melden. In dieser Situation unternahm sie mit Hilfe einer dubiosen Hilfsorganisation einen Fluchtversuch in die Schweiz. In Offenburg wurde sie aus dem Zug heraus von der Gestapo verhaftet, offenbar war das Vorhaben verraten worden. Im Sommer 1942 wurde Gertrud Löb nach Minsk deportiert und dort ermordet.

TE

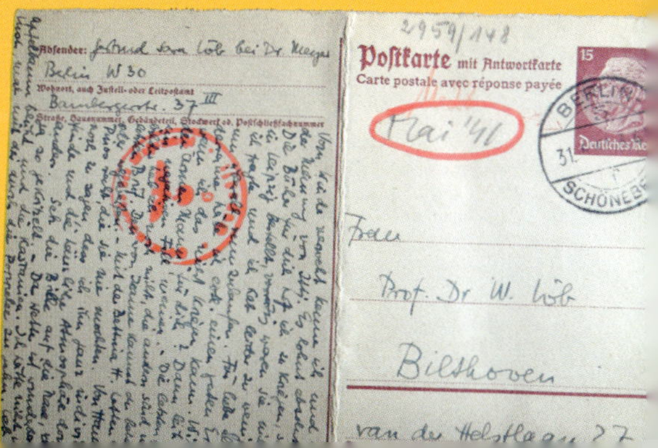

Mehrere jüdische Familien gehörten dem Yachtclub Konstanz an, hier eine Freundin der Familie Schriesheimer mit ihrer Tochter.

Die Konstanzer Sportvereine erwiesen sich weniger antisemitisch als vergleichbare Vereine andernorts: In drei Turnvereinen, mehreren Fußball- und Radfahrervereinen, im Arbeiterturnverein „Bahnfrei", bei der örtlichen Lebensrettungsgesellschaft, die sich der Wasserrettung auf dem Bodensee widmete und selbst im 1909 gegründeten vornehmen Yachtclub Konstanz engagierten sich bis zu Beginn der NS-Zeit auch jüdische Mitglieder. Das ist eher ungewöhnlich, schlossen zur selben Zeit doch einige deutsche Yachtclubs Juden von der Aufnahme aus. Selbst in der Konstanzer Sektion des Deutsch-Österreichischen Alpenvereins, der vor allem in Österreich schon um die Jahrhundertwende jüdische Mitglieder ausschloss, wanderten mehrere jüdische Honoratioren aus Konstanz und von der Höri mit und unterstützten den Verein finanziell.

Bürgerliche Familien, hier das Ehepaar Veit, ließen sich zur Erinnerung vom Profi fotografieren, wenn sie in einem originellen Kostüm einen der zahlreichen Fasnachtsbälle besuchten.

Der 1885 nach englischem Vorbild gegründete Ruderclub „Neptun" verstand sich als ausgesprochener Honoratiorenclub: Bis 1919 waren Arbeiter und Handwerker von der Aufnahme ausgeschlossen. Die Sport treibenden Mitglieder sollten über die zum Training nötige Zeit jederzeit selbst verfügen können. Auch nach dem Ende der Monarchie führte der Club in seinem Wimpel die alten kaiserlichen Farben Schwarz-Weiß-Rot weiter. Um die Jahrhundertwende

Das erste Bootshaus des Ruderclubs Neptun, damals wie heute am Rheinufer direkt neben der alten Rheinbrücke gelegen.

Ruderregatta in der Konstanzer Bucht. Aufnahme aus der Zeit vor dem Ersten Weltkrieg.

gehörten die Herren Dreyfus, Levi, Picard, Rothschild, Seligmann und Wieler zum Kreis der Fördermitglieder des „Neptun".[32] Mitte der 1920er-Jahre wurde der Konstanzer Ruderclub jedoch von einem rassisch-völkisch grundierten Antisemitismus erfasst. Dies geschah vermutlich unter dem Einfluss der 1924 gegründeten NSDAP-Ortsgruppe, die eine eigene, dem Deutschen Ruderverband beigetretene Rudergruppe ins Leben gerufen hatte. Einige Mitglieder dieser Gruppe gehörten auch dem „Neptun" an. Das sozialdemokratische „Konstanzer Volksblatt" berichtete, dass *„einige stramm deutsch-völkische und nationalsozialistische Mitglieder"* Angriffe gegen die jüdischen Mitglieder gestartet hätten. *„Ob die Hakenkreuzlerei des Neptun diesem zum Vorteil reicht, wird die Zukunft lehren"*, schrieb das Blatt.[33]

Die weitere Geschichte von „Neptun" und Yachtclub verlief systemkonform: 1933 übernahm der damalige Kreisleiter der NSDAP, Eugen Speer, vorübergehend den

Ein Purimsumzug, die jüdische Version der alemannischen Fasnacht, in Gailingen, aufgenommen 1909.

Vorsitz des Rudervereins, der neue Konstanzer Bürgermeister Leopold Mager, ein radikaler Nationalsozialist, präsidierte den Yachtclub. Eine neue Satzung bestimmte nun für alle Vereine, dass Juden nicht aufgenommen werden durften. Das Vereinsleben beider Vereine wurde den Zwecken der Wehrertüchtigung der Jugend unterworfen und stark ideologisiert.

Ein weiteres Beispiel für die allmähliche Spaltung und Ideologisierung einer gemeinnützigen Institution ist die Konstanzer Gruppe des „Wandervogel". Wie Erich Bloch in seinen von Werner Trapp aufgezeichneten Lebenserinnerungen anschaulich schildert, ging die hiesige Initiative, eine Wandergruppe nach Berliner Vorbild ins Leben zu rufen, von einem jüdischen Schüler der Oberrealschule (heutiges Humboldt-Gymnasium) aus. Der Junge hatte zuvor das Gymnasium in Berlin-Steglitz besucht. Dort lagen 1896 die Anfänge einer Bewegung, in der sich Elemente der Lebensreform, Vaterlands- und Naturliebe, völkischer Besinnung und allmenschlicher Versöhnung mischten. Auch in Konstanz war die Initiative weniger eine Jugendrevolte gegen die verknöcherten Konventionen der wilhelminischen Gesellschaft, als vielmehr eine von reformbereiten Lehrern getragene bildungsbürgerliche Erneuerungsbewegung.[34] Unter der Regie des damaligen Leiters des Konstanzer Standesamts Eisinger und des in Meersburg tätigen Junglehrers Alfred Jauch unternahmen nicht-jüdische und jüdische Jungen und Mädchen der Konstanzer Oberschulen ab 1909 gemeinsame Fahrten auf den Bodanrück, zur Höri und in den Hegau. Es wurde gemeinsam über dem Lagerfeuer gekocht,

Mädchen und Jungen der jüdischen Konstanzer Wandervogelgruppe „Blau-Weiß“ Anfang der 1920er-Jahre auf der Höri.

zu Laute, Geige und Gitarre aus dem „Zupfgeigenhansl“ gesungen und auf Heuschobern übernachtet. Weil Jungen und Mädchen gemeinsam wanderten, opponierte vor allem die katholische Kirche gegen das vermeintlich unzüchtige Treiben. Auf dem unterhalb von Schienen auf der Höri gelegenen Oberbühlhof fand die Gruppe ein sogenanntes „Nest“, das über mehrere Jahre zur urigen Heimat der Konstanzer „Wandervogel“-Gruppe wurde.

Schon 1907 war wegen des latenten Antisemitismus in den völkisch orientierten Gruppierungen der anfangs ganz unterschiedliche Weltanschauungsaspekte vereinenden Bewegung eine jüdische Abspaltung entstanden, der zionistische Wanderbund „Blau-Weiß“. Während des *„Ersten Freideutschen Jugendtages“* auf dem Hohen Meißner im Oktober 1913 prallten die völkische und die liberale Richtung aufeinander, ohne dass eine klare Positionierung durchgesetzt worden wäre: Das politische Neutralitätsgebot, mit dem die Bewegung ihre Einheit retten wollte, verhinderte eine klare Verurteilung der rassistischen Tendenzen. Die Konstanzer Gruppe hielt zur weltanschaulich neutralen und internationalen Ausrichtung, die auch in regelmäßigen Wandertreffen mit Schweizer Gruppen zum Ausdruck kam. Doch gegen Ende des Ersten Weltkriegs setzte sich auch im Konstanzer „Wandervogel“ die völkische Fraktion durch, jüdische

Teilnehmer wurden ausgeschlossen.[35] Nach Ende des Zweiten Weltkriegs unternahm es ausgerechnet der damals ausgestoßene und später seiner Heimat beraubte, aber sehr versöhnungsbereite Erich Bloch, die überlebenden Mitglieder des damaligen „Wandervogel“ zusammenzubringen: Im Oktober 1957 trafen sich Menschen in Konstanz wieder, die sich 40 Jahre nicht mehr gesehen hatten. Der aus KZ-Haft befreite Geiger Heiner Wollheim aus Wangen auf der Höri und der aus Israel angereiste Erich Bloch gaben ein kleines Konzert, die Gruppe wanderte zum einstigen „Nest“ auf dem Oberbühlhof und sang die alten Lieder. Von da an blieb die Gruppe über einen regelmäßigen Rundbrief miteinander in Verbindung.[36]

Das Erinnerungsbuch des Gymnasiasten Sigmund Heilbronn, dessen Vater Arzt in Gailingen war. Sigmund besuchte das humanistische Gymnasium in Konstanz, wo er 1906 das Abitur ablegte und danach Medizin studierte.

EIN ALLROUNDTALENT DES VOLKSTHEATERS: BERTY FRIESLÄNDER-BLOCH

Von den vier jüdischen Landgemeinden Gailingen, Randegg, Wangen und Worblingen hatte Gailingen den größten jüdischen Bevölkerungsanteil; um 1850 überwog er den christlichen sogar knapp. Das Ortsbereisungsprotokoll von 1894 wusste nicht viel von einem *„gehässig und agitatorisch auftretenden Antisemitismus"* und konstatierte *„konfessionellen Frieden"*. Dies war über 1900 hinaus der Boden, auf dem die 1896 geborene Berty Bloch zur Autorin heranwuchs. Dabei mochte sich die soziale Sensibilität des Vaters, eines Sozialdemokraten, mit dem musischen Ehrgeiz der aus Zürich stammenden Mutter vereinen, die längere Zeit in Paris gelebt hatte. In ihr besaß die Heranwachsende eine stolze Förderin ihrer häuslichen Auftritte mit selbst geschriebenen Programmen.

In den 1920er-Jahren arbeitete Berty Bloch zwar für eine Reihe regionaler Zeitungen, denen sie neben Kulturberichten auch Erzählungen, Gedichte und Feuilletons anbot, doch ihr Traum von einer Existenz als Schauspielerin und Dichterin erfüllte sich nicht. Zu der ihr eigenen Form und Begabung fand sie indes mit einer Fülle dramatischer Arbeiten, für die sie im Gailinger „Musikalisch-dramatischen Verein Juno" sowie auf benachbarten Laienbühnen eine große Liebhaberschaft gewann. In vielen Stücken und Lustspielen, Prologen und Sketchen, Humoresken und Couplets, bei denen sie sich u.a. an den Traditionen des Volkstheaters orientierte, griff sie dörfliche Stoffe auf. Bei der Bühnenarbeit erwies sie sich als wahres Allroundtalent: *„Ich inscenierte zu jüd. u. anderen Anläßen `Bunte Bühnen', m. eigenen Erzeugnißen, regiesierte alles alleine, entwarf die Kostüme u. übernahm dabei auch selbst die mir bes. gut liegenden Rollen"*.

Anschluss an literarische Entwicklung hat Bloch bei allem Ehrgeiz nie gesucht; Richtschnur war ihr das Unterhaltungsbedürfnis der Zuschauer, denen sie ihre Welt in teils trivialer, teils liebevoll-ironischer Glossierung als *„Deigeszerstäuber"* und *„Grillenvertreiber"* vorsetzte. Bemerkenswert sind ihre im jüdischen Milieu angesiedelten Stücke *„En Donnerstagmorgen vor der Metzg"* und *„In der Rasierstube"*, die mit der Verwendung westjiddischen Dialekts eine stark folkloristische und lokaltypische Note aufweisen. Zunehmend

Berty Frieslander-Bloch während eines Solo-Auftritts, Ende der 1920er-Jahre.

galt Blochs Interesse jüdischen Themen und dem Einbruch des Zeitgeists in die ehemals festgefügte dörfliche Welt, wobei immer ein gehöriges Stück Wehmut mitschwang. Nach 1933 nutzte Bloch ihre Theaterarbeit, die sie trotz Zensureingriffen und Verboten noch bis 1936 vor einem nunmehr rein jüdischen Publikum fortsetzen konnte, vorwiegend für die moralische Aufrichtung der zunehmend bedrängten jüdischen Bevölkerung und die Bestärkung ihrer Identität. Ihre engagierte Kulturarbeit dürfte in einer jüdischen Landgemeinde dieser Größe ziemlich singulär sein.

1933 – es war das Jahr ihrer Heirat mit dem Kaufmann Moses Friesländer – war der Plan einer gemeinsamen Emigration nach Palästina an zu hohen Kautionsforderungen gescheitert. Friesländer-Bloch musste nun mit ansehen, wie das liebevoll erinnerte Zusammenleben im Dorf mehr und mehr vergiftet wurde; antisemitische Angriffe und Schikanen richteten sich nun auch gegen sie selbst. 1937 wurde Sohn Jules geboren und ihr Mann daraufhin unter dem konstruierten Vorwand der *„Rassenschande"* vorübergehend verhaftet. 1940 wurde sie mit ihrer Familie in die Pyrenäenlager Gurs und Rivesaltes deportiert, wo sie von ihrem Sohn getrennt wurde. In der tristen Lagersituation suchte sie wiederum durch kleine Aufführungen Zuversicht und Hoffnung zu verbreiten. 1941 erlag ihr Mann den Lagerstrapazen; im Jahr darauf gelang ihr die Flucht in die Schweiz. Dorthin konnte sie ihren Sohn zwar nachkommen lassen, wiedergesehen hat sie ihn aufgrund ihres Status als Internierte jedoch erst 1949.

Die über vier Jahrzehnte ihrer zweiten Lebenshälfte waren geprägt von einem vielfältigen publizistischen Wirken im Sinne von Völkerverständigung und Frieden. Dazu gehörten Artikel in der Ostschweizer und deutschen Bodenseepresse, Vorträge und Auftritte als Zeitzeugin, mit denen sie als unermüdliche Mahnerin ihre traumatisch erlebte Verfolgung bewältigte. Literarisch trat sie 1948 noch mit der „Gailinger Megille" hervor, einer anekdotisch geprägten Chronik des ehemaligen Gemeindelebens, sowie mit einer Purims-Dichtung. An die Stelle ihrer Theaterarbeit, für die sie in ihrem neuen Wohnort St. Gallen keine Gelegenheit mehr fand, trat nun ihre Beschäftigung mit dem Gailinger Westjiddisch. Als eine der letzten, die es lebensecht zu sprechen verstand, wurde sie zu einer *„wertvollen Informationsquelle"* (Florence Guggenheim-Grünberg) für die *„Lautbibliothek der deutschen Mundarten"*. Ihre St. Galler Einbürgerung 1967 verband sie mit der Hoffnung, noch die Einführung des Frauenstimmrechts zu erleben. 1993 verstarb Berty Friesländer-Bloch in Gossau.

Manfred Bosch

„LIEGEN WIR IM FEUER":
JÜDISCHE SOLDATEN IM ERSTEN WELTKRIEG

Wie konnte ein jüdischer Mann seine Liebe zur Nation nachdrücklicher unter Beweis stellen als durch die Bereitschaft, im Krieg das eigene Leben einzusetzen? War Juden der Aufstieg ins Offizierskorps auch verwehrt, so wollten sie, als das Vaterland rief, doch beweisen, dass sie gut deutsch dachten und mutig waren. Der badische Staat nahm den Opfermut seiner jüdischen Bürger gerne an. So kämpften im Preußisch-Französischen Krieg von 1870/71 auch mehrere Konstanzer Juden auf Seiten der mit Preußen verbündeten Badener mit. Nach Krieg und Reichsgründung wurden zahlreiche Kriegervereine ins Leben gerufen. Ihnen oblag die Verherrlichung der Siege und der durch diesen Krieg herbeigeführten Gründung des Nationalstaats. Der Konstanzer Kriegerbund tat sich vor allem als Veranstalter patriotischer Feiern hervor: Am Jahrestag der Schlacht von Sedan (1. September 1870), zu den Geburtstagen des Kaisers und des Großherzogs, zu Fahnenweihen und Denkmaleinweihungen schmückten die Veteranen den Festplatz und traten in Gehrock und Ordensschmuck an. Um 1900 gehörten keinem anderen Konstanzer Verein mehr Juden an als dem Kriegerbund. Im leitenden Ausschuss des Vereins arbeitete der unermüdliche Fabrikant und Stadtrat Emanuel Rotschild mit, der Optiker Louis Frank betreute die Vereinsbibliothek. Auch der Kaufmann Simon Guggenheim zählte zu den akti-

Der aus Konstanz stammende Feldrabbiner Dr. Hermann Chone (Mitte) mit den später gefallenen Soldaten Alfred Ortlieb und Isac Picard. Rechts Herbert Picard und Bruno Rothschild.

ven Veteranen. Neben diesen „*Altgedienten*“ unterstützten 17 jüdische Kaufleute, Gastwirte, der Arzt Dr. Joseph Levi und der Pferdehändler Abraham Lippmann die Zwecke des Vereins durch regelmäßige Spenden und Mitwirkung bei Veranstaltungen.

Als besonders bizarr mag erscheinen, dass der in so vielen gemeinnützigen Organisationen tätige Stadtrat Emanuel Rothschild auch dem „Alldeutschen Verband“ angehörte, jener Vereinigung, die seit 1891 die Ausdehnung des Deutschen Reiches nach Osten propagierte, um der germanischen Rasse den nötigen Lebensraum zu sichern. „*Fremdrassige*“ Völker, zu denen auch Juden gerechnet wurden, sollten in diesem Ausdehnungsprozess verdrängt werden. Dass die radikalen Flügel des Verbands keine Juden in den eigenen Reihen duldeten und der Unterdrückung der Juden auch in Deutschland das Wort redeten, scheint das Mitglied Rothschild im friedlichen Konstanz möglicherweise nicht als Bedrohung wahrgenommen zu haben.

Einer der ersten gefallenen Soldaten in Konstanz war der junge Jurist Dr. Max Picard. Sein Leichnam wurde noch nach Hause überführt und in einem großen Trauerzug vom Wohnhaus am Hauptzoll zum jüdischen Friedhof geleitet.

Den Heldentod fürs Vaterland starb am 22. d. M. unser guter, heißgeliebter, unvergeßlicher Sohn, Bruder, Schwager u. Onkel

Dr. jur. Max Picard

Rechtspraktikant, Vizewachtmeister – Offiziersstellvertr.
II. Landwehr-Eskadron

im 29. Lebensjahre.

In tiefstem Schmerze:
Salomon Picard, und Frau
Dr. med. Ernst Picard, z. Zt. im Felde
Dr. med. Hugo Picard, z. Zt. im Felde
Edit Picard, geb. Ruß
Heinz Hellmut als Neffe.

7518

Konstanz, Berlin, 25. September 1914.

Die Beisetzung findet Sonntag den 27. September, vormitt. 11 Uhr, vom Elternhause aus, Kreuzlingerstrasse 68, statt.
Kondolenzbesuche werden höflichst verdankt.

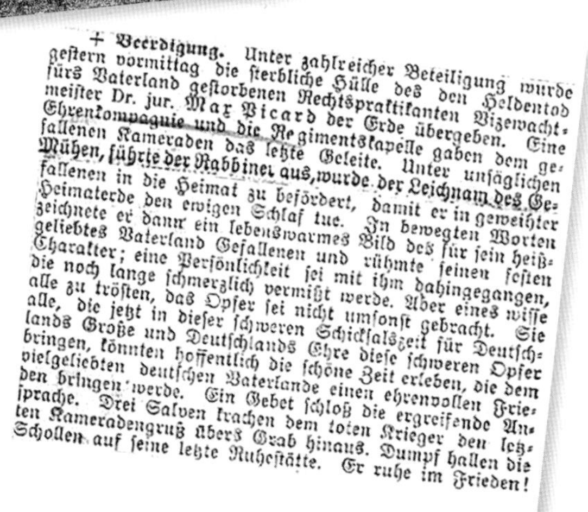

+ **Beerdigung.** Unter zahlreicher Beteiligung wurde
gestern vormittag die sterbliche Hülle des den Heldentod
fürs Vaterland gestorbenen Rechtspraktikanten Vizewacht-
meister Dr. jur. Max Picard der Erde übergeben. Eine
Ehrenkompagnie und die Regimentskapelle gaben dem ge-
fallenen Kameraden das letzte Geleite. Unter unsäglichen
Mühen, führte der Rabbiner aus, wurde der Leichnam des Ge-
fallenen in die Heimat zu befördert, damit er in geweihter
Heimaterde den ewigen Schlaf tue. In bewegten Worten
zeichnete er dann ein lebenswarmes Bild des für sein heiß-
geliebtes Vaterland Gefallenen und rühmte seinen festen
Charakter; eine Persönlichkeit sei mit ihm dahingegangen,
die noch lange schmerzlich vermißt werde. Aber eines wisse
alle zu trösten, das Opfer sei nicht umsonst gebracht. Sie
alle, die jetzt in dieser schweren Schicksalszeit für Deutsch-
lands Größe und Deutschlands Ehre diese schweren Opfer
bringen, könnten hoffentlich die schöne Zeit erleben, die dem
vielgeliebten deutschen Vaterlande einen ehrenvollen Frie-
den bringen werde. Ein Gebet schloß die ergreifende An-
sprache. Drei Salven krachen dem toten Krieger den letz-
ten Kameradengruß übers Grab hinaus. Dumpf hallen die
Schollen auf seine letzte Ruhestätte. Er ruhe im Frieden!

Etwas mehr als ein halbes Jahrhundert nach dem Deutsch-Französischen Krieg bot sich jüdischen deutschen Männern erneut Gelegenheit, ihre patriotische Zuverlässigkeit unter Beweis zu stellen: Schon in den ersten Wochen des Ersten Weltkriegs meldeten sich auch in Konstanz mehrere jüdische Freiwillige zum Kriegsdienst. Der Jüngste unter ihnen, der 19-jährige Ludwig Apfel, fiel als Kriegsfreiwilliger im letzten Kriegsjahr. Einer der ersten Gefallenen der Stadt war der 29-jährige promovierte Jurist und Vizewachtmeister Max Picard. Als Kavallerist wurde er während eines Erkundungsritts in der Schlacht bei Mühlhausen im Elsass getötet. Seinem Vater Salomon Picard gelang es, die Leiche des Sohnes nach Konstanz zu überführen. Der Trauerzug bewegte sich vom grenznah gelegenen Wohnhaus in der Kreuzlingerstraße bis zum

„Harte Regimenter liegen wir im Feuer, wachsen trotz Vernichtung ungeheuer.“

JACOB PICARD, AUS EINEM GEDICHT 1915

Friedhof auf der anderen Rheinseite hinüber. In einem ausführlichen Bericht der „Konstanzer Zeitung“ über die bewegende Beerdigung wurde der Gefallene als *„harmonische Natur“*, hoch begabter Jurist und *„leidenschaftlicher Reiter“* gerühmt, der seine Kameraden in den Ruhephasen zwischen den Schlachten häufig mit Musik von Beethoven erfreut habe.[37] Um die späteren Toten wurde weniger Aufhebens gemacht, der Tod an der Front war zu alltäglich geworden. Die Betreiber eines kleinen Kolonialwarenladens in der Sigismundstraße, Salomon und Sofie Hasgall, verloren beide Söhne: Der 25-jährige Karl fiel schon in den ersten Wochen des Krieges, Samuel, der Ältere, kam einige Monate später an der französischen Front ums Leben. Jacob Picard, der in seinen literarischen Arbeiten später das alemannische Landjudentum verewigte, überhöhte als junger Soldat in seinen Gedichten das sinnlose Sterben an der Front. In einem Gedicht über die Kämpfe um die Lorettohöhe in Nordfrankreich im Sommer 1915 heißt es: *„Harte Regimenter, liegen wir im Feuer / Wachsen trotz Vernichtung ungeheuer / Über diesen schweren Tag ins Licht / Heiliger Zukunft. Deutschland, vergiss uns nicht.“*[38] Schon das Deutschland der Zeitgenossen vergaß bekanntlich die Vaterlandstreue der jüdischen Soldaten und zweifelte ihre Opferbereitschaft an: Die 1916 vom preußischen Kriegsministerium in Auftrag gegebene antisemitisch motivierte *„Judenzählung“* sollte öffentlich erhobene Vorwürfe überprüfen, Juden seien Drückeberger und scheuten den Fronteinsatz. Doch ihr Anteil in der deutschen Armee und im Fronteinsatz entsprach in etwa ihrem Bevölkerungsanteil, weshalb die Ergebnisse der schmählichen Erhebung vor Kriegsende auch nicht mehr veröffentlicht wurden. In Konstanz kam es bereits im Frühjahr 1915 zu antisemitischen Denunziationen. In Briefen an verschiedene Tageszeitungen, darunter auch an die „Neue Zürcher Zeitung“, war behauptet worden, die Juden in der Konstanzer Garnison würden vor dem Fronteinsatz geschont, sie drückten sich vielmehr in den warmen Schreibstuben herum. Das Garnisonskommando, über den Vorwurf einer pflichtwidrigen Bevorzugung entsetzt, ließ eine Untersuchung durchführen, die ergab, *„dass in der ganzen Garnison Konstanz elf Israeliten in Geschäftszimmern beschäftigt sind, von denen nicht ein einziger felddienstfähig ist.“* Diese Soldaten hatten an der Front gestanden, waren verwundet worden und leisteten nun in der Garnison Dienst.[39]

Der Gründer des Konstanzer Wöchnerinnen- und Säuglingsheims, Dr. Gustav Meinrath, starb 1918 an den Folgen einer Frontverletzung.

Schwestern und Kinder des Säuglingsheims für Kriegswaisen und vernachlässigte Kinder. Um 1917.

Währenddessen starben an den Fronten auch jüdische Soldaten: Die Brüder Ernst und Alfred Ortlieb kämpften in Frankreich. Der 25-jährige Alfred fiel zwei Tage vor der ersten Kriegsweihnacht. Sein mit der badischen Tapferkeitsmedaille ausgezeichneter Bruder Ernst und dessen Familie wurden später in einem Vernichtungslager des nationalsozialistischen Deutschland umgebracht. Hugo Schatz, Sohn des Stadtrats Samuel Schatz, starb 30-jährig an der russischen Front. Der nur 20 Jahre alte Leopold Einstein verlor im Mai 1915 in Frankreich sein Leben. Der örtliche Regimentsarzt und hoch geschätzte Gründer des Konstanzer Wöchnerinnen- und Säuglingsheims, Dr. Gustav Meinrath, starb gegen Ende des Krieges an den Folgen einer Granatsplitterverletzung. Die Reihe getöteter jüdischer Frontsoldaten ließe sich fortsetzen. In der 1938 zerstörten Synagoge wies eine Gedenktafel die Namen von 28 Gefallenen der jüdischen Gemeinde auf. Der jüngste Soldat war 19 Jahre alt gewesen, als er starb, der Älteste 49 Jahre. In der deutschen Armee dienten während des Krieges rund 85 000 jüdische Soldaten, 12 000 von ihnen kamen während des Krieges ums Leben, mehrere Tausend blieben kriegsversehrt. Eines dieser unsichtbaren Opfer des Krieges war Fritz Leib, Bruder des gefallenen Ernst Leib. Der junge Mann kam schwer traumatisiert aus dem Krieg zurück, konnte nach damaligem Stand der Medizin nicht geheilt werden und musste dauerhaft in einer Heilanstalt untergebracht werden. Von dort wurde er 1942 der NS-Euthanasieaktion zugeführt und umgebracht.[40]

Während des Kriegs hatten die durchweg patriotisch eingestellten jüdischen Familien fleißig Kriegsanleihen gezeichnet, Gold und andere Metalle abgegeben, Liebesgabenpakete gepackt; die Frauen hatten gestrickt und sich in der Freiwilligen Kriegshilfe in den örtlichen Lazaretten und im Rahmen der großen Aktionen zum internationalen Austausch von Verwundeten engagiert. Als sich in der Hyperinflation von 1923 nicht nur die übrig gebliebenen Ersparnisse, sondern auch die damals gezeichneten Staatsanleihen in Luft auflösten und beträchtliche Teile der lokalen Bevölkerung zu Fürsorgeempfängern wurden, erwiesen sich die Familien als besonders hilfsbereit, die selbst Söhne und Brüder im Krieg verloren hatten: Dem Aufruf des Oberbürgermeisters Otto Moericke, für die Armenküche zu stiften, kamen neben mehreren jüdischen Familien auch Inhaber und Belegschaften von Firmen in jüdischer Hand nach. Sie spendeten teils beträchtliche Summen.[41]

Diese Kriegsgeneration deutscher Juden erlebte zehn Jahre nach der Inflation die bittere Schmach, dass junge SA-Männer während der ersten Boykottaktion im April 1933 vor ihren Ladenlokalen aufzogen und ihren Kriegseinsatz für das Vaterland verspotteten.

Sonne für die Kleinsten: Babys des Säuglingsheims in der Villa Douglas stehen in der Wärme.

EINE LIBERALE GEMEINDE: DAS RELIGIÖSE LEBEN

Das Gleichstellungsgesetz von 1862 gewährte Juden das Recht auf freie Religionsausübung. Gedanken der Aufklärung hatten das deutsche Judentum schon zuvor erreicht und einen Modernisierungsprozess ausgelöst. Seit der Mitte des 19. Jahrhunderts hatten sich daraufhin drei religiöse Strömungen herausgebildet: die modern-orthodoxe, die konservative und die liberal-religiöse Richtung. Schon bald nach ihrer Gründung 1863 entwickelte sich die rasch wachsende Konstanzer Gemeinschaft zu einer Gemeinde liberaler Prägung. Kennzeichen des liberalen Judentums waren die Aufgabe der traditionellen Lebensführung und der äußeren Erscheinung (z. B. Verzicht auf die traditionell langen Bärte und die Kippa), Öffnung zur bildungsbürgerlichen Kultur, Einführung deutschsprachiger Gebete und der Orgel in der Synagoge und eine stärkere Berücksichtigung von Mädchen und Frauen im Gemeindeleben. Um 1900 ging die Mehrheit der badischen Juden, vor allem in städtischen Gemeinden, fast nur noch an den drei bedeutendsten Feiertagen in die Synagoge: zum jüdischen Neujahr Rosch ha-Schanah, zum Versöhnungstag Jom Kippur und zu Pessach. Wichtige Anlässe im Leben jedes Juden waren zudem die Beschneidung der Knaben, die der protestantischen Konfirmation vergleichbare Bar Mizwa sowie Hochzeiten und Beerdigungen.[42]

Nachdem die Konstanzer Gemeinde vom badischen Staat anerkannt und dem Bezirksrabbinat Gailingen unterstellt worden war, fanden 1866 erstmals staatlich beaufsichtigte Wahlen zum Synagogenrat statt. Drei Jahre später erhielt die Gemeinde eine eigene Begräbnisstätte neben dem neu errichteten Hauptfriedhof. Obgleich die Gemeinde 1875 auf 251 *„Seelen“* angewachsen war, wie es im jüdischen Sprachgebrauch heißt, wurden Gottesdienste noch immer in Provisorien abgehalten. Die Gemeinde wünschte sich dringlich den Bau einer eigenen Synagoge. Nach einer längeren Phase des eisernen Sparens konnte sie in der neu angelegten, nach dem spätmittelalterlichen Kaiser Sigismund benannten innerstädtischen Straße ein Grundstück der Spitalstiftung erwerben. Der Kostenaufwand zum Bau einer Synagoge wurde auf 60 000 Goldmark festgelegt, 12 000 Goldmark hatten Mitglieder der Gemeinde aus der eigenen Tasche gestiftet, der Rest wurde als Kredit aufgenommen. Die Bauarbeiten

Der Innenraum der 1883 erbauten Konstanzer Synagoge, in der Mitte das Lesepult, oben die nur in liberalen Synagogen vorkommende Orgel. Teile des Leuchters über dem Pult konnten nach der Zerstörung 1938 gerettet werden.

Außenansicht der im neoromanischen Stil erbauten Synagoge.

Erinnerungsfoto des Konstanzer Synagogenchores während eines Ausflugs, vermutlich Mitte der 1920er-Jahre.

begannen 1882, als Architekt wurde der damalige Stadtbaumeister Holtzmann gewonnen. Er realisierte den äußerlich schlichten dreischiffigen Hallenbau im damals gängigen neoromanischen Stil. Als Vorbilder dienten die kurz zuvor entstandenen Synagogen in Karlsruhe und Bruchsal. Die Bau- und Ausstattungsarbeiten hatte der Synagogenrat durchweg nicht-jüdischen Handwerkern übertragen: Ein Dekorationsmaler aus Karlsruhe, der schon die Salons des Hotels „Konstanzer Hof" ausgemalt hatte, sollte die Decken- und Wandbemalung ausführen. Die farbig gestalteten Glasfenster lieferte eine Firma aus Offenburg, das Ewige Licht kam aus der Werkstatt des im katholischen Vereinswesen der Stadt aktiven Gürtlermeisters Joseph Wirth. Am 7. September 1883 wurde der Schlussstein gesetzt. Der Vorsteher des Synagogenrats, Fabrikant Emanuel Rothschild, verlas ein Protokoll. Dessen Text erinnerte an die Verfolgungen der ersten jüdischen Gemeinde während des Spätmittelalters, zugleich wurde die *„humane Anschauung"* und das Rechtlichkeitsdenken des modernen badischen Staates und der *„Vaterstadt"* Konstanz gepriesen. Gemeinsam mit anderen Schriftstücken, Exemplaren der örtlichen Tageszeitungen, einer Flasche Wein, einigen Geldmünzen und einem Säckchen Getreide wurde das Protokoll in einem Metallbehälter versiegelt, in einer Mauernische versenkt.[43]

Wenige Tage später wurde die Synagoge in Anwesenheit von Vertretern des Staates, der Gemeindebehörden, des örtlichen Regiments und der christlichen Kirchen feierlich eingeweiht. Die Stadtmusik spielte vor dem neuen Gotteshaus, der Synagogenchor umrahmte die Einweihung, feierlich wurden die Thorarollen in die Synagoge eingebracht. Auf den Abend hatte die Gemeinde auch die nicht-jüdische Bevölkerung eingeladen, an einem Festessen mit anschließendem Tanz im Konzilsaal teilzunehmen.

Die Aufteilung des Innenraums der neuen Synagoge entsprach der liberalen Ausrichtung der damaligen Gemeinde: Die Frauen saßen nicht abgeteilt von den Männern, und es gab eine Orgel, was orthodoxe jüdische Gemeinden ablehnen. Die neue Synagoge wurde umgehend in Gebrauch genommen: Eine Stunde nach Ende der Einweihungsfeier stand bereits das erste Hochzeitspaar zur Trauung vor dem Rabbiner. Einige Jahre später errichtete sich die Gemeinde an der Ecke Sigismundstraße / Bodanstraße auch ein eigenes Gemeindehaus. Das Gebäude wurde 1938 nicht zerstört, es steht noch immer.

Das Hochgefühl, das die Vertreter der jüdischen Gemeinde damals erfasste, mit Vollendung des Synagogenbaus fest integrierter Teil der Konstanzer Gesellschaft geworden zu sein, trog für den Moment nicht. In den Erinnerungen überlebender Konstanzer Juden wird immer wieder das freundschaftliche, zumindest aber gutnachbarschaftliche Zusammenleben mit der nicht-jüdischen Bevölkerung in den Jahren bis zum Ersten Weltkrieg betont. Doch die Hoffnungen auf eine lange glückliche Zukunft für Gotteshaus und Gemeinde sollten sich nicht erfüllen: Kaum ein halbes Jahrhundert später legten am 1. November 1936 unbekannt gebliebene Täter erstmals Feuer in der Synagoge. Es entstand schwerer Sachschaden, aber durch das beherzte Eingreifen der Freiwilligen Feuerwehr konnte das Gebäude gerettet werden. Zwei Jahre danach wurde auch die Konstanzer Synagoge ein Opfer der reichsweiten Pogrome.

Nach dem Krieg errichtete an der Stelle des zerstörten Gotteshauses der polnische KZ-Überlebende und Neugründer der jüdischen Gemeinde, Siegmund Nissenbaum, 1966 ein Wohn- und Geschäftshaus. Im Erdgeschoss des Hauses richtete er einen Betsaal und Versammlungsräume ein, die bis heute der konservativen israelitischen Kultusgemeinde als Ort für Gottesdienste und für Veranstaltungen des Gemeindelebens dienen. An die einstige Synagoge der Konstanzer Gemeinde erinnert eine kleine Tafel am Haus.

„Mein Vater betrachtete sich als einen Konservativen, der Kompromisse machen musste."

DIE TOCHTER DES RABBINERS HERMANN CHONE ÜBER IHREN VATER

Schon vor dem Bau der Synagoge 1883 hatte sich das jüdische Gemeindeleben in verschiedenen aktiven religiösen Vereinigungen abgespielt. 1871 war ein „Bruderschaftsverein" gegründet worden, dem bei Todesfällen in der Gemeinde die rituellen Verrichtungen oblagen und der in Notlagen geratene Familien unterstützte. Der 1875

gegründete „Israelitische Frauenverein", der zeitweise bis zu 200 Mitglieder hatte, kümmerte sich um Kranke und Hilfsbedürftige sowie um Waisen der Gemeinde. Unter der Führung der zupackenden und emanzipierten Rabbiner-Frau Helene Chone und der Ehefrau des Kantors, Berta Geismar, entfaltete der Verein nach der Jahrhundertwende seine größte Wirksamkeit. Während des Ersten Weltkriegs leisteten viele der im Verein organisierten Frauen ehrenamtliche Dienste in der Verwundetenpflege. Nach dem Krieg bildete sich eine Konstanzer Ortsgruppe des „Reichsbunds jüdischer Frontsoldaten".

Der Konstanzer Stadtrabbiner Dr. Hermann Chone, kurz bevor er 1935 nach Palästina emigrierte.

„Konstanzer Fußballer": Purimgruppe des jüdischen Geselligkeitsvereins „Erholung". 1929.

Ein Ableger der B'nai B'rith-Loge *„Maccabi"* verfolgte Bildungsaufgaben. Der vom damaligen Rabbiner Dr. Ludwig Hannes im Jahr 1900 gegründete „Verein für jüdische Geschichte und Literatur" veranstaltete Vortragsreihen zur jüdischen Geistesgeschichte. Eher gesellige Zwecke verfolgte die Gesellschaft „Erholung", die auch als Veranstalterin von Purim- und Fasnachtsbällen im maurischen Saal des Hotels „Halm" fungierte. Der Synagogenchor vereinte 40 Frauen und Männer zum gottesdienstlichen Gesang, veranstaltete aber auch Konzerte, die wegen der solistischen Begabung einiger Sängerinnen und Sänger auch bei nicht-jüdischen Zuhörern beliebt waren.

Prägnante Persönlichkeiten des religiösen Gemeindelebens waren in den Blütejahren der von 1897 bis 1907 amtierende Rabbiner Dr. Ludwig Hannes und sein als charismatisch beschriebener Nachfolger Dr. Hermann Chone, der die Gemeinde bis 1936 betreute. Der aus Posen stammende Chone war zunächst in einer orthodoxen Lehranstalt ausgebildet worden, hatte sich dann aber der liberalen Richtung zugewandt. Weil ihm beide Strömungen vertraut waren, versuchte er die deutlich anti-orthodoxe und antizionistisch eingestellte Mehrheit der Konstanzer Gemeinde mit den Anliegen anderer Strömungen zu versöhnen. Seine

Taschen für Gebetbücher, Gebetsschal (Tallit) und Gebetsriemen (Tefillin) aus der Kreuzlinger Exilgemeinde, möglicherweise aus der alten Konstanzer Gemeinde stammend.

Tochter schrieb später: *„Mein Vater betrachtete sich als einen Konservativen, der Kompromisse machen musste, um seine sehr jüdische und gottgläubige Anschauung in einer sehr assimilierten Gemeinde verbreiten zu können.“*[44] Während des Ersten Weltkriegs diente Chone als Feldrabbiner an der Front. Soldaten rühmten ihn später, er habe sich nie gescheut, vollbeladen mit Kleinigkeiten des täglichen Bedarfs bis in die vordersten Linien zu kommen, um jüdischen und nicht-jüdischen Konstanzern eine kleine Freude zu bereiten. Seine erste Frau Helene, die drei Ausbildungen als Bibliothekarin, Zeichnerin und Schneiderin absolviert hatte und manchen Gemeindemitgliedern als sehr *„fortschrittlich-revolutionär“* galt, unterstützte die Gemeindearbeit ihres Mannes auf selbständige Weise. Sie wurde nur 35 Jahre alt: 1920 starb sie an einer Lungenentzündung.[45]

Rabbiner Chone interessierte sich für die Idee, verfolgten Juden aus aller Welt in Palästina, im *„Land der Väter“*, eine neue Heimat zu schaffen. Bei den patriotisch denkenden Mitgliedern seiner Konstanzer Gemeinde kam diese Einstellung nicht gut an. Gleichwohl unterstützte er die schon 1904 in Konstanz gegründete „Zionistische Ortsgruppe“, der im ersten Jahr ihres Bestehens bereits 43 Mitglieder angehörten. Mitte der 1920er-Jahre intensivierte die „Zionistische Ortsgruppe“ ihre Aktivitäten. Eine daraufhin erfolgte Gegengründung einer Ortsgruppe des „Centralvereins deutscher Staatsbürger jüdischen Glaubens“ verstärkte die Spannungen innerhalb der Gemeinde. Ein Jugendverein, der dem „Verband der Jüdischen Jugendvereine Deutschland“ angehörte und eine Ortsgruppe der zionistischen Jugendgruppe „Blau-Weiß“ waren schon in den von zunehmendem Antisemitismus geprägten Jahren nach dem Ersten Weltkrieg entstanden. Beide Anliegen waren, wie sich bald zeigen

sollte, berechtigt: Der Centralverein verteidigte die Rechte deutscher Juden als gleichwertige Staatsbürger des Deutschen Reichs, während die zionistischen Initiativen für Zukunftsperspektiven jenseits von Deutschland eintraten.

Blick auf den 1869 errichteten jüdischen Teil des Konstanzer Hauptfriedhofs. Während der NS-Diktatur wurde der Friedhof nicht wie andernorts zerstört.

Alte Gailinger Mesusa mit Schriftzeilen aus der Tora. Mesusot werden an den Türpfosten einer Wohnung befestigt, sie erinnern den Juden an seine Verbindung zu Gott.

Mit dem Beginn der nationalsozialistischen Diktatur erfuhr das jüdische Gemeindeleben zunächst eine neue Blüte. Juden, die von früheren nicht-jüdischen Bekannten geschnitten wurden, aus Vereinen austreten mussten, in der Schule und am Arbeitsplatz zunehmend Diffamierungen ausgesetzt waren, scharten sich um die gemeindenahen Institutionen, selbst wenn sie bisher nicht besonders religiös gewesen waren. Jüngere Menschen verlagerten ihre Freizeitaktivitäten über die deutsch-schweizerische Grenze ins benachbarte Kreuzlingen hinüber. Dort bildete sich ab 1933 eine jüdische Exilgemeinde, die wenig später einen eigenen Friedhof anlegen konnte, Gemeindestatus erlangte und zu einer wichtigen Anlaufstelle für viele Verfolgte der darauf folgenden Jahre werden sollte. Der in diesen Jahren ausgewanderte Konstanzer Robert Wieler erinnert sich, was die Weitsichtigeren unter den älteren Konstanzer Juden damals sagten: *„Wir sind weiter Mitglieder der Gemeinde in Konstanz, aber begraben sein wollen wir dort nicht mehr.“*[46]

PALÄSTINA UND DIE MAINAU:
THEODOR HERZL AM BODENSEE

Der Korrespondent der Wiener Zeitung „Neue Freie Presse" in Paris, Theodor Herzl, hatte unter dem Eindruck des antisemitisch motivierten Spionageprozesses gegen den jüdischen Offizier Alfred Dreyfus in Frankreich die Idee einer organisierten Emigration der europäischen Juden in einen eigenständigen Staat entwickelt. Nur so würden sie den Antisemitismus hinter sich lassen und über sich selbst bestimmen können, glaubte Herzl.

1897 fand in Basel der erste Weltkongress der zionistischen Bewegung statt, an dem bereits 200 Delegierte teilnahmen. Mit Hilfe des deutschen Kaisers Wilhelm II. wollte Herzl den osmanischen Sultan Abd ül-Hamid II. dazu bewegen, den Juden ein autonomes Gebiet in Palästina zur Verfügung zu stellen. Zu einem wichtigen politischen Fürsprecher dieser Idee wurde der badische Großherzog Friedrich I. Im Herbst 1898, kurz bevor Kaiser Wilhelm II. nach Palästina und zum osmanischen Sultan reiste, gab Friedrich von Baden dem damals 38-jährigen Herzl eine Audienz in seiner Sommerresidenz auf der Insel Mainau. Vermittelt hatte diesen Empfang der frühere badische Prinzenerzieher und jetzige Kaplan der britischen Botschaft in Deutschland, Reverenz William Hechler.

„Der Morgen war charmant frühherbstlich, als ich mit Hechler im Hotelwagen von Konstanz hinüberfuhr nach der Insel Mainau", schreibt Herzl in seinem Tagebuch. Im heutigen Wappensaal ließ der Hausherr die beiden Gäste über eine Stunde warten, zuletzt mussten sie sogar noch in einen Nebenraum treten, *„weil die Großherzogin mit der Herzogin von Genua den Salon passieren sollten"*, hielt Herzl fest. *„Solche kleine Demütigungen"*, notierte er, seien wohl nicht gegen ihn, sondern gegen alles gerichtet *„was nicht ‚Hof' ist"*.

Theodor Herzl, der Begründer des politischen Zionismus.

Umso herzlicher fiel dann der Empfang aus. Der Großherzog, damals schon ein betagter Herr, empfing im zivilen Gehrock, gab sich als Befürworter des Judenstaats zu erkennen und vertraute dem Gast *„die geheimsten Dinge der deutschen Politik"* an. Das Gespräch dauerte fast zwei Stunden, Friedrich von Baden versprach, sich bei seinem Neffen Kaiser Wilhelm II. für Herzls Anliegen zu verwenden. Doch weder der Einsatz des badischen Fürsten noch die bevorstehende Palästina-Reise des Kaisers beförderte Herzls Plan. Als Wilhelm II. Herzl in Jerusalem traf, soll er zu ihm gesagt haben: *„Der Zionismus ist eine prachtvolle Idee – nur mit den Juden ist sie nicht auszuführen."* Herzls hochfliegendes Projekt scheiterte schließlich an widerstreitenden Interessen der europäischen Mächte, an der Wankelmütigkeit des deutschen Kaisers und an der ablehnenden Haltung des osmanischen Sultans. Und dennoch blieb Herzls Plan kein Traum: 1948 wurde der von ihm geplante Staat Israel tatsächlich gegründet. Im Jahr darauf wurden die Gebeine des 1904 im Alter von nur 44 Jahren gestorbenen Theodor Herzl auf einem nach ihm benannten Berg westlich von Jerusalem beigesetzt.

TE

ERSTE VORZEICHEN:
ANTISEMITISMUS IN DER REGION

In seiner materialreichen Studie zur Geschichte der Juden von Konstanz stellte der in den 1960er-Jahren nach Konstanz zurückgekehrte Autor Erich Bloch lakonisch fest: *„Von Judenhass oder -verachtung war vor Hitlers Auftreten am Bodensee nichts zu verspüren.“* [47]

Diese Feststellung zeugt von Blochs großer Bereitschaft zur Versöhnung und von seinem Bedürfnis, die Bevölkerung seiner geliebten Heimatstadt von der Frage auszunehmen, wie das alles hatte geschehen können. Denn wie sonst hätte der damals Emigrierte kaum 20 Jahre nach der Vertreibung und Ermordung der Juden an den Ort der Taten zurückkehren und Versöhnung anbieten können? Bloch machte vor allem auswärtige Nationalsozialisten verantwortlich: Sie hätten vor und nach 1933 in Konstanz das Sagen gehabt und die judenfeindliche Politik des NS-Regimes vor Ort durchgesetzt. Inzwischen hat die lokale Forschung nachgewiesen, wie stark der Nationalsozialismus auch von lokalen Kräften und Akteuren getragen war. Die erste Keimzelle befand sich seit 1920 in der Konstanzer Firma HIAG (einer Vorläuferin der späteren Degussa), deren Direktor Hugo Bantlin vorwiegend rechtsradikale Arbeiter und Angestellte anwarb. Weiteren Zulauf erhielt Hitlers NSDAP von Studierenden des Staatstechnikums (heutige HTWG) und aus Kreisen des

Aufmarsch von SA-Verbänden während des Reichstagswahlkampfes 1932 in der Konstanzer Innenstadt.

örtlichen Mittelstands, darunter etliche Einzelhändler, die an der Konkurrenz jüdischer Geschäfte vor allem seit der Verschärfung der wirtschaftlichen Probleme gegen Ende der 1920er-Jahre Anstoß nahmen. Auch die spätere Radikalisierung der Judenverfolgung ging weniger von ortsfremden Kräften, als vielmehr von lokalen Initiativen aus. Oft wurden auf lokaler Ebene Fakten geschaffen, die erst später eine reichsweite Regelung erfuhren.[48]

Schon in den wirtschaftlichen Krisenjahren nach 1875 war reichsweit eine Verstärkung der antisemitischen Propaganda zu beobachten gewesen. Sie fand auch auf der lokalen Ebene immer wieder einen Resonanzraum und konkrete Anlässe. Mehrfach setzte sich etwa die liberale „Konstanzer Zeitung" mit Angriffen rechtskonservativer, völkischer, aber auch katholischer Kreise auseinander, die, von der antisemitischen Bewegung um den früheren preußischen Hof-Prediger Adolf Stoecker und den Volksliedersammler Otto Böckel munitioniert, gegen jüdische Akteure auf regionaler Ebene agitierten. Im Mai 1890 traf es beispielsweise den Vorsitzenden des Kriegervereins Villingen, einen Juden, der diesen Verein schon mehrere Jahre lang geführt hatte. Antisemitische Blätter behaupteten, *„christliche"* Veteranen würden durch den Juden vom Beitritt abgeschreckt werden. Die „Konstanzer Zeitung" verteidigte den Vorsitzenden, er sei ein *„ehrenwerter, braver Bürger von erprobt patriotischer Gesinnung"*, aber da war die Diffamierung schon zum öffentlich diskutierten Thema geworden.

Ende 1891 gab eine jüdische Theatergruppe am Konstanzer Stadttheater ein Gastspiel. Daraufhin erhoben Deutschnationale und Deutschvölkische in Versammlungen und in der örtlichen Presse Protest gegen die *„Einfuhr rassenfremder Kunst und Kultur"*. Als eine von antisemitisch geprägten Argumenten getragene Abstimmungsinitiative der Deutschschweizer Tierschutzvereine 1893 mit 60 Prozent Ja-Stimmen (die vor allem in den Kantonen Aargau, Zürich und Schaffhausen erzielt wurden) zu einem Verbot des rituellen Schächtens von Schlachtvieh in der Schweiz führte, versuchten antisemitisch eingestellte Tierschutzvereine diese Debatte auch in Deutschland zu entfachen. Dort wurde das Schächtverbot allerdings erst durch ein Gesetz der Nationalsozialisten am 21. April 1933 ausgesprochen.[49] Zur antisemitischen Stimmungsmache missbraucht wurde auch ein Sexualverbrechen, das im Sommer 1906 an einem jüdischen Mädchen in Lindau verübt worden war. Völkische Zeitungen griffen den Fall begierig auf und behaupteten in Anspielung auf spätmittelalterliche Greuelmärchen, es könnte sich um einen jüdischen *„Ritualmord"* gehandelt haben. Die in Bozen erscheinende Zeitung „Der Tiroler" verstieg sich zur Behauptung, ein Jude sei als Täter festgenommen worden und das Volk rede *„von Ritualmord"*.[50] Die regionalen Blätter am Bodensee beteiligten sich an diesen Spekulationen allerdings nicht. Vielmehr berichteten „Konstanzer Zeitung" und „Lindauer Tageblatt", das siebenjährige Mädchen sei einem Sexualverbrechen zum Opfer gefallen. Ein Täter konnte nicht ermittelt werden.

1915 wurde der Textilhändler Hermann Einstein anonym und ohne jede sachliche Grundlage beschuldigt, er habe sich lukrative Militäraufträge besorgt.

Um 1890 wurde in Konstanz ein „Antisemitenverein" gegründet, der allerdings keinen großen Zulauf hatte. Doch er trat zur Weihnachtszeit mit Flugblattaktionen auf, mit deren Hilfe einkaufende Kunden zum Boykott von Einzelhandelsgeschäften jüdischer Inhaber gewonnen werden sollten. Solche Aktionen fanden vor dem Ersten Weltkrieg nur den Beifall einer Minderheit. Doch schon während des Ersten Weltkriegs wurden auch in Konstanz jüdische Soldaten öffentlich der Drückebergerei verdächtigt. Immer wieder kam es auch zu Denunziationen gegen jüdische Unternehmer: Anonyme Anzeiger beschuldigten beispielsweise 1915 den Kaufmann Hermann Einstein, Inhaber eines Wäschegeschäfts mit kleiner Manufaktur in der Bodanstraße, er habe sich lukrative Militäraufträge besorgt, zahle seinen Näherinnen jedoch weitaus weniger als den vorgeschriebenen Stückpreis. Nachforschungen der Stadtverwaltung, des Bezirksamts und des „Kriegs-Bekleidungsamts“ des XIV. Armeekorps in Karlsruhe ergaben, dass Einstein keine Militäraufträge hatte, sondern günstige Hemden und Schürzen für den Großmarkt produzierte.[51]

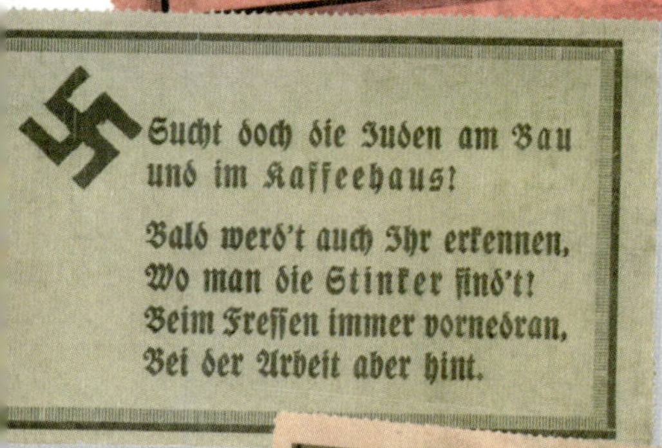

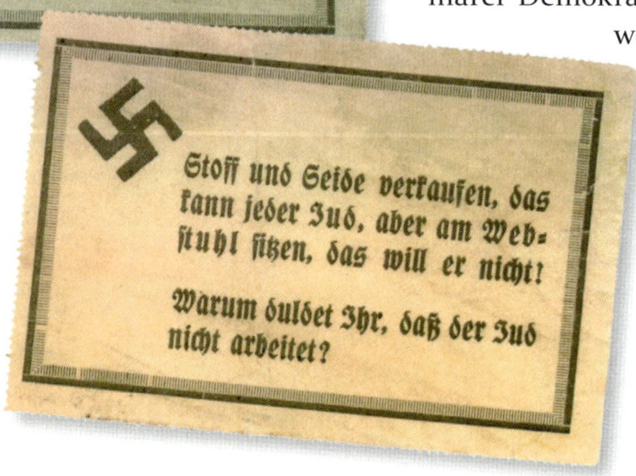

Kleine antisemitische Hetzblätter, die von NS-Anhängern schon vor 1933 in der Bodenseeregion verteilt wurden.

Nach der Niederlage Deutschlands 1918 entwickelte sich der Antisemitismus zunehmend zu einem festen Bestandteil rechter Propaganda. Enttäuschte Monarchisten, frühere Offiziere und rechtskonservative Kreise des Bürgertum, wie auch Teile der Arbeiterschaft machten die Juden für die Niederlage und alle nachfolgenden Probleme der jungen Weimarer Demokratie verantwortlich. Das neue Staatswesen hatte zuvor bestehende Zugangsschranken zu Karrieren aufgehoben, Juden nahmen nun zunehmend prominentere Stellungen in der Wirtschaft, im Verlagswesen, in Kultur und Politik ein. Galt dies vor allem für die großstädtischen Zentren, besonders für die Reichshauptstadt Berlin, nahm doch der Hass auf Juden auch in rechtsgerichteten Kreisen der Provinz zu. In seiner Studie über die Ursprünge des Judenhasses in Deutschland schreibt Götz Aly: *„Im selbstgenügsamen Provinzialismus begannen die Deutschen früh, den Juden heimatlosen Kosmopolitismus und den Hang zum Niederreißen des Althergebrachten vorzuwerfen.“*[52]

Tatsächlich verwandelte sich das Althergebrachte nach dem Krieg in einen komplexen Prozess, den wirtschaftliche Veränderungen, technische Neuerungen und globale Rahmenbedingungen mitbestimmten. Doch je komplexer die Probleme der Weimarer Republik mit Beginn der Weltwirtschaftskrise ab 1929 wurden und je hilfloser ihnen die Politik gegenüberstand, desto brüchiger wurde

Thekla Meinrath, eine emanzipierte Frau, die früh an Auswanderung dachte.

EINE ÜBERZEUGTE ZIONISTIN: THEKLA MEINRATH

Nach dem frühen Tod ihres Mannes, des Konstanzer Kinderarztes Dr. Gustav Meinrath, der gegen Ende des Ersten Weltkriegs an den Folgen einer Splitterverletzung gestorben war, dachte Thekla Meinrath an Auswanderung: Mit ihrem Mann, der als deutscher Patriot in den Ersten Weltkrieg gezogen war, teilte sie doch die Überzeugung, den Juden müsse eine dauerhafte Heimat in einem eigenen jüdischen Staat in Palästina geschaffen werden. Während der 1920er-Jahre zog die Mutter von zwei Söhnen sogar vorübergehend nach Berlin, um dort Hebräisch zu lernen und sich und ihre Kinder auf eine spätere Auswanderung vorzubereiten.

Nach 1933 wurde aus der ursprünglich freiwilligen Überlegung eine Notwendigkeit. In Palästina lebte bereits einer ihrer Cousins, der später weltweit gefragte Geologe und Wasserbauexperte Leo Picard. Der zunehmende Verfolgungsdruck erleichterte der selbstbewussten Thekla Meinrath die Entscheidung, das gegenüber der Lutherkirche gelegene Haus ihrer Familie (heute steht dort die Volksbank) zu verkaufen und nach Palästina auszuwandern. Einer ihrer Söhne, Theodor, verließ Israel später wieder und zog nach New York, wo er unverheiratet starb. Ihr Sohn Wolf blieb in Israel, er übersetzte seinen Namen später ins Hebräische: Zeev. Seine Söhne, Gershon und Nurith, leben noch heute dort. Ihre Großmutter, Thekla Meinrath, die frühe Zionistin aus Konstanz, starb 1967 im Alter von 82 Jahren in ihrer neuen Heimat.

TE

auch der Konsens zwischen den staatstragenden Parteien der „Weimarer Koalition", die nach 1919 aus Sozialdemokraten, Zentrum und linksliberaler Deutscher Demokratischer Partei gebildet worden war. Auf der anderen Seite wandten sich rechtsliberale und rechtskonservative Kreise des Bürgertums und Teile der Arbeiterschaft immer mehr den Verheißungen des Nationalsozialismus zu, der Schutz vor den tiefgreifenden Veränderungen der Moderne versprach.

In Konstanz waren ab 1929 die meisten Firmen und die öffentliche Hand zu Lohn- und Gehaltskürzungen gezwungen, etliche Firmen gingen Konkurs, immer mehr Menschen waren auf Wohlfahrtsunterstützung (die heutige Sozialhilfe) angewiesen. Die Kommune kam auch mit Arbeitsbeschaffungsmaßnahmen und *„Volksküchen"* nicht mehr gegen den Abwärtsstrudel aus Firmenschließungen, zunehmender Arbeitslosigkeit und dem Zusammenbruch des Einzelhandels infolge ausbleibender Nachfrage an. Im Handel machten neue Warenhäuser wie Tengelmann, Gaissmaier oder das von jüdischen Unternehmern betriebene Kaufhaus Knopf mit zentralisierten Formen des Handels und Vertriebs dem etablierten Einzelhandel harte Konkurrenz. Krisenerfahrung, zunehmende Abstiegsängste und die Hoffnung auf eine *„nationale Wiedergeburt"* radikalisierten das höhere Bürgertum und den Mittelstand: In der Reichstagswahl 1930 errang die NSDAP reichsweit 18 Prozent und kehrte als zweitstärkste Fraktion in den Reichstag zurück. In der badischen Kommu-

Frühjahr 1933: Konstanzer Angehörige der SA und SS sind zu einem Aufmarsch angetreten.

nalwahl desselben Jahres errangen die Nationalsozialisten mit dem Versprechen, mittelständische Interessen zu schützen, den angeblich aufgeblasenen Beamtenapparat abzubauen und dem deutschen Volksgenossen in Handel, Wirtschaft und Kultur wieder den ihm zustehenden Platz zu sichern, in Konstanz erstmals 14 Prozent der Wählerstimmen. Die Partei wurde drittstärkste Fraktion des 101 Mitglieder zählenden Bürgerausschuss. Auf den Straßen marschierten die anwachsenden Truppen der SA und lieferten sich Saalschlachten mit den politischen Gegnern von links.[53]

Im „Führer", dem in Karlsruhe erscheinenden Zentralorgan der badischen NSDAP, brandmarkte der arbeitslose, zuvor bei den Städtischen Werken beschäftigt gewesene Ingenieur und spätere Konstanzer Bürgermeister Leopold Mager tatsächliche oder einfach nur behauptete Skandale innerhalb der Stadtverwaltung. Zulieferer seiner polemischen Beiträge waren die Stadtverordneten der NSDAP, deren Wortführer Carl Gruner keine Gelegenheit ausließ, die Stadtverwaltung, politische Gegner, jüdische Kaufleute und die angeblich *„ausländisch-jüdisch-marxistischen"* Kulturinstitutionen der Stadt anzugreifen. Auch die 1932 gegründete nationalsozialistische Tageszeitung „Bodensee-Rundschau" gewann mit ihrer stark skandalisierenden und personalisierenden Berichterstattung rasch Aufmerksamkeit. Ihre täglichen Attacken gegen die örtlichen Vertreter der verhassten Weimarer Demokratie und gegen jüdische Kaufleute, Rechtsanwälte und Ärzte blieb in der öffentlichen Meinung der Stadt nicht ohne Resonanz. Inzwischen unterstützten einige angesehene Konstanzer Bürgerfamilien die Nationalsozialisten finanziell und durch Bereitstellen von Büro- und Versammlungsräumen. Auch zeigten städtische Beamte, Justiz, Polizei und ein Großteil des Einzelhandels offen Sympathie für die Partei Adolf Hitlers. Als der im Vorfeld der Reichstagswahl 1932 in Radolfzell sprach, zogen Hunderte Konstanzer in die Nachbarstadt, um den vermeintlichen *„Erlöser"* zu erleben. Das Ergebnis der Wahl bescherte den Nationalsozialisten in Konstanz gegenüber der Wahl von 1930 eine Verdopplung ihrer Stimmenzahl. Die katholische „Deutsche Bodensee Zeitung" kommentierte: *„Das liberale Bürgertum hat es gewagt, den Schritt ins nationalsozialistische Lager vorbehaltlos zu tun."*[54]

DER CHRONIST DES LANDJUDENTUMS:
JACOB PICARD

Jacob Picard wurde 1883 in dem alten Siedlungsort alemannischer Juden, in Wangen am Untersee, geboren. Die Landschaft und der *„solide Bestand von Bräuchen“* seiner Heimat haben ihn über die jüdische Tradition und Religion hinaus für sein gesamtes Leben geprägt, sodass er sich zum literarischen Chronisten des oberdeutschen Landjudentums berufen fühlte. Dessen Besonderheit erkannte Picard in einem selbstbewussten, heimat- und glaubenstreuen Eigendasein, das von der assimilationsbereiten Selbstaufgabe jüdischer Existenz in den Städten unberührt geblieben war. Anders als der Stadtjude, formulierte Picard 1937 angesichts existenzieller Bedrohung durch die Rassenpolitik der Nationalsozialisten, habe sich der Landjude nie verleugnen müssen; ja, dieser habe seinen Respekt gerade aus der Tatsache bezogen, dass er sich als Jude bekannte. Ein getaufter Jude hätte hier als verächtlich gegolten – bei den Juden wie bei den Christen gleichermaßen.

Impulse, die seine Haltung gegen die jüdische Selbstaufgabe verstärkten, lassen sich bei Jacob Picard schon in seiner Jugend finden. Nach eigener Darstellung wurde ihm aus antisemitischem Ressentiment auf dem Konstanzer Gymnasium, das er seit dem zehnten Lebensjahr besuchte, einmal der Klassenpreis für Geschichte vorenthalten; und im Mittelpunkt seiner autobiografischen Erzäh-

Jacob Picard während eines sommerlichen Aufenthalts in seinem Heimatdorf Wangen am Untersee, aufgenommen nach 1933.

lung *„Wie ich Hölderlin entdeckte“* steht die traumatische Erfahrung einer Zurückweisung durch ein Mädchen. *„Wir müssen unter uns bleiben, das ist uns bestimmt“*, belehrt die Mutter daraufhin den Protagonisten der Erzählung. Und das nachwirkende Erlebnis eines Basler Zionistenkongresses, den er 1903 besucht hatte, gestaltete er in dem Gedicht *„Paria“*, das dunkle Bilder von prophetischer Kraft enthält:

„Wenn sie es auch nicht offen zeigen
Ich fühle doch das herbe Wort
Und sehe fahle Totenreigen
Aus schwarzen Nebeln aufwärts steigen
Das treibt von manchem Fest mich fort“

Die zweite Strophe beginnt mit den ergreifenden Zeilen:

„Und hab´ doch auch ein heiss´ Verlangen
Nach Heimatfreude, Bruderhand ...“.

Dieses Gefühl des Ausgestoßenseins musste sich im Ersten Weltkrieg, an dem Picard vier Jahre lang teilnahm und in dem er zwei Brüder verlor, durch die von der Heeresleitung veranlasste *„Judenzählung“* noch verstärken und in den entschiedenen Willen zur Mitwirkung bei der Abwehr des Antisemitismus verwandeln. Nach dem Krieg beteiligte sich Picard an der publizistischen Fehde gegen die auch am Bodensee offen zutage tretende Judenfeindschaft – so etwa 1920 mit einem Beitrag über *„Die Judenfrage in Deutschland“* in der „Neuen Zürcher Zeitung“ und in Jüdischen Organen wie der „CV-Zeitung“. Und als die Konstanzer jüdische Loge „U.O.B.B. Makkabi“ zu jüdischem Selbstbewusstsein und zum Kampf gegen den Antisemitismus aufrief, da unterstützte ihr Mitgründer Picard dieses Anliegen.

Ein gutes Jahrzehnt später gehörte Picard selbst zu den Opfern des nazistischen Antisemitismus. 1936 brachte er nach zwei voraufgegangenen Gedichtbänden unter dem Titel *„Der Gezeichnete“* eine erste Ausgabe seiner landjüdischen Erzählungen heraus. Sie konnte freilich nur im Ghetto einer rein jüdischen Öffentlichkeit wahrgenommen werden und wurde bald darauf eingestampft. Im Jahr des Kriegsbeginns, 1939, entkam Picard in letzter Minute auf abenteuerlichen Wegen über die UdSSR und Japan nach den USA. Doch dort wurde er nie wirklich heimisch, auch musste er sich mit berufsfremden Tätigkeiten mühsam ein Auskommen sichern.

Gleichwohl schrieb Picard auch in der Emigration weiter, verfasste eine Biografie über das Leben des legendären Generals des badischen Aufstands von 1848 und späteren Nordstaaten-Generals, Franz Sigel. Nach dem Kriege bemühte er sich lange vergebens, seine landjüdischen Erzählungen in Deutschland wieder aufgelegt zu sehen. Ab 1957 stattete Picard Deutschland und seiner alten Heimat jährliche Besuche ab, bis er, nach einem Schlaganfall pflegebedürftig geworden, im Altenheim „Hebelhof“ in Konstanz eine letzte Unterkunft fand. Dort starb er 1967. Dass er für seine 1963 unter dem Titel *„Die alte Lehre“* endlich wieder erschienenen Erzählungen im Jahr darauf den Bodensee-Literaturpreis in Empfang nehmen konnte, war ihm wohl wie seine eigentliche Rückkehr in die Heimat erschienen.

Manfred Bosch

GESCHÄFTSBOYKOTT UND BADEVERBOTE: ANTIJÜDISCHE MASSNAHMEN AB 1933

Nach der Reichstagswahl vom 5. März 1933, die nur unter massiven Behinderungen der demokratischen Parteien durch die inzwischen von Adolf Hitler geführte Reichsregierung zustande gekommen war, wurde auch in Konstanz die gewaltsame Umgestaltung der politischen Verhältnisse vollzogen: Zuerst wehten auf dem Rathaus und dem Bezirksamt die Hakenkreuzflaggen anstelle der schwarz-rot-goldenen Fahnen der Republik. Bald darauf übernahmen NS-Kommissare das Rathaus, die bisherige Stadtspitze mit dem liberalen Oberbürgermeister Dr. Otto Moericke, den Bürgermeistern Franz Knapp (Zentrum) und Fritz Arnold (SPD) sowie einige missliebige Amtsleiter verloren ihre Ämter. Die kommunalen Selbstverwaltungsgremien wurden entmachtet, einige Mandatsträger in sogenannte *„Schutzhaft"* genommen. Die neuen Herren versäumten auch nicht, sogleich einige Straßen nach Größen der NS-Bewegung zu benennen: So kam auch Konstanz unter anderem zu seinem „Adolf-Hitler-Ufer" (Seestraße) und zur „Robert-Wagner-Allee", der vormaligen Laube.

Das im April 1933 erlassene *„Gesetz zur Wiederherstellung des Berufsbeamtentums"* schuf die rechtliche Grundlage, als unzuverlässig erklärte jüdische Beamte, Juristen, Lehrer, Kulturschaffende,

Die Hissung der Hakenkreuzflagge, damals noch Parteifahne der NSDAP, am Bezirksamt Konstanz, 9. März 1933.

Warb anfangs für die neue NS-Regierung: Der spätere Erzbischof Dr. Conrad Gröber als Konstanzer Münsterpfarrer, private Aufnahme aus der Mitte der 1920er-Jahre.

Krankenschwestern und Ärzte aus dem öffentlichen Dienst auszuschließen. In Konstanz waren 24 Angestellte und Beamte des öffentlichen Dienstes von diesen Maßnahmen betroffen.

Innerhalb von drei Monaten war ohne nennenswerten Widerstand ein Einparteienstaat entstanden. Die neue Regierung hatte in Deutschland alle demokratischen Institutionen beseitigt: Sie hob verfassungsrechtlich festgeschriebene Freiheitsrechte auf und inhaftierte außerhalb rechtsstaatlicher Verfahren Tausende politische Gegner, unter anderem im neu errichteten Konzentrationslager Dachau. Einige Mandatsträger und Funktionäre der hiesigen Sozialdemokratie und der Kommunistischen Partei sowie profilierte Demokraten flohen in die Schweiz oder nach Frankreich, um der Festnahme zu entgehen. Die bürgerlichen Parteien beeilten sich derweil, den neuen Machthabern ihre Referenz zu erweisen, vor allem, seit die katholische Deutsche Bischofskonferenz ihre Vorbehalte gegen das Regime fallen gelassen hatte und der vormalige Konstanzer Münsterpfarrer, Erzbischof Conrad Gröber, im April 1933 die Katholiken der Erzdiözese Freiburg zur Mitarbeit am neuen *„Führerstaat"* aufrief. Vereine tauschten ihre Vorsitzenden aus, Zeitungen entließen *„untragbar"* gewordene Redakteure, Firmen setzten Gewerkschaftsmitglieder und jüdische Mitarbeiter vor die Tür, Kinos, Theater und Buchhandlungen richteten sich eilends auf die neuen Verhältnisse ein.

Nach den Wahlerfolgen 1932 hatte der spätere preußische Ministerpräsident Hermann Göring in einem Zeitungsbeitrag bereits angekündigt, was der jüdische Teil der deutschen Bevölkerung von einer nationalsozialistischen Regierung zu erwarten haben würde:

Entfernung aus allen Staatsstellen, aus dem Kultur- und Bildungswesen, Entzug der Reichsbürgerschaft, Einschränkung der Gewerbefreiheit und Einführung von Eheverboten zwischen Juden und Nichtjuden.[55] Vier Wochen, nachdem Adolf Hitler Regierungschef geworden war, setzte das neue Regime die ersten Maßnahmen in Gang. Nun zeigte sich, dass die Nationalsozialisten keineswegs vorhatten, gegen Erscheinungsformen der modernen Marktwirtschaft, etwa die Warenhäuser, den Großhandel oder gegen Konzerne vorzugehen. Sie lenkten die Unzufriedenheit ihrer Wähler ausschließ-

Dominanz des Militärischen: Zu den Klängen der Konstanzer Regimentskapelle marschieren Fahnenträger der Veteranen und der Parteiformationen auf der Marktstätte auf.

lich auf eine Gruppe, die Juden. So bildete der Boykott der Geschäfte jüdischer Inhaber und jüdischer Freiberufler den Auftakt zu einer zunehmend radikalen Politik der gesellschaftlichen Ächtung, Ausgrenzung, Ausplünderung, Vertreibung und schließlich zur physischen Vernichtung der deutschen und, nach Kriegsbeginn, auch der europäischen Juden. Durch den Boykott wurde sichtbar, dass die in den Jahren zuvor lautstark angekündigte Politik der Judenverfolgung nun zum staatlichen Programm geworden war.

Einer Mitte März eröffneten Pressekampagne gegen jüdische Juristen und Ärzte folgten in mehreren großen deutschen Städten dadurch initiierte Gewalttaten gegen Einrichtungen, denen die Meute einen hohen *„Judenanteil"* vorwarf. In Konstanz gingen Mitglieder der SS und der SA gegen den örtlichen Schächtmeister im städtischen Schlachthof vor. Dem jüdischen Metzger wurden sämtliche Messer

Passpapiere der Familie Levinger mit dem 1938 eingeführten „Judenstempel", einem gelben „J" im Innern und einem schwarzen „J" auf der Kennkarte.

Weltkriegsveteranen paradieren um 1937 vor einer Ehrentribüne mit Militärs und Parteichargen. Die Tribüne steht vor dem 1935 „arisierten" Textilgeschäft „Merkur" am Bodanplatz.

und Gerätschaften weggenommen, um ihn an der Ausübung seiner Tätigkeit zu hindern. Elf Tage später widmeten sich die Mitglieder dieser NS-Formationen dem Boykott von Geschäften, der in Konstanz bereits am 31. März 1933 begann. Die von einem *„Zentralkomitee zur Abwehr der jüdischen Greuel- und Boykottpropaganda"* geleitete reichsweite Aktion sah vor, durch aufziehende Posten nicht-jüdische Kunden am Einkauf in den Einzelhandelsgeschäften jüdischer Kaufleute zu hindern. Auch vor Arztpraxen und Rechtsanwaltskanzleien zogen Posten auf. Zum Auftakt des Boykotts hatte die nationalsozialistische „Bodensee-Rundschau" in der Ausgabe vom 1. April behauptet, Konstanz sei *„in besonders starkem Maße mit Vertretern des auserwählten Volkes gesegnet"*. Ganze Straßenzüge seien *„von protzigen Judengeschäftspalästen"* beherrscht. In den Wochen vor dem Boykott hatte die Zeitung in einer längeren Serie darzulegen versucht, dass das internationale Judentum einen *„großangelegten Rachefeldzug"* gegen das *„neue Deutschland"* führe.

Die Stimmungsmache wirkte: Nun postierten sich SA-Männer vor 18 Geschäften in der Innenstadt. Schweizer Kunden, die an beiden Tagen des Boykotts in Konstanz einkauften, übten vereinzelt lautstark Kritik, was mit dazu beigetragen haben mag, dass es während der Aktion nicht, wie in anderen Städten, zu Sachbeschädigungen und Ausschreitungen gegen die Geschäftsinhaber kam. Doch wie ernst es auch die lokalen Machthaber mit der Ausschaltung der Juden aus dem Wirtschaftsleben meinten, wurde aus dem Appell vom 1. April in der „Bodensee-Rundschau" deutlich. Darin wurde angekündigt, die Partei werde zu gegebener Zeit *„eine Liste von Konstanzer Volksgenossen veröffentlichen, die entgegen dem Willen der Nation ihren Bedarf in jüdischen Geschäften decken."* Wer noch immer die Geschäfte der *„Fremdrassigen"* unterstütze, sei ein *„Verräter an der Nation, der sich selbst aus der Volksgemeinschaft ausschließt."* Weil am ersten Tag des Boykotts auch zahlreiche Schweizer Kunden

„Vom Zustand der Ordnung und Disziplin im Reiche kann sich jeder Ausländer auf einem Gang durch die Straßen überzeugen.“

DIE IHK KONSTANZ IN EINEM SCHREIBEN VON 1933

Augenzeugen der Vorfälle geworden waren, versuchte die in Konstanz ansässige, kurz zuvor gleichgeschaltete Industrie- und Handelskammer mit einem Schreiben an die Thurgauer Handelskammer die Aktionen zu rechtfertigen: *„Vom Zustand der Ordnung und Disziplin im Reiche kann sich jeder Ausländer auf einem Gang durch die Straßen überzeugen. Die innenpolitische Ordnung ist Sache des deutschen Volkes.“* [56]

Der jüdische Facharzt für Frauenkrankheiten, Dr. Semi Moos, erlebte zusammen mit seinen jüdischen Kollegen Dr. Richard Guggenheim und Dr. Martin Hagelberg am ersten Boykotttag eine eilig anberaumte Sitzung des Ärztevereins. Dessen Vorsitzender Dr. Welsch erklärte, der Ärzteverein sei auf höhere Weisung arisiert worden, die jüdischen Mitglieder seien folglich mit sofortiger Wirkung ausgeschlossen und hätten den Raum zu verlassen. Tags darauf wurde der Ausschluss der in der Stadt sehr geschätzten Ärzte bereits in den Zeitungen gemeldet. Als Dr. Moos zur üblichen Visite seiner Patientinnen in das Vincentiuskrankenhaus kam, übergab ihm dort eine weinende katholische Ordensschwester das gegen ihn verhängte, schriftlich fixierte Verbot, die Klinik weiterhin zu betreten.[57] Nicht alle Boykottierten nahmen die Schmähungen widerstandslos hin: Der Herrenausstatter Ludwig Ottenheimer, ein kriegsversehrter Veteran des Ersten Weltkriegs, räumte Hemden, Socken und Krawatten aus dem Schaufenster seines Geschäfts am Obermarkt und zeigte stattdessen dort sein Eisernes Kreuz und die badische Verdienstmedaille aus dem Weltkrieg. Auch krempelte er seinen rechten Hemdsärmel hoch und zeigte dem SA-Mann vor dem Geschäft die Narben einer Kriegsverletzung. Umherstehende Passanten redeten auf den SA-Mann ein, Ottenheimer sei ein *„guter Deutscher“*, der *„mehr als seine Pflicht für das Vaterland getan“* habe. Der mutige Auftritt zeigte Wirkung: Der Posten zog ab.[58]

Zumindest im April 1933 scheint, wie das Beispiel Ottenheimer zeigt, die Forderung, Juden zu meiden, auf die nichtjüdische Bevölkerung noch nicht sehr großen Eindruck gemacht zu haben: Es kam zu spontanen Solidaritätsbekundungen, vereinzelt zu lautstarkem Protest. In persönlichen Gesprächen distanzierten sich Nachbarn von diesem Radau-Antisemitismus. Schweizer Kunden, die nichts zu befürchten hatten, betraten demonstrativ die Geschäfte der von ihnen geschätzten Händler. Die Kreuzlinger Jüdin Erna Veit, die sieben Jahre später die Hilfsleistungen für die nach Gurs deportierten Konstanzer Juden mit organisierte, wollte das Geschäft der Familie Thanhauser in der Kanzleistraße betreten: *„Hat man gesagt: ‚Sie dürfen da nicht rein, Sie dürfen da nicht kaufen!' Hab ich gesagt: ‚Was wollen Sie, ich bin Jüdin!' Ganz stolz hab ich's gesagt!"* [59]

Die in Rorschach erscheinende satirische Schweizer Zeitschrift „Nebelspalter" wurde im Herbst 1933 im Deutschen Reich verboten. Das Blatt reagierte mit einem eigenen Titelbild darauf.

Aufmerksam verfolgt wurde diese erste offizielle Diskriminierungsmaßnahme der neuen Regierung in der benachbarten Schweiz. Sowohl die „Thurgauer Zeitung" als auch der engagiert demokratische, in Winterthur erscheinende „Der Landbote" berichteten ausführlich und analysierten die Geschehnisse unweit der Landesgrenze. Der Leitartikler des „Landboten" begrüßte die *„momentane Aufrichtigkeit"* des Regimes. So sei deutlich geworden, dass die Ankündigung, das deutsche Volk beginne am Samstag mit seinen *„Abwehrreaktionen gegen den jüdischen Weltverbrecher"*, als Vorwand diene, um die *„Sehnsucht von Millionen Deutschen"* zu stillen, die endlich einmal ihrem Judenhass frönen wollten. Der Redakteur stellte nahe liegende Fragen: *„Wer hat denn seit über einem Jahrzehnt die Volksleiden-*

Bürgermeister Leopold Mager (links), OB Albert Herrmann, Kreisleiter Speer und Ortsgruppenleiter Schellhorn, aufgenommen während des Feuerwehrjubiläums im Mai 1933.

schaften gegen das gesamte Judentum bis ins Innerste aufgewühlt? Wer hat an Tausenden nationalsozialistischer Manifestationen dem Volke ‚Juda verrecke!' in die Ohren gebrüllt und neben den Marxisten den Juden die Schuld an allem deutschen Elend in die Schuhe geschoben?"[60]

Besonderen Unmut erregte in der Schweizer Nachbarschaft auch die Tatsache, dass die Stadtmusik der grenznah gelegenen Schweizer Stadt Diessenhofen am 1. April in Gailingen an einem nationalsozialistischen Aufmarsch teilgenommen hatte. Als sich die Stadtmusik mit dem Hinweis verteidigte, sie habe dieses Engagement *„nur wegen des Geschäfts"* angenommen, politisch und konfessionell stehe sie *„auf neutralem Boden"*, brachte das die Kommentatoren der Zeitungen noch stärker gegen die Vereinsmusiker auf. Im „Landboten" war daraufhin zu lesen: *„Man stelle sich das Bild vor: Hakenkreuzfahne, Jubel über die Unterdrückung der Demokratie und als Zierde dieses Siegesfestes die Stadtmusik von Diessenhofen."*[61]

Wenige Tage nach dem Boykott berichteten die Schweizer Blätter von großen Flüchtlingsströmen, die den Badischen Bahnhof in Basel erreicht hatten. Unmittelbar nach dem Boykott hätten mehr als 1000 jüdische Deutsche, ein großer Teil von ihnen aus Frankfurt am Main, um Einreise in die Schweiz gebeten. Die liberalen Schweizer Blätter distanzierten sich nun deutlich von den Entwicklungen in Deutschland. Kein anderer Vorgang als der *„wirtschaftliche und rechtliche Boykott gegenüber den deutschen Juden"* zeige deutlicher die *„politische und geistige Distanz"* der Schweiz zum heutigen Deutschland auf, stellte der „Landbote" fest und warnte vor Sympathiekundgebungen aus dem bürgerlichen Lager der Schweiz: *„Auch bei uns re-*

gen sich Kräfte und Mächte, die, von den deutschen Vorgängen mächtig beeinflusst, undemokratische Wege einschlagen möchten.“ Vor allem im Gewerbestand wecke der Kampf gegen Warenhäuser und Juden in Deutschland Forderungen, *„die auf nichts anderes als die Abschaffung der Gewerbefreiheit hin tendieren.“*[62]

Dem Auftakt folgten auf lokaler Ebene zahlreiche weitere Aktionen mit dem Ziel, jüdische Gewerbetreibende an der Ausübung ihrer Berufe zu hindern und jüdische Bürger von der Teilhabe an kommunalen Einrichtungen auszuschließen. Dabei übertraten viele Kommunalverwaltungen, weil sie besonders loyal sein wollten, noch vielfach das geltende Recht. Weniger zum Schutz der Juden, sondern mehr aus opportunistischer Rücksicht auf die Reaktionen des Auslands und um weitere Störungen der Volkswirtschaft zu unterbinden, erhoben bürgerlich-konservative Kräfte in Hitlers Regierung um Wirtschaftsminister Hjalmar Schacht Protest gegen weitere antijüdische Maßnahmen. Doch die Scharfmacher in der Provinz ließen sich auch in Konstanz kaum bremsen. Der inzwischen als NS-Kommissar eingesetzte Leopold Mager forderte den noch amtierenden Oberbürgermeister Moericke im April auf, zur bevorstehenden Frühjahrs-Messe keine Verkaufsstände mehr an jüdische Händler zu vergeben. Eine entsprechende Anweisung wurde unter dem Titel *„Der Auszug Israels aus der Konstanzer Messe“* umgehend veröffentlicht, sie enthielt die Namen von 36 ausgeschlossenen Händlern.[63] Die Verfügung war ohne Rechtsgrundlage ergangen, deshalb wurde sie einige Zeit danach von der Karlsruher Regierung auch kritisiert. Ein Ausschluss sei nur zur Vermeidung drohender Gefahren aus *„allgemein-sicherheitspolizeilichen Gründen“* möglich, hieß es aus Karlsruhe. Daraus konstruierte der mittlerweile zum Bürgermeister avancierte Mager die unverhohlene Drohung gegen jüdische Messe-Beschicker, sie könnten die Konstanzer Messen nur *„auf eigene Gefahr“* besuchen. Ähnlich verfuhren die Bürgermeister von Stockach, Radolfzell und Überlingen.[64]

Im Sommer desselben Jahres unternahm der damalige NSDAP-Fraktionsvorsitzende und spätere städtische Beigeordnete Eugen Maier eine Initiative zur Verbreitung des antisemitischen

Dort hing später der „Stürmer"-Kasten: Der Zugang zum „Passage-Kino", aufgenommen zum Filmstart von „Ben Hur" 1925.

Hetzblatts „Der Stürmer". Maier regte an, einen der feuerroten Aushangkästen an der damaligen Hauptpost (heute Sparkasse) zu installieren. Das von Julius Streicher, dem Gauleiter von Franken, herausgegebene Blatt erschien 1933 noch in einer reichsweiten Auflage von 20 000 Exemplaren, wenig später war „Der Stürmer" die meistgelesene Zeitschrift des Reichs. Mehrmals wurden auch jüdische Konstanzer in diesem Blatt diffamiert. Als der Vorsitzende des Synagogenrats, Rechtsanwalt Leo Rothschild, gegen das Vorhaben Maiers protestierte, wurde er vom neuen Oberbürgermeister, dem aus Durlach stammenden Verwaltungsjuristen Albert Herrmann, kalt abgefertigt und über die *„deutsche Gesetzgebung"* belehrt. Nach einem längeren Ringen um den geeigneten Standort wurde der „Stürmer"-Kasten schließlich an einem städtischen Gebäude in der Hussenstraße am Durchgang zum damaligen, von einer jüdischen Inhaberin betriebenen „Passage"-Kino (heutiger Augustinerplatz) angebracht: Der staatliche Antisemitismus war nun auch Teil der städtischen Kommunikationspolitik geworden.

Im Sommer 1933 hatten zahlreiche Städte des Reichs Verfügungen erlassen, die Juden die Benutzung von Schwimm- und Freibädern und von Parkbänken in öffentlichen Gärten und Parks untersagte. Diese von bestehenden kommunalen Badeordnungen rechtlich nicht gedeckten Maßnahmen hatten grundsätzliche Bedeutung, waren sie doch die ersten Verfügungen, die alle jüdischen

Im Sommer 1936 untersagte die Stadtverwaltung jüdischen Sommergästen den Besuchs des Freibads „Hörnle".

Deutschen öffentlich sichtbar stigmatisierten. In der grenznahen Fremdenverkehrsstadt Konstanz richtete die jüdische Inhaberin der kleinen Pension Wieler im Mai 1936 an den Oberbürgermeister die *„höfliche Anfrage"*, ob ihre jüdischen Sommergäste *„wie im Jahr zuvor"* im Jakobsbad wieder schwimmen dürften. Das badische Innenministerium hatte den Gemeinden über einen Runderlass inzwischen gestattet, *„jüdischen Einwohnern in der Benutzung der Badeeinrichtungen"* Beschränkungen aufzuerlegen. *„Ebenso wie es einer Gemeinde nicht verwehrt ist, den Unterschied des Geschlechts und Alters bei Gewährung der Bademöglichkeit zu berücksichtigen, wird sie auch dem Unterschied der Rasse Rechnung tragen können"*, befanden die Juristen des Ministeriums.[65]

Die Stadtverwaltung teilte Anna Wieler ohne weitere Begründung mit, es sei *„in Zukunft nicht mehr möglich, dass Ihre Gäste das Strandbad benutzen können."* Im Juli 1937 startete einer der Konstanzer NSDAP-Ortsgruppenleiter und Ratsherren, Paul Gierke, eine Beschwerdekampagne bei Oberbürgermeister Albert Herrmann. Der Ratsherr konnte sich dazu ermutigt fühlen, denn der Deutsche Gemeindetag, 1933 durch die Gleichschaltung der bisherigen kommunalen Spitzenverbände gebildet, hatte sich zu Ausgrenzungserlassen auf lokaler Ebene inzwischen mehrfach befürwortend geäußert. Ratsherr Gierke schrieb, in der Bevölkerung herrsche *„große Empörung, weil die Juden am Horn baden und dort so ziemlich wieder den Ton angeben wie vor dem Umsturz. Sie benehmen sich von Tag zu Tag frecher."* Wolle man eine *„begreifliche Selbsthilfe"* der *„badenden arischen Bevölkerung"* verhindern, müsse die Stadt das *„Baden für Juden in den städtischen Badeanstalten und am Horn sofort verbieten"*. Zuvor schon hatte ein kleiner Funktionär der Partei namens Trippel darüber geklagt, dass jüdische Badegäste nach dem Aufenthaltsverbot im Jakobsbad ins Freibad Horn gewechselt seien. Er erhob die Forderung, man möge dem *„auserwählten Volk einen anderen Badeplatz"* anweisen.[66]

Der neue Rathauschef: Oberbürgermeister Albert Herrmann in SA-Uniform.

Antisemtisches Schild, das am Ortseingang von Tiengen am Hochrhein stand.

OB Herrmann reichte das Anliegen an den städtischen Rechtsrat Franz Knapp weiter. Der war nach seiner Absetzung als Konstanzer Bürgermeister 1933 in der Funktion eines städtischen Rechtsrats zurückgeholt worden und in die Dienste der NS-Diktatur getreten. Dem alten Zentrumsmann Knapp, mit den jüdischen Familien der Stadt bestens bekannt, schien das Thema peinlich. Die Anregung des Oberbürgermeisters, man solle ein Schild mit der Aufschrift *„Juden sind hier unerwünscht"* aufstellen, reichte er im vorsichtigen Konjunktiv und ohne eigene Stellungnahme an den für den Fremdenverkehr zuständigen Stadtrat Erwin Hildenbrand weiter. Schilder dieses Inhalts waren im Stadtgebiet schon in Geschäften und Gaststätten zu sehen. Am Beginn des Damms zur Insel Reichenau war gleichfalls ein Schild angebracht worden, auf

Hitlergruß in der Freiwilligen Feuerwehr: Die einst demokratisch organisierte Hilfsorganisation militarisierte und ideologisierte sich selber. Ab 1935 wurden jüdische Mitglieder aus der Wehr gedrängt.

Titelbild der Jubiläumsschrift der Konstanzer Feuerwehr im Mai 1933.

dem Juden in Reimform vor dem Betreten der Insel gewarnt wurden. Hildenbrand ordnete an, das Schild am Freibad Horn umgehend anzubringen. In der Presse ließ die Stadtverwaltung verkünden, das Bad dürfe keinen *„Beigeschmack durch Juden“* erhalten, vielmehr müsse es dem *„deutschen Volk erhalten bleiben“*, weshalb der Oberbürgermeister mit dem eisernen Besen kehren lassen werde.[67] In seinem Entnazifizierungsverfahren nach 1945 beteuerte der einstige Oberbürgermeister Albert Herrmann wie Tausende andere höhere Funktionsträger der Diktatur, nur seine Pflicht getan, vor allem aber Schlimmeres verhütet zu haben.

Der *„Arierparagraph“* des Berufsbeamtengesetzes und die darauf folgende Ausführungsverordnung, in der erstmals der Begriff des *„Nichtariers“* gesetzlich definiert wurde, erzeugte bei Vereinen und Institutionen mit öffentlichen Aufgaben einen starken Anpassungsdruck: Vorstände gaben sich nun alle Mühe, die eigenen Reihen von solchen *„Nichtariern“* zu säubern. Ein anschauliches Beispiel sind die Freiwilligen Feuerwehren. Auf eine Weisung des badischen Innenministeriums hin begannen die Wehren im Frühjahr 1935 damit, ihre jüdischen Mitglieder zum Austritt zu nötigen. Bei der Konstanzer Feuerwehr schickte man den Feuerdiener an die Haustür jüdischer Wehrmänner. Auf einem kleinen Handzettel stand die Austrittsaufforderung des Kommandos. Tief gekränkt folgten diese Mitglieder der Aufforderung: Als Erster verließ der Mitinhaber des angesehenen Wäschegeschäfts D. Casewitz, Josef Weil, *„auf Anersuchen“* des Kommandos, die Wehr. Bald darauf folgte Herbert Meyer-Klopstock, Mitarbeiter im Warenhaus Knopf. Ihn hatte das zu dieser Zeit verkündete neue deutsche Wehrgesetz, das Juden für *„wehrunwürdig“* erklärte, zum Austritt veranlasst. Siegfried Rothschild, Inhaber eines Fahrradgeschäfts, und der nicht mehr dienstaktive Veteran Moritz Neumann reichten kurz darauf ihren Austritt ein. Neumann gehört zu den am 22. Oktober 1940 nach Gurs deportierten Konstanzer Juden. Von dort wurde er im Sommer 1942 nach Auschwitz geschafft und ermordet.[68]

DER JÜDISCHE METZGER:
SIMON LEVINGER

Simon Levingers Fleischwaren waren auch bei nicht-jüdischen Kunden geschätzt: Jeweils zu Ostern bestellten viele Konstanzer Familien bei der Metzgerei Levinger ihren Lammbraten. Auch das Inselhotel und die Hotels „Halm“ und „Hecht“ bezogen für ihre Gäste regelmäßig koscher geschlachtetes Fleisch und Wurstwaren beim jüdischen Metzger am Bodanplatz 10. Simon Levinger war gemeinsam mit seinen Brüdern Salomon und Emanuel gegen Ende des 19. Jahrhunderts aus Gailingen nach Konstanz zugezogen. Salomon gründete einen Textilgroßhandel mit Sitz in der Hüetlinstraße und Emanuel in der Bahnhofstraße 16 ein Wäschegeschäft. Nach einigen Jahren als angestellter Metzger baute Simon Levinger gemeinsam mit seiner Frau Pauline am Bodanplatz ein schmales Wohn- und Geschäftshaus. Im Erdgeschoss eröffnete er 1898 die Metzgerei. Geschlachtet wurde im Städtischen Schlachthof am Seerhein (heutige Bibliothek der Hochschule Konstanz). Das Ehepaar Levinger hatte zwei Töchter: Alice, die bei Macaire eine Banklehre machte und kurzzeitig in Pforzheim verheiratet war, und Erna, über deren beruflichen Weg wir nichts wissen.

Mit dem Regierungsantritt der Nationalsozialisten wurde auch für Metzger Levinger die Berufsausübung zunehmend schwierig, zumal das NS-Regime umgehend die rituelle jüdische Schlachtung, das Schächten, untersagte. Im Sommer 1937 konnte Simon Levinger sein Haus und die Metzgerei für den damals realen Verkehrswert von 40 000 Reichsmark an den Konstanzer Metzgermeister Gustav Schuhmacher verkaufen. Der überwiegende Teil dieses Erlöses ging in den folgenden zwei Jahren durch die Ausplünderungssteuern des Staates und für die Kosten der Emigration verloren. Knapp drei Monate nach Kriegsbeginn gelang es Simon und Pauline Levinger,

Die einzigen erhaltenen Bilder: Passfotos von Simon, Pauline und Alice Levinger, aufgenommen zur Zeit ihrer Emigration 1939.

Häuserzeile auf dem Bodanplatz. Links die Metzgerei Levinger in einer Aufnahme vor 1937.

mit ihrer Tochter Alice und deren kleinem Sohn Kurt Deutschland über Rotterdam nach Uruguay zu verlassen. Die gesamte Emigration hatte Alice organisiert. In Montevideo wurde die Familie von Tochter Erna und ihrem Mann Alfred Stock erwartet.

Der kranke und erschöpfte Simon Levinger starb im Frühjahr 1941 im Alter von 74 Jahren in Montevideo. Nach dem Krieg kämpften seine Erben um die Anerkennung der während der NS-Zeit erlittenen Schäden. Der Hausverkauf war zu fairen Bedingungen erfolgt, doch die Familie machte Gesundheits- und Vermögensschäden geltend. Einigen Forderungen wurde stattgegeben, die Familie erhielt 5000 Mark. Doch Paulines und Hedwigs Anträge wegen ihrer beruflichen Tätigkeit wurden mehrfach abgelehnt. Ihre Mitarbeit in der Metzgerei wurde von deutschen Gerichten 1957 als familienübliche Mitarbeit von Frauen und nicht als eigenständige Erwerbstätigkeit gewertet. Erst 1976 entschied das Landgericht Stuttgart letztinstanzlich und erneut ablehnend. Da war Pauline Levinger schon 19 Jahre tot. Im Jahr darauf zog Tochter Alice mit ihrem Sohn Kurt zurück nach Konstanz. 1981 starb sie im Altenheim Talgarten.

TE

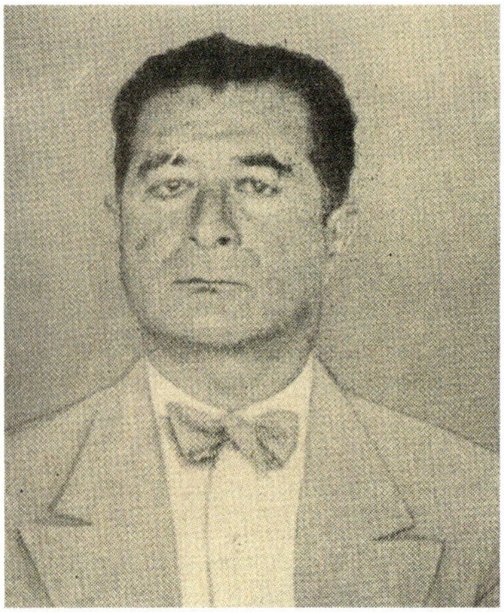

Polizeifoto von Dr. med. Martin Hagelberg, als „Rasseschänder“ gejagt.

Wenige Wochen vor Erlass der „Nürnberger Gesetze“, die unter anderem den unehelichen Verkehr zwischen Juden und nicht-jüdischen Frauen unter Strafe stellten, begann im Juli 1935 eine reichsweite Medienkampagne, in der Juden als Sittlichkeitsverbrecher, vor allem als *„Rasseschänder“* dargestellt werden sollten. Auch in Konstanz fand die Kampagne ein Opfer: Es war der Allgemeinmediziner Dr. Martin Hagelberg. Der seit 1914 in Konstanz ansässige, in der freireligiösen Gemeinde und in der SPD aktiv gewesene 50 Jahre alte Mediziner wurde beschuldigt, über Jahre mehrfach Abtreibungen vorgenommen zu haben. Er habe die jungen Frauen zudem genötigt, als Gegenleistung jeweils mit ihm zu schlafen. In der „Bodensee-Rundschau“ wurde unter der Überschrift *„Ein jüdisches Scheusal“* behauptet, Hagelberg könne als *„einer der gemeinsten und brutalsten Rasseschänder angesehen werden, die in den letzten zwei Jahren in Baden gefasst wurden.“* Die Zahl seiner Opfer gehe *„in die Dutzende“*, auch habe dieser *„jüdische Sadist“* den geschändeten Frauen *„unerhört hohe Rechnungen“* gestellt. Das Blatt meldete, Hagelberg sei festgenommen und in das Konzentrationslager Kislau überführt worden.[69]

Die Kriminalpolizei hatte den Arzt allerdings unter dem strafrechtlich nicht relevanten Tatvorwurf festgenommen, er habe als verheirateter Mann seit Jahren eine ledige katholische Geliebte gehabt. Daran sei *„Anstoß genommen“* worden, wie der ermittelnde Staatsanwalt feststellte. Die Denunziation war von ärztlichen Kollegen gekommen: Der Vorsitzende der kassenärztlichen Vereinigung, Dr. Hans Schaal, hatte den Behörden von Verdachtsfällen gegen Hagelberg berichtet. Mehrere Kollegen, darunter ein Kreuzlinger Arzt und der Kunstmaler Willy Münch-Khe, steuerten schlüpfrige Details aus Hagelbergs Privatleben bei und behaupteten, von zwei Abtreibungsfällen zu wissen. In Kislau vernommen, räumte der Festgenommene ein, vereinzelt Beziehungen zu früheren Patientinnen unterhalten, jedoch niemals Abtreibungen vorgenommen zu haben. Ein eifriger Kriminalpolizist ordnete bis weit nach Oberschwaben hinein Vernehmungen ehemaliger Hausangestellter an, doch die Vorwürfe erhärteten sich nicht. Hagelberg, der offensichtlich Berufs- und Privatleben auf gefährliche Weise vermischt hatte, hatte großes Glück: Ein offenkundig noch rechtsstaatlich handelnder Oberstaatsanwalt namens Lauer stellte das Verfahren wegen fehlender Beweise im September 1935 ein. Nach mehreren Zeitungsberichten, unter anderem im Hetzblatt „Der Stürmer", war Hagelbergs Ruf als Mediziner allerdings vollständig ruiniert, zumal über die Einstellung des Verfahrens und seine Entlassung aus dem KZ Kislau nicht berichtet wurde.

Gemeinsam mit seiner seit Jahren chronisch kranken Frau Liese und seiner Tochter emigrierte er im Herbst desselben Jahres nach Palästina. Dort gelang es ihm wegen des Überangebots an deutschen Ärzten nicht, beruflich wieder richtig Fuß zu fassen. Nach dem Tod seiner Frau heiratete er wieder, fand keine Arbeit und lebte zuletzt fast mittellos und auf Unterstützung seiner Tochter angewiesen. 1951 ist er in Palästina gestorben. Als seine Witwe 1953 im Rahmen eines Wiedergutmachungsverfahrens 3400 Deutsche Mark Schadensersatz für den verfolgungsbedingt erlittenen Vermögensschaden der Familie geltend machte, wurde ein Konstanzer Kriminalbeamter als Zeuge beigezogen. Der verneinte, dass die damalige Flucht Hagelbergs aus Gründen der *„rassischen Verfolgung"* erfolgt sei. Der

Die Heimat wird braun: Konstanzer Trachtenfrauen auf einem parteiamtlich veranlassten Umzug durch die Stadt.

„ Im Stadtgarten schauen uns sogar die Bäume anders an! "

EINE KONSTANZER JÜDIN IM RÜCKBLICK AUF DIE ERLEBTE AUSGRENZUNG

Arzt sei vielmehr wegen strafrechtlicher Ermittlungen gegen ihn aus Konstanz geflohen. Der Mann musste es wissen: Er hatte bereits 1935 bei der Kriminalpolizei Konstanz Dienst getan.[70] Dass Hagelberg weitere Verfolgung gedroht hätte, wurde im September 1935 deutlich: Nach Erlass des *„Gesetzes zum Schutz des deutschen Volkes und der deutschen Ehre"* und des *„Reichsbürgergesetzes"*, waren nicht nur *„Mischehen"* verboten; Juden war es nun auch bei hohen Zuchthausstrafen untersagt, *„außerehelichen Verkehr"* mit *„Staatsangehörigen deutschen und artverwandten Blutes"* zu unterhalten. Seine außereheliche Beziehung zu einer Konstanzer Katholikin wäre Dr. Hagelberg vermutlich zum Verhängnis geworden.

Mit den sogenannten „Nürnberger Gesetzen" verloren die Juden endgültig die rechtliche Gleichstellung mit den übrigen Reichsbürgern. Bereits 1934 hatte das Oberlandesgericht Karlsruhe erstmals eine Mischehe aus *„rassischen Gründen"* geschieden. Das wurde nun gängige Praxis – widerspruchslos exekutierte die Justiz die Willkürgesetze des neuen Regimes. In den Schulen war Rassekunde zum ordentlichen Schulfach geworden, in Geschichte, Erdkunde und Religion erschienen Juden als verabscheuungswürdige Gestalten und als Feinde des deutschen Volkes. Folgt man den Erinnerungen rechtzeitig Emigrierter, so erlebten jüdische Schulkinder bis zu ihrer Ausstoßung aus dem Unterricht und der erneuten Radikalisierung der Judenverfolgung nach dem Pogrom 1938 unterschiedliche Verhaltensweisen: Es gab Lehrer und Mitschüler, die sie diskriminierten, auf dem Schulhof *„Judenstinker"* riefen oder lange Nasen machten. Da waren Nachbarn und frühere Kunden, die die Straßenseite wechselten, wenn eine jüdische Familie auftauchte. Es gab Denunziationen, häufig verübt von missgünstigen Mitbewohnern, die den Müll der jüdischen Nachbarn durchwühlten und jede Unregelmäßigkeit notierten, um sie zu melden. Mancher wartete offenbar nur darauf, sich die Wohnung der jüdischen Familie unter den Nagel zu reißen.

Es gab aber auch Andere, die Zeichen der ermutigenden Solidarität erkennen ließen: Bauersfrauen, die heimlich eine Stiege Eier und etwas Obst ins Küchenfenster reichten. Da war der Arzt Dr. Albert Jung, der jüdische Patienten weiterhin heimlich behandelte, und

Liselotte Rosenthal (ganz rechts) und ihre Klassenkameraden. Noch lachen die jüdischen Kinder der Klasse mit den anderen, 1938 wurden sie vom Unterricht ausgeschlossen.

da waren sogar einige wenige Polizisten und Gestapo-Beamte, die ihnen bekannte Juden rechtzeitig vor Zugriffen warnten. Wie diese Beamten waren wohl viele Mitbürger auch in Konstanz Täter und Helfer gleichermaßen: In einem Fall wurde geholfen, in einem anderen weggeschaut; da wurde eine Dienstvorschrift weniger streng beachtet, ein anderes Mal ein Antragsteller kalt abgewiesen. Im Zuge der *„Arisierung"* von jüdischem Eigentum griff mancher nach einem Schnäppchen, der die offene Gewalt gegen Juden, wie sie etwa im Pogrom 1938 zum Ausdruck kam, entrüstet ablehnte.[71]

Was aber mussten die Menschen empfunden haben, denen auf jede nur denkbare Weise die Teilhabe am Leben in einer Stadt genommen wurde, die täglich den tiefsten Kränkungen ausgesetzt waren? Wie konnten sie in einer Stadt und Umgebung weiter leben, die von Denunziation, täglicher Herabsetzung und kaltem Wegschauen geprägt war? Quellen, die auf diese Fragen für Konstanz Antwort geben könnten, sind spärlich. Auch in Gesprächen anlässlich der Besuche von jüdischen Überlebenden in den 1980er-Jahren blieben die Antworten einsilbig, denn manchen Gesprächspartnern versagte auch Jahrzehnte nach den Ereignissen die Stimme, wenn sie über ihre damaligen Gefühle sprechen sollten. *„Man hat sich als Freiwild gefühlt"*, sagte eine Überlebende und berichtete von der anfänglichen Zuversicht: *„Ich weiß noch, dass anfangs gedacht wurde: Wir bleiben hier, das wird vorbeigehen, das gibt es nicht, dass das bleibt! – Ich kann mich noch erinnern, weiß aber nicht mehr, wer es war, auch einer, der so gesprochen hatte, sagte später: Sogar die Bäume schauen uns anders an! Im Stadtgarten schauen uns sogar die Bäume anders an."*[72] Auffällig in vielen Erinnerungsberichten, in Briefen und Selbstzeugnissen der Zeit ist diese unumstößliche Hoffnung vieler Verfolgter, es werde sich ein Ausweg finden, eine Veränderung zum Guten ergeben.

Konstanz zählte um 1933 etwa 32 000 Einwohner. Nach einer Zählung der NS-Behörden waren damals 443 Juden gemeldet. Die zunehmenden Anfeindungen selbst im engsten Lebensumfeld, die pauschale öffentliche Hetze gegen *„jüdische Volksschädlinge"* in Zeitungen, in der Wochenschau im Kino, im Rundfunk, auf Kundgebungen und auf Plakatwänden ließen die israelitische Gemeinde auch für jene zu einem Ort der Begegnung und des kurzzeitigen Geborgenseins werden, die bisher keinen Bezug zum religiös definierten Judentum gehabt hatten. Mancher schloss sich unter dem zunehmenden Verfolgungsdruck der Gemeinde an, jetzt, da ihn die Nationalsozialisten mit ihren Rassekategorien erst zum Juden gemacht hatten.

Eines hatten die Ausgrenzungsmaßnahmen gegen die jüdische Bevölkerung schon in den ersten Jahren der NS-Diktatur deutlich gemacht: Wer wie Ludwig Ottenheimer während des Boykotts im April 1933 noch Weltkriegsorden als Belege seiner nationalen Zugehörigkeit öffentlich ausgelegt hatte, sah sich nun gezwungen, Möglichkeiten für ein Leben außerhalb Deutschlands in Erwägung zu ziehen.

Mancher jüdische Mann legte, bevor er zum Passamt oder zur Polizei ging, seine militärischen und zivilen Auszeichnungen an, in der vergeblichen Hoffnung, dort als deutscher Patriot behandelt zu werden.

Die Pensionatsbetreiberinnen Anna und Irma Wieler. In der Mitte ihre Mutter Berta und Irmas Tochter Ruth. Um 1920.

DAS MÄDCHENPENSIONAT
DER SCHWESTERN WIELER

Noch im tiefsten Frieden gründeten die Schwestern Irma und Anna Wieler im Jahr 1912 ein „Töchter-Erziehungsheim" mit angeschlossener Haushaltungsschule. Die Einrichtung nahm in der alten Villa „Seegarten", der heutigen Seniorenwohnanlage „Hebelhof", den Betrieb auf. Das Pensionat, so heißt es in einer Werbebroschüre der Zeit, *„nimmt eine beschränkte Anzahl Töchter aus guten Familien auf, welche sich auf wissenschaftlichem, praktischem und gesellschaftlichem Gebiete vervollkommnen sollen."* Umgangssprache im Schulbetrieb war im wöchentlichen Wechsel Französisch und Englisch, der Unterricht umfasste neben Sprachen auch Geographie, Kunstgeschichte, Pädagogik, Literatur, Musikgeschichte und Rezitation. Die gesellschaftliche Ausbildung mit Tanz- und Anstandsunterricht wurde durch den Besuch von Konzerten, Theater und Vorträgen ergänzt, und auch für sportliche Betätigung war gesorgt. Die Haushaltungsschule vermittelte u.a. Kenntnisse im Kochen und Backen.

Nach dem Tod ihres Mannes Adolf zog Berta Wieler, die Mutter der beiden Inhaberinnen, bei ihren Töchtern in der Villa Seegarten ein. Das Töchterpensionat bestand bis 1927, danach betrieben Irma und Anna in den Räumlichkeiten eine Familienpension, die während der Sommermonate vor allem auswärtige *„Sommerfrischler"* beherbergte. Doch bald schon litt die Pension unter den Restrikti-

onen der neuen Machthaber, auch blieben die zuletzt überwiegend jüdischen Sommergäste aus. Im Jahr 1938 mussten die Schwestern den Betrieb einstellen und die Villa verkaufen. Zweimal kam es zum Abschluss eines Kaufvertrags, zunächst mit einer Frau Schlesinger, dann mit der Stadt Konstanz. Doch beide Verträge traten nie in Kraft, da die Genehmigungen durch das Badische Finanz- und Wirtschaftsministerium bzw. die Devisenstelle nicht erteilt wurden. Währenddessen hatten sich Irma, Anna und ihre Mutter Berta Wieler zur Emigration nach Palästina entschlossen, aber trotz zahlreicher Bemühungen erhielten sie keine Ausreisegenehmigung.

Der Bruder der Schwestern Wieler, Berthold, der einst Stadtverordneter gewesen war, wurde zusammen mit seiner Frau Anna im Oktober 1940 nach Gurs deportiert. Beide überlebten das Lager, ihre Tochter Erika konnte rechtzeitig in die USA emigrieren. Die Schwestern Wieler überlebten die Zeit des Nationalsozialismus jedoch nicht: Anna Wieler wurde im Dezember 1941 von Stuttgart aus, wo sie inzwischen lebte, nach Riga deportiert und dort ermordet. Irma Wielers Hoffnung, mit ihrer Mutter in die rettende Schweiz ausreisen zu können, zerschlug sich. Eine Einreisegenehmigung lag inzwischen vor, doch ein Brief aus dem Reichssicherheitshauptamt in Berlin untersagte im letzten Moment die Ausreise. Am 24. April 1942 wurde Irma Wieler - ihre Mutter war kurz zuvor gestorben - zusammen mit den wenigen noch in Konstanz verbliebenen Juden über Stuttgart nach Izbica deportiert und dort ermordet.

Mit der Deportation bzw. dem *„Überschreiten der Reichsgrenze"* wurden die Schwestern Wieler, wie alle Juden, enteignet, ihr Vermögen und damit auch die Grundstücke *„verfielen"* an das Deutsche Reich. Nun konnte die Stadt die vormalige Villa „Seegarten" vom Reichsfiskus erwerben. Ein nach dem Krieg durchgeführtes Restitutionsverfahren hob diesen Kauf auf und erstattete der überlebenden Erbin, Irma Wielers Tochter Ruth, das Anwesen zurück. Doch sie mochte es nicht mehr behalten und verkaufte es der Stadt, die darin das Seniorenheim „Hebelhof" einrichtete.

Birgit Lockheimer

DER GROSSE RAUB:
DIE ARISIERUNG

Die sogenannte „Arisierung" jüdischen Eigentums ist für Konstanz bis auf einige kursorische Ausführungen beispielsweise in der fünfbändigen Stadtgeschichte oder in Jürgen Klöcklers grundlegender Arbeit über die Selbstanpassung der Kommunalverwaltung noch nicht eingehend erforscht und dargestellt worden. Das hat unter anderem damit zu tun, dass personenbezogene Akten in öffentlichen Archiven wegen der gesetzlichen Sperrfristen bislang nicht zugänglich gewesen waren. Die Sperrfrist beträfe auch die personenbezogenen Fallakten des Konstanzer Finanzamts. Diese Akten wurden jedoch, so der heutige Kenntnisstand, 1945 auf Anweisung des damaligen Leiters, Sebastian Probst, vernichtet. Sie hätten zu viel über die tiefe Verstrickung der Behörde in das NS-Unrechtssystem verraten. Auch für die unmittelbare Nachkriegszeit sind kaum Einzelfallakten des Finanzamts erhalten.

Zugänglich sind dagegen inzwischen die Akten des Landesamtes für Wiedergutmachung sowie der Restitutionskammern an den Landgerichten und, zumindest teilweise, die grundstücksbezogenen Daten der Grundbuchämter. Eine wichtige Quelle ist auch der einschlägige Aktenbestand der Industrie- und Handelskammer. Diese staatlichen oder kommunalen Archive geben freilich keine Auskunft über privatrechtlich geschlossene Verträge, die keiner notariellen Beurkundung bedurften. Manches *„Arisierungsgeschäft"* dürfte deshalb für immer im Dunkel der Geschichte bleiben. Die damaligen Nutznießer schwiegen nach 1945, ihre Enkel von heute haben häufig keine Ahnung davon, wie der Großvater zu seinem Einzelhandelsgeschäft gekommen war. Die folgende, im Rahmen eines Ausstellungsprojekts entstandene Darstellung, basiert auf einer ersten Sichtung nun zugänglicher Quellenbestände. Sie kann nur eine erste Skizze sein, die anhand einiger Konstanzer Fallbeispiele die Bandbreite der größten Umverteilung von Vermögenswerten in der jüngeren deutschen Geschichte ausleuchtet. Eine systematische Erforschung des Themas für Konstanz steht auch weiterhin aus.

Die NS-Stadtverwaltung in Konstanz ließ nichts unversucht, um Juden wirtschaftlich und gesellschaftlich weiter zu isolieren. NSDAP-Mitgliedern und städtischen Beamten wurde der Umgang

mit Juden verboten, städtische Dienststellen wurden angewiesen, keine Einkäufe mehr in Geschäften oder bei Großhandlungen jüdischer Kaufleute zu tätigen. Die zunehmende Abschottung gegen die Schweiz, Grenzschikanen und verschärfte Zollbestimmungen führten dazu, dass immer weniger Schweizer Kundschaft nach Konstanz kam, um dort Einkäufe zu tätigen. In Freiburg oder Karlsruhe brachen die Umsätze jüdischer Kaufleute nach 1933 rasch ein. In Konstanz konnten sich einige Einzelhandelsgeschäfte jüdischer Inhaber dagegen bis 1938 halten und teils noch gute Umsätze erzielen. So rangierte etwa das alteingesessene Herrenbekleidungsgeschäft „Wolf & Co" in der Rosgartenstraße mit einem Jahresumsatz von 136 140 Reichsmark Ende 1937 immerhin noch auf dem dritten Platz. Den ersten Platz belegte das seit 1935 *„arisierte"* Unternehmen „Merkur" (205 000 RM), Platz zwei nahm das schon vor 1933 auf die Brüder Josef und Richard Holzherr übergegangene Textilgeschäft Guggenheim mit 174 841 Reichsmark Jahresumsatz ein. Richard Holzherr profitierte durch seine Heirat mit der Mannheimerin Friedel Vetter zu dieser Zeit zudem mittelbar von einer Übernahme in Karlsruhe: Seine Frau hatte als Mitgift das Karlsruher Kaufhaus Landauer mit in die Ehe eingebracht. Diese Firma eines jüdischen Eigentümers war 1936 durch die Familie Vetter *„arisiert"* und danach von Friedel und Richard Holzherr weitergeführt worden.[73]

Einkaufsverbote, ständige Judenhetze und die öffentliche Anprangerung von *„Judenfreunden"* in den Zeitungen zeigten Wirkung, aber sie konnten offenbar nicht völlig verhindern, dass einheimische und Schweizer Kundschaft einigen Geschäften treu blieb und deren Hintereingang benutzte, um unentdeckt einkaufen zu können. Doch der Wille der neuen Machthaber, die Juden aus dem Wirtschaftsleben zu verdrängen, war mit dem Boykott vom 1. April deutlich demonstriert worden. Vor weiteren Maßnahmen schreckte das Regime anfangs zurück, musste es doch die Wirtschaft stabilisieren und die Arbeitslosigkeit senken, um die eigene Herrschaft zu sichern. So blieb es in den ersten Jahren der NS-Herrschaft *„arischen"* Konkurrenten und lokalen Diskriminierungsmaßnahmen überlassen, die jüdischen Kaufleute und Unternehmer weiter unter Druck zu setzen und sie zum Verkauf ihrer Firmen zu drängen.

Blick in die Rosgartenstraße, bis zur „Arisierung" der Geschäfte jüdischer Inhaber ein Zentrum jüdischen Gewerbefleißes.

Links: Aus „Merkur" wurde „Spring": Der 26-jährige Übernehmer Helmut Spring bekam ein seit 1909 bestehendes, erfolgreiches Textilunternehmen.

Die erste Phase der sogenannten „Arisierung" ging, wie überall im Reich, schleichend und fast ohne Beteiligung der Behörden vor sich. Die jüdischen Unternehmer und Eigentümer von Liegenschaften konnten sich ihre Käufer für kurze Zeit noch selbst aussuchen und die Preise für ihr Eigentum einigermaßen frei verhandeln. Als Erste gaben die Freiberufler auf. Nach den im April 1933 erlassenen Berufsverboten, die jüdische Rechtsanwälte, Patentanwälte, Kassenärzte, Steuerberater, Zahnärzte und Zahntechniker trafen, waren die Vertreter dieser Berufe ihrer Existenzgrundlage in Deutschland weitgehend beraubt. Auch wenn Ausnahmeregelungen bestanden, hatten diese Berufsgruppen keine Perspektive mehr. Einer der Ersten, der sein berufliches Einkommen verlor, war der angesehene, seit 1892 in der Stadt tätige Rechtsanwalt Moritz Bloch. Für sich und seine Familie hatte er 1912 ein Haus an der Schottenstraße gekauft und 55 000 Reichsmark dafür bezahlt. Nach den ersten judenfeindlichen Einschränkungen verlor Bloch seine Klienten. Er war gezwungen, das schöne Haus aufzugeben und in eine kleinere Wohnung zu ziehen. Im Dezember 1933 verkaufte er das Anwesen für 33 000 Reichsmark an einen Konstanzer Zahnarzt. Bloch, der während des Pogroms 1938 schwer misshandelt und in Dachau inhaftiert wurde und nach seiner Entlassung aus dem KZ emigrierte, starb 1946 in Sao Paulo. Seine Witwe versuchte 1949 in einem Restitutionsverfahren vergeblich, den Verkauf ihres Hauses rückgängig zu machen.

Rosgartenstraße 18, erbaut von Buchdrucker Schwarz, einst auch Geschäftslokal der Schuhhandlung Adler.

Rechts: Der Rechtsanwalt Moritz Bloch mit seiner Frau Adele und den Kindern Erich und Lorle. 1933 sah er sich gezwungen, sein Haus an der Schottenstraße aufzugeben.

Doch das Gericht befand, der 1933 vereinbarte Kaufpreis sei noch frei verhandelt worden und angesichts des renovierungsbedürftigen Zustands des Hauses angemessen gewesen. Ein verfolgungsbedingter Notverkauf habe nicht vorgelegen. Zu dieser Einschätzung gelangte das Gericht auch durch die Aussage eines als Zeugen gehörten Bauunternehmers, den die damaligen Käufer bereits 1933 zur Ermittlung des Immobilienwerts beigezogen hatten.[74]

Wie umfangreich und, aus Sicht der Nutznießer, erfolgreich die *„schleichende"* Phase der „Arisierung" von Grund- und Betriebsvermögen jüdischer Eigentümer in Konstanz war, zeigt ein Blick auf die Zahlen: Zu Beginn der nationalsozialistischen Herrschaft bestanden hier 46 eingetragene Firmen jüdischer Kaufleute oder Gewerbetreibender, 18 davon waren Einzelhandelsgeschäfte, vor allem der Textilbranche. Hinzu kamen einige Anwälte und Ärzte, zwei Optiker, ein Architekt, ein Fahrradmechaniker und einige Beschäftigte im Bildungs- und Verlagswesen. Es dauerte nur zwei Jahre, bis fast die Hälfte der Geschäfte und Firmen jüdischer Inhaber verkauft oder liquidiert worden war. Unmittelbar vor dem November-Pogrom 1938 und den darauf folgenden zahlreichen Gesetzen und Verordnungen zur völligen *„Ausschaltung der Juden aus dem deutschen Wirtschaftsleben"* existierten noch neun der ursprünglich 46 Firmen und Geschäfte jüdischer Inhaber. Zahlen zu veräußertem Grundeigentum sind weitaus schwieriger zu gewinnen, weil bisher nicht systematisch ermittelt wurde, welche Wohnhäuser, Baugrundstücke oder welches Grünland 1933 in Konstanz jüdischen Bürgern gehörten. Eine grobe Prüfung prominenter innerstädtischer Lagen zeigt jedoch, dass bis 1938 die meisten der Wohn- und Geschäftshäuser bislang jüdischer Eigner neue *„arische"* Eigentümer bekommen hatten.[75]

Solange staatliche Instanzen an den Verkäufen nicht beteiligt waren und noch kein systematischer staatlicher Druck auf die jüdischen Eigentümer oder Firmeninhaber ausgeübt wurde, konnten Verkaufssummen frei verhandelt werden, auch wenn der Verkauf nur

deshalb erfolgte, weil der jüdische Inhaber eines Unternehmens keine Zukunft mehr für seine Firma sah. So bescheinigten beispielsweise einige Mitglieder der Familie Schatz als damalige Gesellschafter der „Bottina Schuhgesellschaft mbH" dem Käufer Ernst König im Rückerstattungsverfahren nach dem Krieg, man habe 1933 mit den vereinbarten 135 000 Goldmark einen völlig angemessenen Kaufpreis erhalten. Die Familie verzichtete ausdrücklich auf Nachforderungen. König betrieb das Unternehmen unter dem Namen „Schuh-König" noch lange nach dem Krieg weiter.[76]

Der Schuhversandhandel „Bottina" in der Rosgartenstraße wurde als eines der wenigen Unternehmen 1933 noch zu einem angemessenen Preis an nicht-jüdische Übernehmer verkauft.

Im August 1936 verkaufte Lisbeth Klopstock, Inhaberin des gleichnamigen Warenhauses, die Liegenschaft, Firma und Warenlager in der Rosgartenstraße 27 an den ehemaligen Berufsoffizier, Hauptman a. D. Ulbo Kol. Der zahlte 15 000 Reichsmark, weitere 60 000 Reichsmark blieben auf ausdrücklichen Wunsch der Verkäuferin als Hypothek auf dem Anwesen stehen – offenbar hoffte sie noch auf bessere Zeiten. Den Preis hatte der Konstanzer Stadtbaumeister Kern gutachterlich ermittelt. Einige Zeit nach dem Verkauf

emigrierte die Familie, 1940 wurde die Hypothek von der Sparkasse Konstanz abgelöst, das Geld auf ein Sperrkonto gelegt und von dort nach der 1941 erfolgten Enteignung der Juden durch den Reichsfiskus eingezogen.

Die heute von einem Brillengeschäft gemietete Liegenschaft Rosgartenstraße 12 war bis zur „Arisierung" Sitz des Herrenkonfektionsgeschäfts „Wolf & Co"

Nicht lange nach dem Verkauf 1936 eröffnete das von der nationalsozialistischen Propaganda wegen seiner niedrigen Preise zuvor noch so heftig bekämpfte Warenhaus Klopstock unter dem neuen Pächter Kurt Schulz erneut die Pforten. In der „Bodensee Rundschau" erschien am 3. Oktober eine Anzeige: *„Altes Kaufhaus – In neuer Hand!"* Einen menschlich dramatischen Aspekt bekam dieser Verkauf durch eine auswärtige Beteiligte: Die Jüdin Emmy Pinner aus Berlin, Inhaberin eines Pfandrechts an dieser Liegenschaft, bat Anfang Juni 1939 dringend um Auszahlung ihres Anspruchs, weil sie sonst nicht in der Lage wäre, ihre Abgaben an den Staat zu bezahlen. Sie plante, Ende Juni nach Kuba zu emigrieren. Ob Emmy Pinner Glück hatte, ist ungeklärt, die devisenrechtliche Genehmigung des Verkaufs jedenfalls ließ lange auf sich warten. Im Restitutionsverfahren, das die Erben von Lisbeth Klopstock 1949 anstrengten, wurde ein Vergleich geschlossen. Der damalige Käufer Ulbo Kol zahlte 5000 Deutsche Mark nach, weil der Firmenwert nicht berücksichtigt worden war. Die jüdischen Erben bescheinigten ihm daraufhin, dass sich die damaligen Verkaufsverhandlungen *„in äußerst loyaler Weise abgespielt"* hätten und der Kaufpreis angemessen gewesen sei. Nach der Emigration hatte Kol sogar die Pflege des Klopstockschen Familiengrabs übernommen, damals eine mutige Geste der Verbundenheit mit den Verfolgten.[77]

Ähnlich anerkennend äußerten sich Lina Adler und ihr Sohn Werner in einem Vergleich mit der Allgemeinen Katholischen Kirchenkasse Freiburg: Diese hatte das Wohn- und Geschäftshaus der Kaufleute Adler in der Rosgartenstraße 14 relativ spät, bereits zur Zeit der staatlich gelenkten *„Arisierung"*, im Januar 1939 gekauft. Im Restitutionsverfahren nach dem Krieg erklärte sich die Kirche im Vergleichsweg bereit, 40 000 Deutsche Mark nachzubezahlen. Die Adlers erklärten im Gegenzug, die Käuferin habe sich ihnen gegenüber 1939 *„loyal"* verhalten, auch hätte sich die Kirche um die devisenrechtliche Genehmigung des Kaufs bemüht, was den Adlers die Emigration ermöglicht habe. Vermutlich täuscht der Eindruck nicht ganz, dass die Kirche durch die beträchtliche Nachzahlung öffentliches Aufsehen vermeiden wollte. Im Gegenzug erhielt sie eine Ehrenerklärung der damals Übervorteilten, die den Anschein, damals unrecht gehandelt zu haben, von der Käuferin nahm.

In anderen Fällen übertrugen die bisherigen Eigentümer ihr Unternehmen einvernehmlich an langjährige Mitarbeiter. So kam der bisherige angestellte Kaufmann Oskar Sulger 1937 zur altbekannten Eisengroßhandlung der Gebrüder Rothschild. Nach dem Krieg erklärte er sich bereit, dem in die USA emigrierten Alfons Rothschild 2000 Deutsche Mark auf den damals etwas zu gering angesetzten Kaufpreis nachzubezahlen.[78]

Das Wohn- und Geschäftshaus Kanzleistraße 9 erwarb der bisherige Pächter, Konditor Hans Jakobs, nachdem das vormalige Wäschegeschäft des jüdischen Inhabers nach 1933 aufgelöst worden war: Im September 1938 bezahlte Jakobs den Eigentümern Hans und Otto Thanhauser 80 000 Reichsmark. Nachdem eine Anzahlung geleistet worden war, ließen die Thanhausers das Eigentum bereits

Der Aufschwung der Einkaufsstadt Konstanz schlug sich im Straßenbild nieder: Auch jüdische Familien hatten um die Jahrhundertwende Wohn- und Geschäftshäuser – hier die Rosgartenstraße – modernisieren oder neu errichten lassen.

notariell übertragen. Das ist ungewöhnlich und zeigt, dass zwischen den Pächtern und den zum Verkauf genötigten Eigentümern ein Vertrauensverhältnis bestanden haben muss. Otto Thanhauser befand sich damals schon in Los Angeles, er überlebte die NS-Zeit. Sein Bruder Hans hatte weniger Glück: Er wurde kurz nach dem Verkauf während des November-Pogroms nach Dachau verschleppt, wo er ums Leben kam.[79]

Solche Fälle, in denen die Notlage der verkaufenden Eigentümer nicht oder kaum ausgenutzt wurde, machten allerdings nur einen kleinen Teil der damaligen Eigentumsübertragungen aus. Vor allem kleinere Einzelhandelsgeschäfte gerieten durch Inseratensperre, Schmähungen in der örtlichen NS-Zeitung und den gegen Kunden ausgeübten öffentlichen Druck schon recht bald in eine prekäre wirtschaftliche Lage und wurden so zur leichten Beute für Profiteure. Die Umsätze stagnierten oder sanken, Warenlager konnten nicht mehr aktualisiert, das Inventar des Ladenlokals nicht mehr modernisiert werden. Auch gelang es jüdischen Hauseigentümern kaum mehr, nicht-jüdische Mieter für ihre Gewerbe- oder Wohnimmobilien zu finden. Wirtschaftsprüfer und die Gutachter der Industrie- und Handelskammern, die von Kaufinteressenten zur Ermittlung des Kaufpreises beigezogen wurden, trugen diesem Umstand Rechnung und setzten im Interesse eines *„arischen“* Erwerbers die Werte häufig tief an. Mitte der 1930er-Jahre war es bereits nicht mehr üblich, den normalerweise mit 10 Prozent des letzten Umsatzes zu vergütenden Firmenwert *„Goodwill“* zu bezahlen.[80]

Im Laufe des Jahres 1937 schaltete sich das Badische Finanz- und Wirtschaftsministerium in das Geschäft mit *„jüdischen Gewerbebetrieben“* ein. Auch Kreisleiter, Präsidenten der Industrie- und Handelskammern, Vertreter der Deutschen Arbeitsfront sowie die Gauwirtschaftsberater der NSDAP versuchten, die Verteilung des Kuchens mit zu steuern und ihren Einfluss auszubauen. Reichsweit wurde die Wirtschaft auf einen neuen Krieg vorbereitet. Dies kam auch in der Ernennung von Hermann Göring zum Generalbevollmächtigten für den Vierjahresplan zum Ausdruck. In der straff gelenkten Wirtschaft sollten alle Reserven mobilisiert, alle Kräfte

„Ein Gewerbebetrieb ist auch dann als jüdisch anzusehen, wenn er tatsächlich unter dem beherrschenden Einfluss von Juden steht."

AUS DER „DRITTEN VERORDNUNG ZUM REICHSBÜRGERGESETZ", 1938

gebündelt werden. Das galt auch für die Verwertung jüdischer Vermögenswerte. Göring richtete im Wirtschaftsministerium eine Abteilung für *„Judenfragen"* ein. Die bisher aus Sicht des Regimes schon erfolgreich gewesene *„Ausschaltung"* der Juden aus dem Wirtschaftsleben wurde nun noch intensiver vorangetrieben.

Eine Gesetzes- und Verordnungsflut ebnete dazu den Weg: Im April 1938 wurden Juden in Deutschland und in der Ostmark, dem bisherigen Österreich, verpflichtet, sämtliche Vermögenswerte über 5000 Reichsmark bei den Finanzämtern anzumelden. Im November lag das Ergebnis vor: Demnach gehörten den Juden noch Werte von 7,123 Milliarden Reichsmark. Zwei Milliarden Reichsmark wurden österreichischen Juden zugerechnet. Fünf Jahre zuvor war das Vermögen der deutschen Juden noch auf 10 bis 12 Milliarden Reichsmark geschätzt worden. Bis 1938 hatte sich dieses Vermögen fast halbiert, es war jedoch erst ein Drittel der deutschen Juden ausgewandert.[81] Diese Zahlen weckten neue Begehrlichkeiten: Das Regime ging dazu über, die Juden und ihr Eigentum systematischer unter Kontrolle zu stellen und durch weitere diskriminierende Verordnungen abzusondern, aus allen Berufen zu verdrängen und sie auszuplündern, sobald sie Deutschland verlassen wollten. Ärzten wurde die Approbation entzogen, Rechtsanwälte verloren die letzten Möglichkeiten zur juristischen Beratungstätigkeit.

Die „Dritte Verordnung zum Reichsbürgergesetz" schrieb vor, dass nun Listen über Gewerbebetriebe jüdischer Inhaber oder Inhaberinnen angelegt werden mussten. Die Verordnung lieferte erstmals eine genaue rechtliche Definition dessen, was unter einem *„jüdischen Betrieb"* zu verstehen sei: Jüdisch war eine Firma, wenn der Inhaber oder die Inhaberin im Sinne des 1935 erlassenen Reichsbürgergesetzes als Jude bzw. Jüdin klassifiziert war, einer oder mehrere persönlich haftende Gesellschafter, der Geschäftsführer oder mindestens ein Mitglied des Aufsichtsrats Juden waren oder wenn mehr als ein Viertel des Kapitals Juden gehörte. Eine Generalklausel half, in allen Zweifelsfällen im Sinne des Staates zu entscheiden: *„Ein Gewerbebetrieb gilt auch dann als jüdisch, wenn er tatsächlich unter dem beherrschenden Einfluss von Juden steht."*[82]

Diffamierung der jüdischen Konkurrenz durch die Verwendung des Begriffs „deutscher Kaufmann".

Anfang 1938 wurden Verkäufe von Firmen jüdischer Inhaber in Baden der Zustimmung des Finanz- und Wirtschaftsministeriums unterworfen, ab Mitte des Jahres mussten Verträge auch der Industrie- und Handelskammer zur Prüfung vorgelegt werden. Der vom Ministerium als oberster Prüfer eingesetzte Jurist, Oberregierungsrat Johann Stöckinger, konnte Käufer oder den gesamten Verkauf ablehnen, eigene Interessenten vorschlagen und den zum Verkauf genötigten Juden zunehmend die Bedingungen von Firmenverkäufen diktieren. Die IHK hatte Gutachten abzugeben, die im Einklang mit den Weisungen aus Berlin standen und den vor Ort geltend gemachten Interessen der beteiligten Staats- und Parteistellen entsprachen. Nach dem Krieg beriefen sich in Restitutions- und Wiedergutmachungsverfahren beigezogene Gutachter der IHK allerdings auf die Neutralität ihrer damals erstatteten Gutachten, etwa wenn es um die Frage der Angemessenheit damals bezahlter Kaufpreise ging. Die Komplizenschaft der Täter hatte auch in Konstanz weit über das Ende des NS-Regimes hinaus Bestand.

Reichswirtschaftsminister Walter Funk versorgte als Nachfolger Hermann Görings in diesem Amt die Geschäftsführer und Juristen der Industrie- und Handelskammern, Parteistellen und Kommunalbehörden regelmäßig mit konkretisierenden Weisungen. So erfuhr das Präsidium der hiesigen IHK unter der Präsidentschaft des Radolfzeller Bürgermeisters Josef Löhle im Juli 1938, dass die Verordnung über die Anmeldung des Vermögens von Juden die Möglichkeit schaffe, *„den Einsatz dieses jüdischen Kapitals in der Wirtschaft erforderlichenfalls so zu lenken, dass er den Interessen des deutschen Volkes nicht entgegenläuft."*[83]

NS-Funktionäre und Kaufleute verstanden solche Aussagen als Aufforderung zur Einkaufstour: In der nun folgenden Zeit bis zur

Das stattliche Haus Marktstätte 17 mit der Hemdenmanufaktur Casewitz wurde 1936 „arisiert".

Deportation der badischen Juden und zur Beschlagnahme des zurückgelassenen Eigentums durch den Staat im Oktober 1940 häuften sich bei der Industrie- und Handelskammer Konstanz und bei anderen Stellen Anfragen interessierter Investoren aus dem ganzen Reichsgebiet. Im Januar 1939 fragte beispielsweise ein Dr. Peter, Rechtsberater der Deutschen Arbeitsfront in Konstanz, *„alter Parteigenosse, juristisch und volkswirtschaftlich vorgebildet"*, mit Kenntnissen in der chemisch-pharmazeutischen Branche, im Weinhandel und im Verlagsgeschäft, bei der IHK an, ob sich in Konstanz und Umgebung einige klein- oder mittelgewerbliche Unternehmen fänden, *„deren Arisierung noch zu vollziehen ist"*. Aus dem württembergischen Ebingen meldete sich der 30-jährige Hellmut Link und verkündete, er habe die Absicht ein zu arisierendes Geschäft, bevorzugt aus der Textilbranche, zu übernehmen, und er sei in der Lage, dafür 35 000 Reichsmark auszugeben.[84]

Mehr Erfolg als solche auswärtigen Interessenten, die als unliebsame Konkurrenz betrachtet wurden, hatten lokale Kaufinteressenten. Einige Beispiele:

Im Juli 1939 verkauften die bereits nach Madrid und Amsterdam emigrierten Erben des Optikers Louis Frank das Familienanwesen in der Kanzleistraße 19. Der Käufer Adolf Zimmermann aus Konstanz übernahm eine alte Grundschuld, die auf dem Haus lastete. Das Haus war vermietet, es erbrachte einen Mietrohertrag von jährlich 3600 Reichsmark. Das 20-Fache dieses Werts durfte als damals angemessener Verkehrswert einer Immobilie in dieser Lage angesetzt werden. Der Käufer bezahlte jedoch nur 31 700 Reichsmark.[85]

Recht günstig kamen auch der Konstanzer Zahnarzt Osterwalder und ein Oberamtmann namens Vogel aus Hilpoltstein in Bayern zum Geschäftshaus an der Marktstätte Nr. 17. Das linke der drei in Formen des Jugendstils errichteten Wohn- und Geschäftshäuser gehörte Berta Weil, geborene Casewitz. In der Mitte befand sich das Hemdengeschäft Leib, rechts das Herrenkonfektionshaus Lippmann. Im Dezember 1936 sah sich Frau Weil gezwungen, das 1913 von ihrem

Großvater erbaute Gebäude zu verkaufen. Sie erzielte für das viergeschossige Gebäude einen Kaufpreis von 55 000 Reichsmark – ein Preis, der unter dem damaligen Verkehrswert eines großen Miets- und Geschäftshauses mitten in der Einkaufsstadt lag. Berta Weil ließ eine alte Grundschuld löschen, sie erhielt eine Anzahlung, und daraufhin übertrug sie bereits das Eigentum an die beiden Käufer. Bald darauf richtete Osterwalder seine Praxis im Haus ein, bat jedoch um Aufschub der Zahlungen an das Notariat. Auch die Grunderwerbssteuer beglich er lange nicht und musste mehrfach gemahnt werden. Ob er der früheren Eigentümerin den vollen Kaufpreis je bezahlt hat, musste auch in einer nach dem Krieg abgegebenen Stellungnahme des Notariats offen bleiben. Berta Weil, deren Emigration in ein rettendes Land mehrfach gescheitert war, wurde am 22. Oktober 1940 nach Gurs deportiert. Dort starb sie bereits sechs Wochen später. 1956 versuchte ihre in Israel lebende Tochter Betty, Auskunft über die damaligen Vorgänge zu erhalten. Ob sie eine Rückabwicklung des Kaufes forderte oder im Zuge eines Wiedergutmachungsverfahrens entschädigt wurde, ist nach bisheriger Aktenlage noch ungeklärt. Die Erben der damaligen Käufer sind jedenfalls bis heute Eigentümer der schönen Immobilie in bester Innenstadtlage.[86]

Im Erdgeschoss des Turmhauses Rosgartenstraße 16 befand sich das 1938 „arisierte" Herren- und Damenkonfektionsgeschäft Spiegel & Wolf.

Auch eines der größten Textilgeschäfte der Stadt, das seit 1909 bestehende Konfektionshaus „Merkur" am Bodanplatz 2 ging als günstige Gelegenheit über den Tisch: Nachdem die Gewerbeerträge der Firma von 31 800 Reichsmark im Jahr 1931 auf 11 100 Reichsmark im Jahr 1935 gesunken waren, sahen sich, wie das baden-württembergische Landesamt für Wiedergutmachung 1960 feststellte, Hermann Simon und seine Schwägerin Anna Simon *„aus Verfolgungsgründen gezwungen"*, das Geschäft aufzugeben und zu emigrieren. Im Oktober 1935 verkauften sie die Firma, die vor 1933 jährlich

Helmut Spring, der „Arisieur" des Jahres 1936, inmitten seiner Mitarbeiter während einer Jubiläumsfeier in der Nachkriegszeit.

bis zu 450 000 Reichsmark Umsatz gemacht hatte, samt Warenlager und Inventar für 70 000 Reichsmark an den Kaufmann Max Bredl aus Ravensburg. Der verkaufte das Unternehmen im Jahr darauf an den damals 26-jährigen Konstanzer Kaufmann Helmut Spring, der es weiterführte. Nach dem Krieg wurden ein Rückerstattungsverfahren und ein Wiedergutmachungsverfahren durchgeführt. Die erhaltenen Unterlagen des Wiedergutmachungsverfahrens von 1960, das die Erben der Simons von Montevideo, Uruguay und New York aus angestrengt hatten, geben keine Auskunft darüber, ob der damalige Kaufvertrag für nichtig erklärt oder ob nachbezahlt wurde. Der aus dem Krieg zurückgekehrte Spring eröffnete jedenfalls 1947 ein Geschäft für Kindertextilien und ein Damenbekleidungshaus in der Rosgartenstraße. Als er das Rentenalter erreicht hatte, verkaufte Spring das Unternehmen 1974 an die Firma Bredl, von der er das *„arisierte"* Konfektionshaus „Merkur" 1936 übernommen hatte. Der einstige Nutznießer der *„Arisierung"* war in den jungen Jahren der Bundesrepublik unter anderem als Gründungsmitglied und Förderer des Konstanzer Reitclubs und als Mitbegründer des Lions-Clubs ein geachteter Bürger der Stadt.[87]

In *„arische"* Hände wurden jedoch nicht nur wertvolle Innenstadtgebäude und traditionsreiche Firmen überführt. Die Akten der zuständigen Restitutionskammer weisen auch Fälle auf, wie jenen, in dem es um eine größere Ackerfläche im Gebiet Eichbühl ging. In diesem Fall war es die Stadt selbst, die sich das Land des Eigentümers Moritz Rothschild unter den Nagel riss. Später teilte sie die Fläche in Parzellen auf, die sie teilweise als Baugrundstücke weiterverkaufte. Auch Spekulanten wie der Pergamentdarmfabrikant Josef Müller aus dem westfälischen Wiedenbrück, der dem jüdischen Altstoffhändler Jakob Haymann ein großes Areal im Bereich der heutigen Hochschule für Technik, Wirtschaft und Gestaltung abgekauft hatte, erzielte damit Veräußerungsgewinne, indem er Teilflächen weiterverkaufte. So erwarb beispielsweise ein kriegsinvalider Rentner von Josef Müller ein 5 Ar großes Stück Ackerland, das er einige Jahre später ebenfalls mit Gewinn als Bauland weiterverkaufte. 1949 musste der Rentner 200 Deutsche Mark als Veräußerungsgewinn an die früheren Eigentümer bezahlen. Den Erben der Familie Haymann dürfte das Geld keine Freude bereitet haben, war doch eine der Töchter, Hilda, zusammen mit ihrem Ehemann in einem Vernichtungslager in Polen vergast worden.[88]

Seltenes Alltagsrelikt jüdischen Lebens: Ein Mostkrug mit Davidstern, der die „Arisierung“ jüdischen Eigentums im Hegau überdauerte.

Im Frühjahr 1938 setzte sich auf Reichsebene eine neue Tendenz in der Verwertung jüdischen Eigentums durch: Gewerbebetriebe und Einzelhandelsgeschäfte sollten zum Schutz bestehender Betriebe nicht mehr auf jeden Fall in *„arische“* Hände überführt werden. Die Prüfinstanzen sollten nun vermehrt feststellen, ob am Erhalt des Unternehmens ein volkswirtschaftliches Interesse bestehe oder wegen der Überbesetzung bestimmter Branchen die Liquidation einer Firma vorzuziehen sei. Einzelhändler, die sich seit 1933 durch Übernahme unliebsamer jüdischer Konkurrenz bereichert hatten, wurden nun auch in Konstanz zu Wortführern der Forderung, die *„Arisierung“* abzuschließen. Als der Konstanzer Filialbetrieb des „Kaufhauses Wohlwert“ im Mai 1938 zum Verkauf stand, meldete sich die Bezirksuntergruppe Konstanz der Interessenvereinigung „Wirtschaftsgruppe Einzelhandel“ zu Wort. In einem Schreiben an Oberbürgermeister Albert Herrmann stellten Geschäftsführer Roderich Brodman, Inhaber des Glas- und Porzellangeschäfts Wittmann, und der Vorsit-

„Wir sind der Auffassung, dass die Arisierung der Firma Wolf & Co im Interesse des Konstanzer Käuferkreises liegt.“

STELLUNGNAHME DER STÄDTISCHEN KÄMMEREI, 1938

zende der Gruppe, Kaufmann Heinrich Margraf, fest, Konstanz sei in Einzelhandelsgeschäften aller Branchen *„stark übersetzt“*, vor allem seit die Schweizer Nachbarn als Kundschaft nahezu vollständig ausgefallen seien. Eine Gesundung des Einzelhandels könne nur erreicht werden, wenn *„die vorhandenen Geschäfte um ein bedeutendes Maß reduziert“* würden. Die Forderung der Händler lautete: *„Die nächstliegende Maßnahme ist, eine weitere Arisierung jüdischer Geschäfte unter keinen Umständen mehr zuzulassen.“* Zudem müssten die noch vorhandenen jüdischen Geschäfte *„verschwinden“*.

Der Appell erfuhr breite Unterstützung: Das Ansinnen wurde im Namen der Einzelhändler Altfeld-Branner, Boehringer-Knäble, Fritz Gruner, Jegglin & Kaltenbacher, Kornbeck, Franz Marschall, Martignoni, Johann Swars, Josef Sulger, Schulz & Co, Verleger Werner Stadler, Ernst Straub, Ulrich & Co., Xaver Wittmann, Arthur Zulla und Karl Treuz gestellt. Einige Zeit später erklärten Brodmann und Margraf Bürgermeister Leopold Mager auch noch mündlich, dem Einzelhandel dürfe durch *„eine arisierte Firma“* in *„arisierter Form“* keine Konkurrenz erwachsen. Auch NSDAP-Ratsherr und Einzelhändler Alfons Brachat sprang dem Handel bei: Er wetterte in einer Stellungnahme an das Stadtoberhaupt gegen Einheitspreisgeschäfte und Warenhäuser, die *„nach dem Programm des Führers“* keine Existenzberechtigung mehr hätten. Seine Forderung: *„Also bitte Unterstützung der Bemühungen des Einzelhandels.“* Schließlich machte sich sogar der Präsident der Industrie- und Handelskammer und Wirtschaftsberater der Partei, Bürgermeister Josef Löhle aus Radolfzell, das Anliegen zueigen. In einem Brief an das Badische Finanz- und Wirtschaftsministerium plädierte auch er dafür, das Geschäft Lipsky, Betreiber der Wohlwert-Filiale, *„eingehen“* zu lassen. Aber die Sache kam nicht recht voran, denn die Kaufleute Hugo Eisele aus Göppingen und Otto Bossert aus Eislingen hatten mit dem Inhaber von „Wohlwert“, Robert Lipsky, bereits einen Kaufvertrag abgeschlossen, auf dessen Genehmigung durch das Finanzministerium sie hofften. Als einige Monate später auch die *„Arisierung“* der Konfektionsgeschäfte Wolf & Co. und Spiegel & Wolf aktuell wurde, wurden weitere Einzelhändler aktiv: Helmut Spring und die Brüder Josef und Richard Holzherr, die vor 1933 das Herrenkonfektionsgeschäft von

Alfred Guggenheim übernommen hatten, plädierten nun bei Oberregierungsrat Stöckinger, dem die Genehmigung des geplanten Verkaufs an die beiden schwäbischen Kaufinteressenten oblag, nachdrücklich für die Liquidation.[89]

Oberbürgermeister Herrmann misstraute den Argumenten der Einzelhändler. Er beauftragte das städtische Rechnungsamt, eine genaue Aufstellung über Zahl und Umsätze der großen Einzelhandelsgeschäfte vorzulegen. Der Leiter des Amtes, Karl Hellstern, stellte fest, die Zahl der großen Geschäfte habe sich durch die in den zurückliegenden Jahren erfolgte *„Arisierung"* alteingesessener *„jüdischer"* Betriebe nicht vermehrt. Auch zeigten die Umsatzzahlen der Klage führenden Händler keine gravierenden Einbrüche. Schließlich wies Hellstern anhand der Gewerbesteuereinnahmen nach, dass die Firma Wolf & Co. noch immer den höchsten Gewinn aller Textilgeschäfte der Stadt erwirtschafte. Er empfahl: *„Wir sind der Auffassung, dass die Arisierung der Firma Wolf & Co. im Interesse des Konstanzer Käuferkreises und der Stadt Konstanz liegt. Wird die Arisierung abgelehnt, so hat dies zur Folge, dass ein recht ansehnlicher Steuerzahler für die Stadt Konstanz wieder verloren geht."* [90]

Dieser Auffassung schloss sich das Stadtoberhaupt an, die Stadtverwaltung plädierte für das Konzept des Übergangs jüdischen Firmeneigentums in *„arische"* Hände. Auf diese Weise wurde neben Wolf & Co. noch ein weiteres Unternehmen, das große Schuhver-

Werbegeschenk aus goldenen Zeiten: Schuhlöffel des Schuhhauses Haberer, Bodanstraße 22.

sandhaus Haberer an der Bodanstraße 26, wenige Wochen vor dem November-Pogrom *„arisiert"*. In den örtlichen Zeitungen war zu lesen, der Berliner Schuhfachmann Werner Küll und der an verschiedenen Arisierungsgeschäften in Konstanz beteiligte Investor Robert von Skene hätten Haberer übernommen.

Kurz danach war die Debatte um den freien Verkauf von Geschäften gegenstandslos geworden: Mit dem Gewaltausbruch während der reichsweiten Pogromnacht am 9. und 10. November 1938, der sich nicht nur gegen Synagogen, sondern auch gegen Geschäfte, Firmen und Wohnungen von Juden richtete, fand eine weitere Radikalisierung der antijüdischen Wirtschaftspolitik statt. Bereits drei Tage nach dem Pogrom wurden auf Weisung von Adolf Hitler die Maßnahmen gegen Juden vereinheitlicht und zentralisiert. Mehrere Verordnungen zielten nun auf die völlige Verdrängung der Juden aus der deutschen Gesellschaft. Zunächst wurde den Juden eine *„Sühneleistung"* auferlegt: Sie wurden verpflichtet, insgesamt eine Milliarde Reichsmark Schadenersatz für die an ihrem eigenen Eigen-

Die Bahnhofstraße heute: Außer einigen „Stolpersteinen" erinnert nichts mehr an die früheren Bewohner dieses einst jüdisch geprägten Quartiers.

tum entstandenen Schäden zu bezahlen. Findige Beamte des Reichsfinanzministeriums kamen auf die Idee, diese Sühneleistung in Form einer *„Judenvermögensabgabe“* von 25 Prozent des Vermögens jeder jüdischen Person zu erheben und die Summe in fünf Raten durch die Finanzämter einziehen zu lassen. Mit der Verordnung zur *„Ausschaltung der Juden aus dem deutschen Wirtschaftsleben“*, der folgenreichsten dieser Monate, wurde den Juden jede weitere berufliche Tätigkeit verboten. Auch der Besuch von Theatern, Museen, Kinos, Konzerten und Ausstellungen war ihnen künftig untersagt. Jüdische Kinder wurden vom Schulbesuch ausgeschlossen.

Im links sichtbaren „Judenhaus“ in der Döbelestraße wurden nach dem Pogrom 1938 mehrere jüdische Familien zwangsweise zusammengepfercht.

Mit Hilfe der *„Verordnung über den Einsatz jüdischen Vermögens“* verschaffte sich der Staat schließlich Zugriff zum Vermögen der Juden: Sie mussten alle Aktien und Wertpapiere bei einer Bank anmelden und einlagern. Außerdem war Juden der freie Verkauf von Edelmetallen verboten. Schmuck und Perlen mussten bei staatlich beauftragten Pfandleihern abgegeben werden. Der festgesetzte Tauschwert für Edelmetalle, der in Reichsmark ausbezahlt wurde, betrug nur etwa ein Sechstel des tatsächlichen Metallwerts. Zuletzt erging im April 1939 ein Gesetz über die Mietverhältnisse mit Juden, durch das jüdische Mieter jeden rechtlichen Schutz vor willkürlicher Kündigung verloren. Auch in Konstanz waren daraufhin mehrere Familien gezwungen, ihre bisherigen Wohnungen zu verlassen. In sogenannten *„Judenhäusern“*, etwa an der Döbelestraße und im jüdischen Gemeindehaus Sigismundstraße 19, kamen die Vertriebenen in sehr beengten Verhältnissen unter.

Die Fülle dieser Verordnungen und Gesetze bot nun reichsweit die Handhabe, die letzten Firmen in jüdischer Hand zu beliebigen Preisen zu übernehmen oder zu liquidieren. Diejenigen Konstanzer Kaufleute, die im November 1938 nach Dachau verschleppt worden waren, wurden mit der Auflage entlassen, ihre Firmen umgehend aufzulösen, Grundeigentum zu verkaufen und das Land zu verlassen. In Konstanz war nicht mehr viel aufzulösen, nur eine Handvoll Firmen war noch nicht *„arisiert“* oder liquidiert. Der Fahrradmechani-

Alltagsrelikte von Konstanzer Dachböden und aus aller Welt: Kleiderbügel, Brillenetui und Werbegeschenke von Einzelhandelsgeschäften jüdischer Kaufleute.

ker Siegfried Rothschild, um ein Beispiel zu nennen, kam Ende 1938 kahlgeschoren und abgemagert nach Hause zurück. Er trat seinen kleinen Handwerksbetrieb an einen Mitarbeiter ab und bereitete so schnell wie möglich für sich und seine Familie die Emigration vor.

Die Inhaber des „Damenkonfektionsgeschäfts Guido Freund" in der Rosgartenstraße 15, Familie Stern, hatten den Geschäftsbetrieb bereits 1934 einstellen müssen. Sie hatten das Haus an einen örtlichen Metzgermeister und an die Betreiber eines Geschäfts für Damenmode verpachtet, dann verließen sie Deutschland. Nach der Deportation der badischen Juden 1940 beschlagnahmte der badische Staat auch die Liegenschaft der Sterns. Im Dezember 1940 wurde das Anwesen zum Ausrufpreis von 35 000 Reichsmark an die bisherigen Pächter, die Kaufleute Graf-Möhrle, versteigert. Die offensichtlich fehlende Zustimmung der Eigentümer zu dieser Versteigerung wurde mit der Bemerkung vertuscht: *„Die Eigentümer konnten nicht gehört werden."*[91]

Ludwig Wolf, der offenbar bis zuletzt kämpferische Inhaber des schon genannten Konfektionshauses Spiegel & Wolf, versuchte noch im Frühjahr 1939 sein Familienvermögen zu retten: Vor dem örtlichen Notariat leitete er den Tausch des Grundstücks und seines Hauses in der Rosgartenstraße 12 gegen ein etwa wertgleiches Grundstück in Miami, USA, ein. Das amerikanische Grundstück gehörte bereits emigrierten Bekannten oder Familienangehörigen. Es gelang ihm sogar noch, eine Vormerkung zugunsten der amerikanischen Tauschpartner eintragen zu lassen und das Grundbuch damit für weitere Veränderungen zu sperren. Doch die Genehmigungsbehörden waren auf solche Rettungsversuche längst vorbereitet, das Tauschgeschäft wurde untersagt und Wolf vermutlich zur Löschung der Vormerkung gezwungen.

Da sein Geschäft nach dem Pogrom 1938 zwangsweise geschlossen worden war, hatte er die Räume an den Konstanzer Kürschnermeister Ernst Erndwein vermietet. Im Oktober 1940 wurde der 73-jährige Ludwig Wolf nach Gurs deportiert. Der badische Staat beschlagnahmte das repräsentative Wohn- und Geschäftshaus. Zwei Jahre später, 1942, wurde das Anwesen zum amtlich ermittelten, realen Verkehrswert von 115 000 Reichsmark an den bisherigen Mieter Ernst Erndwein verkauft. Der Handwerksmeister konnte seine Erwerbung bis 1947 nutzen, dann meldete sich eine tot geglaubte Stimme: Der hochbetagte Wolf war als einer von ganz wenigen Konstanzern der Deportation von Gurs in ein Vernichtungslager entronnen und in die USA geflohen. Von dort aus verlangte er sein Eigentum zurück. Erndwein weigerte sich, er machte geltend, er habe gutgläubig erworben, auch verlangte er erhebliche Renovierungskosten zurück. 1953 starb Ludwig Wolf 86-jährig in Waterloo, USA. Seine Kinder traten in den Prozess um das Haus in Konstanz ein. Schließlich einigten sich die Parteien nach einem längeren Rechtsstreit: Das Haus wurde rückübereignet, gegenseitige Forderungen wurden verrechnet. 1958 haben Ludwig Wolfs Erben den alten Familiensitz an einen anderen Konstanzer Kaufmann verkauft.[92]

Vom Bereicherungswettlauf der *„Arisierung“*, der 1933 eingesetzt hatte, profitierten neben den Käufern und dem Staat vielfach auch beteiligte Rechtsanwälte, Wirtschaftsprüfer, Steuerberater, Treuhänder, Makler und Sachverständige, die den Kaufinteressenten den sichersten Weg zum Schnäppchen wiesen und sich dafür entsprechend entlohnen ließen. Die Sprache, die sie in Schriftsätzen, Gutachten und Stellungnahmen wählten, belegt durchgängig, dass moralische Skrupel das Handeln dieser Mittäter nicht trübten. Die *„Entjudung der deutschen Wirtschaft“* wurde als nicht zu hinterfragendes politisches Ziel akzeptiert, sie bot ein reiches Betätigungsfeld und ein gutes Einkommen.[93]

Die hier aufgeführten Fallbeispiele und andere aktenmäßig belegte Fälle von *„Arisierung“* illustrieren, dass auch in Konstanz Stadtverwaltung, Parteistellen, Organisationen des Einzelhandels und der regionalen Wirtschaft den Raub jüdischen Eigentums zu keinem Zeitpunkt infrage stellten. Die enge persönliche Verbundenheit in der Kleinstadt und die Nähe der Schweiz mögen dazu beigetragen haben, dass Kaufinteressenten anfangs vor allzu brutalen Methoden der Übervorteilung und des direkten Drucks auf bedrängte jüdische Kaufleute zurückschreckten. In einigen Fällen verhielten sich Übernehmer auch fair, nicht zuletzt, weil ältere Beziehungen zu den zum Verkauf ihrer Firmen genötigten Inhabern bestanden. Doch mit der Radikalisierung der *„Entjudung“* der deutschen Wirtschaft, fielen auch im deutsch-schweizerischen Grenzgebiet die Hemmungen, wie das rücksichtlose Verhalten der organisierten Einzelhändler nach 1938 belegt. Die *„Arisierung“* wurde für manchen kleinen Kaufmann zum Geschäft seines Lebens, in einigen Fällen sogar über die Restitutionsverfahren der Nachkriegszeit hinaus. Viele, denen sich eine Chance bot, griffen zu, weil es erlaubt und politisch erwünscht war.

Nahm die Bevölkerung den jahrelangen Raubzug gegen jüdische Geschäftsleute und Nachbarn hin, oder kam es zu Akten der

„Entjudete Marktstätte“: Bis 1939 waren die meisten der hier ansässigen Geschäfte jüdischer Kaufleute und ihr Grundeigentum überwiegend zwangsweise in nicht-jüdische Hände übergegangen.

Resistenz? Einige wenige Einzelhändler, etwa die Familien Hepp (Optiker) und Zwicker (Herrenausstatter), weigerten sich nach der Erinnerung überlebender Juden, die ab 1933 verteilten Schilder *„Arisches Geschäft“* in ihre Schaufenster zu stellen. Das hatte Folgen: Die Brüder Hepp wurden in anderem Zusammenhang wegen ihrer reservierten Haltung gegenüber dem NS-Regime gemeinsam mit anderen Bürgern in einem Schandmarsch durch die Stadt geführt.

Zeichen der Widersetzlichkeit gegen den angeordneten Boykott zeigten auch zahlreiche Kunden jüdischer Kaufleute, beispielsweise durch fortdauerndes heimliches Einkaufen in den Geschäften, die niemand mehr betreten sollte. Wenn Geschäfte liquidieren mussten, übernahmen da und dort Angestellte gegen faire Bezahlung Teile des Lagers. In Gaststätten fielen kritische Bemerkungen, und es wurden Witze gerissen – mit üblen Folgen für Kritiker und Humoristen, wenn sie denunziert wurden. Stimmen, auf die gehört worden wäre, etwa aus der Justiz oder aus den Kirchen, wurden nicht laut. Willfährig übernahmen etwa die Amtsgerichte die rassistische Terminologie der Staatsführung und sprachen in zivilrechtlichen Streitfällen, etwa bei ausstehenden Zahlungen an jüdische Kaufleute, früh nationalsozialistisch gefärbte Urteile zum Nachteil von jüdischen Klägern oder Beklagten.[94]

Für die Mehrheit der jungen Deutschen bedeutete, wie Götz Aly in seiner Studie „Hitlers Volksstaat“ formuliert hat, *„der Nationalsozialismus nicht Diktatur, Redeverbot und Unterdrückung, sondern Freiheit und Abenteuer.“* Hitler erschien in dieser Perspektive nicht als unerbittlicher Ausgrenzer der Juden, Sozialdemokraten und Kommunisten, sondern als bedeutender Integrator, der das Land befriedete, sein internationales Ansehen wiederherstellte, für Arbeit und soziale Sicherheit sorgte und den Unter- und Mittelschichten zahlreiche Aufstiegschancen ermöglichte. Die Ausstoßung der Juden aus der *„Volksgemeinschaft“* und ihre wirtschaftliche Ausplünderung wurde im Kontext einer seit 1918 zunehmenden antisemitischen Stimmung als ein Akt später Gerechtigkeit gegen die jüdischen *„Volksschädlinge“* empfunden. *„Das System war zum allgemeinen deutschen Vorteil ausgelegt“*, bilanziert Aly, denn am Ende hätten sich Millionen deutscher *„Herrenmenschen“* Anteile des geraubten Gutes der deutschen und europäischen Juden in die Tasche gesteckt.

In ihrer Schärfe mag Alys Schlussfolgerung, *„der Holocaust bleibt unverstanden, sofern er nicht als der konsequenteste Massenraubmord der modernen Geschichte analysiert wird“*, für Konstanz nicht ganz zutreffend sein: Der Mehrzahl der rund 450 alteingesessenen jüdischen Bürger, die 1933 noch in Konstanz lebten, gelang es, vor der Deportation ein rettendes Auswanderungsziel zu erreichen. Sie überlebten, doch sie hatten ihre Heimat und alles verloren, was ihre Familien in zwei Generationen aufgebaut hatten. Einige, die damals nach Frankreich, Belgien oder nach Holland flüchteten, gerieten während des Krieges doch noch in die Fänge des nationalsozialistischen Verfolgungsapparats und kamen ums Leben. Die meisten der 112 Konstanzer Juden, die im Oktober 1940 deportiert wurden, und die letzten acht Zurückgebliebenen, die 1942 abgeholt wurden, überlebten das NS-Regime nicht: Etwa 90 Konstanzer Juden starben in Lagern oder wurden ermordet.[95]

Boykott-Parolen wie sie bis 1938 in Konstanz verwendet wurden, denn treue Stammkunden kauften noch immer heimlich bei jüdischen Händlern ein.

Bald ist das Land von Juden rein
Kaufst du im deutschen Laden ein!

„WER KONNTE, GING FORT!": DIE EMIGRATION

Wie die hier dargestellten Einzelfälle *„arisierter"* Betriebe zeigen, entschlossen sich etliche Konstanzer Juden erst relativ spät zur Aufgabe ihrer Existenz und zur Emigration. Junge Auswanderer, wie der später weltberühmt gewordene Wasserbau-Ingenieur Leo Picard, der Deutschland bereits 1924 wegen zunehmender antisemitischer Angriffe verlassen hatte, oder der in der SPD aktiv gewesene Otto Leib, der 1932 ins Ausland ging und schließlich in die USA emigrierte, blieben die Ausnahme. Nach den ersten Boykottmaßnahmen verließen vor allem politisch Verfolgte, zionistisch eingestellte Juden und solche Deutschland, die bereits früh aus ihren Berufen gedrängt worden waren. Die Mehrheit blieb, auch am Bodensee, und hoffte auf bessere Verhältnisse.

Heute erleben wir, dass unser Land zum Fluchtziel von Menschen wird, die vor Terror, religiöser oder politischer Verfolgung oder vor existenzieller Not fliehen. In alltäglichen Äußerungen, etwa in der pauschalen Bezeichnung der Fliehenden als *„Wirtschaftsflüchtlinge"*, offenbart sich, wie schwer es auch heute wohlgenährten und rechtssicher lebenden Menschen fällt, die Dimensionen einer Emigration zu verstehen. Auch die jüdischen Deutschen, die das Land nach 1933 verließen, tauschten sozialen Status, berufliche Exis-

Mit Musik in ein neues Leben: Das „Jordan Valley Orchestra" in Palästina, dem unter anderem der Konstanzer Ernst Thanhauser angehörte.

Letzter Gruß: Anne Fürst verlässt Konstanz im Sommer 1939 Richtung Enland.

Margot Dreyfuss, Mitte rechts auf dem Bahnhof Weinfelden, gehörte zu den 300 deutsch-jüdischen Kindern, die 1939 in der Schweiz aufgenommen wurden.

tenz, Alterssicherung, sprachliche Heimat und kulturelle Identität gegen ein Leben in völliger Ungewissheit ein. Der nationalsozialistische Staat verstärkte diese Ungewissheit durch seine lange widersprüchliche Haltung: Einerseits forcierte er die Vertreibung der Juden, andererseits errichtete er bürokratische Hürden und nahm den Fluchtwilligen nahezu alles ab, was sie zu einem Neuanfang in einem anderen Land gebraucht hätten.

Diese Tatsache erschwerte die Chance zur Auswanderung, denn kaum ein Land der Welt hatte Interesse daran, mittellose Flüchtlinge bei sich aufzunehmen. Von 1933 bis Kriegsbeginn 1939 wanderten schätzungsweise 300 000 Juden aus Deutschland aus. Zwischen 1934 und 1937 verließen jährlich bis zu 25 000 Juden das Land. Unter dem Eindruck zunehmender Repressionen stiegen die Zahlen bis 1938 an, direkt nach dem November-Pogrom setzte eine Massenflucht ein. Danach lautete das Motto *„Wer kann, geht fort!“*.

Konstanz hatte nach 1933 zunächst sogar eine jüdische Zuwanderung erfahren: Vor allem aus kleineren Dörfern und Städten zogen 328 Juden nach Konstanz, vermutlich in der Hoffnung, in der grenznah gelegenen Stadt vor Verfolgungen etwas sicherer zu sein. Bis 1940 wanderten von den inzwischen 771 in Konstanz lebenden oder sich seit kurzem dort aufhaltenden Juden insgesamt 385 aus, zahlreiche ältere Menschen starben, einige nahmen sich das Leben,

Neuanfang im Nichts: Der Konstanzer Eugen Löwinstein packt in der Wüste von Palästina im neu gegründeten Kibbuz Alonim mit an.

etliche verließen Konstanz, um anderswo Unterschlupf zu finden. Im Oktober 1940 befanden sich noch 120 Juden in der Stadt. 112 von ihnen wurden 1940 deportiert, acht Ältere und Kranke zwei Jahre später.[96]

Für den Staat war die Auswanderung ein lukratives Geschäft: Die zur Verhinderung von Kapitalflucht 1931 eingeführte *„Reichsfluchtsteuer“* wurde nun zum Instrument staatlicher Bereicherung: Bevor eine jüdische Person Deutschland verlassen durfte, zogen die örtlichen Finanzämter 25 Prozent des Vermögens ein, berechnet nach dem Steuerbescheid von 1935. Nach späteren Schätzungen verdiente das Deutsche Reich allein über diese Steuer 939 Millionen Reichsmark.[97] Auch die Mitnahme des Umzugsguts unterlag einer gesonderten Besteuerung, es wurden teils hohe Ausgleichszahlungen verlangt. Nach 1938 kamen schließlich noch die Forderungen der *„Judenvermögensabgabe“* hinzu. Doch nicht nur das Herkunftsland belastete die Kasse von Auswanderungswilligen. Aus Sorge vor mittellosen Zuwanderern verlangten die meisten Einreiseländer teils erhebliche Sicherheitsleistungen, die meist in US-Dollar auf Sperrkonten des Einreiselandes hinterlegt werden mussten. Die USA forderten zudem Unterstützungsgarantien durch inländische Bürgen. Emigrationswillige, die dort keine Verwandten hatten oder keine hilfswilligen Freunde fanden, hatten kaum eine Chance, in die USA zu gelangen.

Ankunft New York: Ein Lastwagen mit den in einem „Lift" verstauten Habseligkeiten der Konstanzer Familie Guggenheim im Hinterhof der neuen Bleibe.

Briefe aus dieser Zeit lassen ahnen, welche Ängste zur Emigration genötigte Menschen ausstanden. Oft hatten sie ihr Erspartes an zwielichtige Auswanderungsagenturen überwiesen, erhielten aber gleichwohl keine Visa und Schiffspassagen. Auch wurden Einreisebestimmungen immer wieder nachträglich verschärft oder höhere Sicherheitsleistungen gefordert (siehe hierzu das Porträt Hilb-Oberdorfer). Das Umzugsgut musste in sogenannte *„Lifts"* verpackt und über Speditionen in Überseehäfen so lange eingelagert werden, bis alle Forderungen beglichen, alle Formalitäten erledigt und eine Schiffspassage ergattert war. Die örtlichen Speditionen machten mit der Emigration glänzende Geschäfte. Eine an die Familie Levinger gerichtete Rechnung der Konstanzer Spedition C. Gruner vom März 1939 zeigt anschaulich, welche finanzielle Belastungen die Auswanderung mit sich brachte: Für das reisegerechte Verpacken des Hausrats in einen *„Lift"*, Lagerung in Konstanz, Transport in den Freihafen nach Hamburg und für weitere Dienstleistungen berechnete die Firma Gruner 2160,60 Reichsmark. Weitere 1700 Reichsmark sollte der Transport nach Haifa kosten.[98] Ein mittelständischer, nicht-jüdischer Einzelhändler in Konstanz erwirtschaftete zu dieser Zeit für sich als Geschäftsführer ein Monatseinkommen von ca. 400 Reichsmark: So wird deutlich, wie teuer und risikoreich die Auswanderung war, vor allem, weil bereits bezahlte Schiffspassagen, Sicherheitsleistungen oder Visa-Gebühren jederzeit verfallen konnten, sobald sich die Einreisepolitik des avisierten Fluchtlandes änderte. Im Rücken die Verfolgungen des NS-Staates, vor sich nichts als Ungewissheit, lebten die angehenden Emigranten in ständiger Sorge. Die in Wangen am Bodensee aufgewachsene Hannelore König erinnerte sich später an die vielen vergeblichen Hoffnungen und Überlegungen: *„Die Eltern waren voller Sorgen. Also wohin jetzt? Nach Belgien oder nach Finnland? Oder in die Mandschurei, das stand auch zur Wahl, und was für wahnsinnige Gegenden noch!"*[99]

Die aus Konstanz Emigrierten waren in aller Welt zu finden: Anfangs suchten einige Konstanzer in Frankreich, Holland, Belgien und in der Schweiz Zuflucht. Wer sich früh zur Auswanderung entschieden hatte, gelangte in die USA, nach Kanada, Australien oder nach England. Etliche Familien wanderten nach Palästina aus, andere fanden Möglichkeiten, nach Argentinien, Chile, Kuba oder Uruguay zu reisen. Auch in Nord- und Südafrika und in Indien ließen sich einige Familien nieder.[100] Im Sommer 1938, als die NS-Regierung den Druck auf die Juden verschärfte und zudem Tausende österreichische Juden nach dem *„Anschluss"* Österreichs an das Deutsche Reich nach sicheren Fluchtländern suchten, fand im französischen Ort Évian-les-Bains am Genfer See auf Initiative des US-amerikanischen Präsidenten Franklin D. Roosevelt eine internationale Konferenz über das jüdische Flüchtlingsproblem und die weltweiten Emigrationsquoten statt. Der Jüdische Weltkongress appellierte an die Teilnehmer aus 32 Nationen, *„die Rechtsgleichheit der Juden in allen Ländern neu zu bekräftigen"* und sich bei der deutschen Regierung dafür einzusetzen, dass jüdische Emigranten ihr Vermögen möglichst ungeschmälert mitnehmen dürften.[101] Der Appell verhallte ungehört, denn die Versammlung hatte kurz vor der Münchener Konferenz, die zur Preisgabe der Tschechoslowakei durch die Westmächte führen soll-

Erinnerungen an die verlorene Heimat: Bea Muhlfelder-Bravmann, Tochter des Konstanzer Kantors Jacob Bravmann, bewahrt bis heute Kinderbuch, Küchengerät ihrer Mutter und Schlüssel aus der Konstanzer Wohnung auf.

te, kein Interesse, Hitler-Deutschland zu provozieren. Die Delegierten der „Reichsvertretung der Juden in Deutschland“ bekamen sogar nur vier Minuten Redezeit, um ihr Anliegen vorzubringen. Dagegen brüsteten sich die Vertreter der USA, Englands, Frankreichs und der Schweiz, wie viel sie in den zurückliegenden Jahren angeblich schon für die jüdischen Flüchtlinge geleistet hätten. Dr. Heinrich Rothmund, Chef der Eidgenössischen Fremdenpolizei, verkündete, die Schweiz als angeblich bewährtes *„Transitland“* bemühe sich sehr, diesen *„unglücklichen Fremden zu Hilfe zu kommen“*. Noch nie habe sein Land *„einen Menschen Hungers sterben lassen“*, aber die Bereitschaft zur Hilfe habe auch Grenzen: *„Die Hilfsmittel sind beschränkt“*, klagte Rothmund. Deshalb sei es für die Schweiz unerlässlich, *„den Zustrom von Ausländern aufs strengste zu kontrollieren.“*.[102] Dass zur selben Zeit Verhandlungen der Eidgenossenschaft mit dem Deutschen Reich über die Kennzeichnungspflicht der Ausweispapiere jüdischer Deutscher und Österreicher mit einem *„J“*-Eindruck geführt wurden, verschwieg der oberste Fremdenpolizist der Eidgenossenschaft in Évian.

Die Konferenz scheiterte: Übereinstimmend erklärten die großen Industrienationen und die kleine Schweiz, ihre Kontingente zur Aufnahme weiterer Flüchtlingsströme seien erschöpft. Mit Blick auf die Ausraubungspolitik des Deutschen Reichs sagte der englische Delegationschef Lord Winterton: *„Von keinem dicht bevölkerten Lande kann erwartet werden, Personen aufzunehmen, die der Mittel zu (ihrer) Erhaltung beraubt werden, bevor sie einzureisen fähig sind.“*[103] Nach Auffassung der reichen Industrienationen sollten vor allem Länder, die weniger dicht bevölkert seien, Flüchtlinge aufnehmen. Schweden, Paraguay, Costa Rica, Honduras, Panama und Nicaragua erklärten sich dazu bereit. In Deutschland höhnte die NS-Presse, die im Scheitern der Konferenz eine Bestätigung der antijüdischen deutschen Politik sah: *„Juden preiswert abzugeben – wer will sie? Niemand?“*[104] Vier Monate später brannten die deutschen Synagogen, Tausende deutscher und österreichischer Juden suchten verzweifelt nach einem Land, in das sie sich retten konnten.

Margot Dreyfuss mit ihrer Pflegefamilie, aufgenommen im März 1939 in Luzern.

Berta und Heinrich Löwenstein in ihren letzten Jahren in Konstanz.

EMIGRATION IN ETAPPEN:
FAMILIE LÖWENSTEIN

Heinrich und Berta Löwenstein erkannten früh, dass sie und ihre beiden Söhne Walter und Kurt in Deutschland keine Zukunft mehr haben würden. Als Walter die Zeppelin-Oberrealschule abgeschlossen hatte, schickten die Eltern ihren Ältesten 1934 zur Berufsausbildung nach Frankreich. Welchen Beruf er dort erlernte, ist nicht bekannt. Sein zwei Jahre jüngerer Bruder Kurt absolvierte nach dem Schulbesuch in der Möbelfabrik von Hans Hahn in Fürth eine Lehre zum Schreiner. Danach war er kurz in der Metallwarenfabrik in Esslingen tätig.

Zu diesem Zeitpunkt bezog Vater Heinrich bereits öffentliche Fürsorgeunterstützung. Seinen Beruf als Viehhändler, den er seit 1912 gemeinsam mit einem Kompagnon von Konstanz aus im Bodenseeraum ausgeübt hatte, konnte er kaum mehr fortführen, denn seit 1933 machten landwirtschaftliche Verbände und nicht-jüdische Konkurrenten öffentlich Druck auf die jüdischen Viehhändler, um sie als Konkurrenten auszuschalten. In der „Bodensee Rundschau“ und

Kurt und Walter Löwenstein als Schüler der Zeppelin-Oberrealschule.

in anderen Tageszeitungen im Südwesten hetzerisch dargestellte, angebliche Fälle von Übervorteilung von Bauern durch jüdische Viehhändler und entsprechende Appelle, mit Juden keinen Viehhandel mehr zu treiben, ruinierten deren Geschäfte. Schon 1934 hatten Heinrich und Berta Löwenstein eine kleinere Wohnung bezogen und damit begonnen, ihre Habseligkeiten zu verkaufen.

Denn die Eltern Löwenstein betrieben nun mit aller Kraft die Auswanderung ihrer beiden Söhne. Den Anfang machte der damals 22-jährige Walter. Er lebte zu dieser Zeit in Paris. Dort erhielt er die Ausreisedokumente. Mit dem Dampfer „Formose" brach er von Le Havre nach Argentinien auf. Doch drei Monate nach seiner Ankunft starb Walter Löwenstein vermutlich an den Folgen einer während der Reise nicht ausreichend behandelten Gallenblasenerkrankung. Er wurde auf dem jüdischen Friedhof von Buenos Aires beerdigt.

Wenige Tage nach dem Tod seines Bruders trat der 20-jährige Kurt von Amsterdam aus an Bord des Schiffes „Alpherat" die Reise nach Argentinien an. In Buenos Aires fand er Arbeit als Reisevertreter. Sobald er über ein festes Einkommen verfügte und die geforderten Bürgschaften nachweisen konnte, unternahm er alles, um seine Eltern nachkommen zu lassen. Doch im Juli 1938 sperrte Argentinien vorübergehend die Zuwanderung von Juden. Die Betroffenen erfuhren von diesem Geheimerlass nichts. Erst 2005 wurde das sogenannte *„Circular Nro. 11"* in Argentinien bekannt. So blieben Kurt Löwensteins Bemühungen, Einreisegenehmigungen für seine Eltern zu erhalten, lange Zeit erfolglos. Im November 1938 wurde der damals 57-jährige Heinrich Löwenstein während des Pogroms in Konstanz festgenommen und mehrere Wochen lang im KZ Dachau inhaftiert. Nun wurde die Ausreise der Eltern zu einer Frage des Überlebens. Kurt wies erneut nach, dass er für den Lebensunterhalt seiner Eltern würde aufkommen können, auch pries er die landwirtschaftlichen Kenntnisse seines Vaters an. Kurz nach Kriegsbeginn genehmigte die argentinische Ausländerbehörde endlich die Einreise der Eltern Löwenstein. Zurück blieb die gemeinsam mit ihrem geistig behinderten Sohn Karl, einem Onkel von Kurt, im jüdischen Altersheim in Laupheim lebende Großmutter Lina Guggenheimer. Sie starb dort 1941, ihr Sohn wurde 1941 vermutlich nach Riga deportiert und dort ermordet.

Grausame Ironie des Schicksals: Gegen Kriegsende, als Argentinien aufseiten der Alliierten in den Krieg eintrat, wurden die Löwensteins als feindliche Deutsche unter behördliche Aufsicht gestellt. Heinrich Löwenstein starb 1955, seine Frau Berta 1965 in Buenos Aires. Kurt verheiratete sich dort 1954 mit der aus Breslau stammenden Renate Grünberg, ein deutscher Rabbiner traute sie. Sie bekamen zwei Kinder, Miguel Enrique und Liliana. Ihr Vater Kurt starb schon 1969 im Alter von 53 Jahren. Auch Miguel wurde nur 47 Jahre alt. Liliana lebt heute in Buenos Aires. Sie ist als Dolmetscherin und Mitarbeiterin des Kulturreferats an der Deutschen Botschaft tätig und hütet die Zeugnisse der Flucht aus Deutschland und des Neubeginns ihrer Familie in Argentinien.

TE

Kurt Löwenstein vor seinem ersten Auto in Buenos Aires.

DIE RETTENDE SCHWEIZ?

Nach dem Boykott gegen Einzelhandelsgeschäfte und Firmen jüdischer Inhaber am 1. April 1933 richtete manche jüdische Familie den Blick auf die nahe Staatsgrenze, und die Hoffnung keimte, in der freien Schweiz eine neue Heimat zu finden. Einige jüdische Konstanzer Kaufmannsfamilien hatten seit dem Ende des 19. Jahrhunderts schon Zweigstellen und Niederlassungen ihrer Geschäfte in der Schweizer Nachbarschaft gegründet. Im Jahr 1932 lebten rund 80 Juden dauerhaft in Kreuzlingen, sie machten ein Prozent der Gesamtbevölkerung aus. Bis 1939 wuchs die Zahl vorübergehend auf 116 jüdische Einwohner an, sank aber wegen des auf die Zugezogenen ausgeübten Drucks zur Auswanderung bis Kriegsende stark ab: Die Schweiz war kein rettender Hafen für Flüchtlinge.

In religiöser Hinsicht gehörten die Kreuzlinger Juden zur Konstanzer Jüdischen Gemeinde, doch politisch fühlten sie sich der Schweiz zugehörig. Nach Beginn der nationalsozialistischen Herrschaft verlagerte die bedrängte Konstanzer Gemeinde ihre Aktivitäten verstärkt nach Kreuzlingen, auch wurden aus den Steuerzahlungen der Konstanzer Gemeindemitglieder Rückstellungen gebildet, um emigrierende Mitglieder von der Schweiz aus unterstützen zu können. Im August 1939 wurde die Israelitische Gemeinde Kreuzlingen als jüngste der 24 selbständigen jüdischen Gemeinden in der Schweiz formell gegründet. Im selben Jahr wurde der schon 1935 angelegte eigene Friedhof nahe der katholischen Wallfahrtskirche

Vor einigen Jahren aufgenommener Blick in den Betsaal der 1939 gegründeten jüdischen Gemeinde Kreuzlingen.

Bernrain offiziell eröffnet. Dort ließen sich zunehmend in Konstanz verstorbene Gemeindemitglieder bestatten.

Einige in Kreuzlingen niedergelassene Firmen, wie etwa die Gardinenfabrik „Veit & Co.", hatten sich nach dem Ersten Weltkrieg zu bedeutenden Arbeitgebern entwickelt. Doch selbst langjährig in Kreuzlingen mit Aufenthaltsbewilligung ansässigen Familien war es bis 1933 nicht gelungen, die Schweizer Staatsbürgerschaft zu erlangen. Seit dem Ersten Weltkrieg hatte die Angst vor *„Überfremdung"* die Schweizer Öffentlichkeit beherrscht. Rechtsbürgerliche und antisemitische Kreise schürten in ihren Zeitungen die Angst vor wirtschaftlicher Konkurrenz und vor *„wesensfremden Elementen"*, womit die Juden gemeint waren. Die Inhaber von Konstanzer Filialbetrieben konnten, sofern ihre Firmen florierten, nach 1933 immerhin darauf hoffen, in der schweizerischen Nachbarstadt eine zeitlich befristete Aufenthaltsbewilligung zu erhalten. Die wenigen *„Toleranzbewilligungen"*, die neu Zugezogenen erteilt wurden, waren mit der Auflage verbunden, keiner Berufstätigkeit nachzugehen. Die meisten Anträge auf Aufenthaltsbewilligung wurden in den Jahren nach 1933 jedoch regelmäßig mit dem Hinweis auf die Gefahr der *„Überfremdung"* und auf die Überlastung des Schweizer Arbeitsmarktes abgelehnt. Die politischen Verhältnisse in Deutschland, so heißt es in einem Ablehnungsschreiben des Kreuzlinger Gemeinderats vom 17. Mai 1933, könnten *„nicht als Begründung für die Einreise nach der Schweiz anerkannt werden"*.[105]

Antisemitismus im Schweizer Satireblatt „Nebelspalter": Krummnasige jüdische Flüchtlinge wollen den Bürgermeister schmieren, um Schweizer zu werden.

Vor allem jüngeren Männern und Frauen wurde zur Auflage gemacht, nach einem kurzen Zwischenaufenthalt in andere Emigrationsländer auszureisen. Ausnahmen gab es bei Älteren oder bei ausgesprochen wohlhabenden Familien. Wer bleiben wollte, musste ein in die Schweiz transferiertes oder dort verfügbares Mindestvermögen von 200 000 Schweizer Franken nachweisen. Mehrfach rühmten sich Spitzenbeamte und Regierungsmitglieder des Kantons jedoch, dass der Thurgau keine jüdischen Flüchtlinge dulde. Als das Deutsche Reich 1941 allen Juden die Staatsbürgerschaft entzog, wurde der Aufenthaltsstatus der nun *„schriften- und staatenlos“* gewordenen jüdischen Einwohner noch prekärer, zumal die Schweiz nicht von ihrer restriktiven Regelung der Flüchtlingsfrage abwich: Bis zum Sommer 1944, als die Vernichtungslager in Polen den größten Teil ihrer Mordarbeit verrichtet hatten und Detailkenntnisse über das Vernichtungsprogramm längst in den Staatskanzleien der westlichen Welt kursierten, anerkannte die Schweiz Juden nicht als Flüchtlinge. Bis 1944 erließ der Thurgau nur 81 Toleranzbewilligungen für jüdische Emigranten und Flüchtlinge. Selbst drastische Hinweise auf das drohende Deportationsschicksal von Angehörigen bewirkten beim Kreuzlinger Gemeinderat auch 1942 noch keine Änderung der Verwaltungspraxis, obwohl in den Schweizer Zeitungen zu diesem Zeitpunkt längst Details über Massenexekutionen von Juden publiziert worden waren. In einem Fall gestattete der Gemeinderat zwar die Einreise der Mutter einer bereits in Kreuzlingen lebenden Jüdin, verlangte aber die im Kriegsjahr 1942 unmöglich aufzubringende Kaution von 10 000 Franken.[106]

Mit ihrer flüchtlingsfeindlichen Haltung stand die Schweizer Regierung nicht allein: Schon während der internationalen Flüchtlings-Konferenz in Évian im Juli 1938 war deutlich geworden, dass es den großen Staaten der westlichen Welt weniger um das Schicksal der Verfolgten, als vielmehr um die Gefährdung der eigenen Länder durch die Massenvertreibung gegangen war.[107]

Nachkriegsberechnungen zufolge hatten beispielsweise die USA zwischen 1933 und 1945 rund 250 000 jüdische Flüchtlinge aufgenommen. Die nur vier Millionen Einwohner zählende, von kriegführenden Mächten umschlossene Schweiz hatte zeitweise immerhin 29 000 jüdische Flüchtlinge und insgesamt rund 55 000 erwachsene Zivilflüchtlinge beherbergt. Nach Berechnungen der unabhängigen Bergier-Kommission, die das Verhalten der Schweiz während der Jahre 1933 bis 1945 im Auftrag des Parlaments untersuchte, wehrte die Schweiz in diesem Zeitraum allerdings auch etwa 25 000 zivile

Reste des 1940 errichteten Grenzzauns am sogenannten „Saubach". Aufnahme kurz vor Bau des heutigen Zollhofs und der Grenzbachtrasse.

Flüchtlinge ab, die über die Grenze geflohen waren. Vermehrt waren die Grenzbehörden dazu übergegangen, Aufgegriffene an die deutschen Behörden zu übergeben und sie dadurch dem sicheren Tod auszuliefern.[108]

Die schon 1933 erkennbare Abwehrhaltung der Schweiz schreckte die Flüchtenden nicht: Mit dem Machtantritt der Nationalsozialisten waren Hunderte Sozialdemokraten, Kommunisten, Gewerkschafter, Journalisten, missliebige Schriftsteller und jüdische Verfolgte an den Bodensee geflohen, um entlang der grünen Grenze bei Schaffhausen, im Hegau, auf der Höri oder bei Konstanz in die vermeintlich rettende Schweiz zu gelangen. Sie trafen dort auf hilfsbereite Unterstützer: Die Konstanzer Buchhändler Fritz Scheffelt, Mathilde und Sepp Neser dienten mit ihrer „Bücherstube am See" als Anlaufstelle für Flüchtlinge aus dem ganzen Reich. Von dort aus wurden sie über die Grenze gebracht. Der jüdische Kaufmann Ludwig Ottenheimer nahm nach dem *„Anschluss"* Österreichs an das Deutsche Reich im Frühjahr 1938 Flüchtlinge zunächst bei sich zu Hause auf, verpflegte sie und führte sie in harmlos wirkenden *„Spaziergängen"* an den sogenannten Saubach, der die Schweizer Grenze markiert. Mit einem kühnen Sprung oder wenigen Schritten durch das seichte Wasser konnten die Flüchtenden Schweizer Boden erreichen. Im Jahr darauf wurde auf Betreiben deutscher und Schweizer Stellen zur Abwehr von Flüchtenden und gegen das Eindringen von Spionen ein drei Meter hoher, stacheldrahtbewehrter Zaun errichtet, der die Flucht in die Schweiz in Konstanz extrem erschwerte.

Im Frühjahr 1938 war es jedoch noch offizielle Politik des Reiches, möglichst viele Juden zur Auswanderung zu bewegen. So wurde Ottenheimer aufgefordert, mit der Gestapo zu kooperieren. Sie führte ihm Fluchtwillige nun direkt zu und organisierte deren Transfer über die Grenze mit angemieteten Taxi-Fahrzeugen.[109] Neben dieser *„amtlichen"* Fluchthilfe engagierten sich einige Konstanzer Polizei- und Gestapo-Beamte auch jenseits ihrer Dienstpflichten: Einen aus Dachau entflohenen jüdischen Häftling beförderte der örtliche Gestapo-Leiter Jakob Weyrauch gemeinsam mit einem Mitarbeiter im Beiwagen des Dienstmotorrads an die grüne Grenze. Dass ausschließlich humanitäre Motive den Ausschlag für dieses Verhalten gegeben haben, dürfte jedoch fraglich sein: Die Beamten handelten wohl auch in diesen Einzelfällen in Übereinstimmung mit den Weisungen ihrer Vorgesetzten. Erst nach diplomatischen Protesten der Schweiz änderte das Deutsche Reiche 1939 seine Strategie und gab die organisierte Fluchthilfe auf. Eindeutig pflichtwidrig verhielt sich in Einzelfällen jedoch der spätere Leiter des Konstanzer Grenzkommissariats der Gestapo, Friedrich Haug: Mehrfach warnte er ihm bekannte Gefährdete in Konstanz telefonisch vor anstehenden Festnahmen und ermöglichte so ihre rechtzeitige Flucht.[110]

Heiner Wollheim, mutiger Fluchthelfer aus Wangen.

Besonderen Wagemut legte Eddie Dafinger, ein Student am Konstanzer Technikum, an den Tag. Er schmuggelte den Inhaber der Dosenfabrik Honsell, Emil Rothschild, und dessen Tochter Edith 1933 in die Schweiz. Dazu zog er sich seine neue SS-Uniform an, lud Edith und das Gepäck der Familie in seinen roten Sportwagen und fuhr so am Grenzübergang vor, während Emil Rothschild hinter dem staunenden Zöllner über die Grenze eilte. Nach den Erinnerungen von Zeitzeugen sei der junge Mann der SS nur deshalb beigetreten, um Bedrohten besser helfen zu können.[111]

Fluchthilfe mit seinem Fahrzeug leistete auch der 21-jährige Konstanzer Taxifahrer Viktor Rebholz. Er wies jüdischen Flüchtlingen den Weg über die ungesicherte Grenze und nahm sie auf Schweizer Gebiet mit seinem

Taxi auf, um sie jenseits der Thurgauer Kantonsgrenzen in den flüchtlingsfreundlicheren Kantonen Zürich oder St. Gallen abzusetzen. Als er diese im Übrigen gut bezahlte Fluchthilfe auch nach dem inzwischen erfolgten Wechsel der Judenpolitik fortsetzte, wurde er als gewerbsmäßiger *„Judenschlepper“* zu einer mehrmonatigen Freiheitsstrafe verurteilt und anschließend in zwei Konzentrationslagern inhaftiert.[112] Auf der Höri wagte es der Musiker Heiner Wollheim, Flüchtlinge während der Wintermonate in weiße Schneehemden, die seine Frau Elsa genäht hatte, zu stecken und sie über den zugefrorenen See ans Schweizer Ufer zu geleiten. Wollheim hatte selbst aus rassischen Gründen seine Stelle als Bratschist bei den Berliner Philharmonikern verloren. In den Sommermonaten begleitete er Flüchtlinge in der Nähe des Schweizer Städtchens Stein am Rhein über die grüne Grenze. Jenseits der Grenzsteine wartete der aus Wangen stammende, bereits in die Schweiz geflohene jüdische Arzt Dr. Nathan Wolf. Nachdem ihn eine Wangener Wirtstochter denunziert hatte, wurde Heiner Wollheim 1943 in das KZ Dachau eingeliefert. Er überlebte und kehrte nach Wangen zurück.[113]

Karikatur des „Nebelspalter“ auf einen Basler Politiker, der sich für jüdische Flüchtlinge einsetzte.

Nach dem *„Anschluss“* Österreichs an das Deutsche Reich im März 1938 stieg die Zahl der Flüchtlinge im Grenzgebiet am Bodensee dramatisch an: Rund 100 000 österreichische Juden verließen das Land, rund 6000 versuchten bis zum Ende des Jahres, über Vorarlberg in das St. Gallische Rheintal oder bei Konstanz, auf der Höri und bei Schaffhausen über die Grenze zu gelangen. Der in Winterthur erscheinende, humanitär eingestellte „Landbote“ berichtete, wie auch andere Blätter der Ostschweiz, regelmäßig und ausführlich über das Schicksal der Flüchtlinge. Die Kommentatoren des Blatts warben um Verständnis für das schreckliche Los der heimatlos Gewordenen. Um antisemitische Vorurteile, die in der Leserschaft zweifelsohne vorhanden waren, zu entkräften, beteuerte die Zeitung in ihrer Ausgabe vom 22. August 1938, die *„sogenannten Osttypen“* seien unter den jüdischen Flüchtlingen *„recht schwach vertreten"*, vielmehr handle es sich um *„alt ansässige Israeliten aus den Kreisen des Mittelstands und der ‚Oberen Zehntausend'"*. Diese Menschen seien überglücklich, die Schweiz erreicht zu haben: *„Die Leute sollen in Freudentränen verfallen sein, als sie sich auf Schweizer Boden befanden und nicht mehr zurückgeschickt wurden."*

Diese Anwandlungen von Humanität alarmierten die Berner Regierung, der alles daran lag, das mächtige Nazi-Deutschland als wichtigen Handelspartner der Schweiz nicht zu provozieren. Im August versammelte der Chef der Eidgenössischen Fremdenpolizei, Dr. Heinrich Rothmund, die Polizeidirektoren aus 23 Kantonen in Bern, um sie von der Notwendigkeit einer allgemeinen Grenzsperre zur Abwehr der Flüchtlinge zu überzeugen. Seit dem Ende des Ersten Weltkriegs kämpfte der Chef der 1919 gegründeten Fremdenpolizei gegen die von ihm befürchtete *„Verjudung der Schweiz"*, auch wenn damals nur 18 000 Juden unter den vier Millionen Schweizern lebten.[114] Zustimmung zu den Plänen, die vom Schweizerischen Bundesrat initiiert und von Rothmund umgesetzt wurden, kam vom Thurgauer Vertreter. Der dortige Polizeichef Ernst Haudenschild begrüßte den Erlass einer totalen Grenzsperrung und erwies sich, in Übereinstimmung mit seiner Kantonsregierung, als besonders radikaler Gegner jeder liberalen Asylpolitik: *„Wir haben keine politischen und keine jüdischen Flüchtlinge in unserem Kanton. Man mag in Bern befehlen und beschließen, was [man] will, dieser Kanton wird keine Flüchtlinge zulassen."*[115]

Der St. Galler Polizeikommandant Paul Grüninger verlor wegen aktiver Fluchthilfe seinen Posten und wurde verurteilt.

Einer der Teilnehmer der Konferenz sah die Dinge grundlegend anders, konnte sich jedoch im Kreis der Polizeidirektoren nicht durchsetzen: So ging der St. Galler Polizeichef Paul Grüninger im Spätsommer 1938 dazu über, jüdischen und anderen Flüchtlingen auf eigene Verantwortung Aufenthaltsbewilligungen auszustellen. Später schickte er sogar vorgefertigte Bewilligungen an bedrohte Familienmitglieder von Geflohenen, sodass diese bei ihrer Ausreise aus Deutschland oder Österreich die Schweizer Grenze passieren konnten. Als nach dem November-Pogrom 1938 der Flüchtlingsstrom erneut zunahm und die Gestapo Flüchtende gruppenweise an die Grenzübergänge führte, um sie los zu werden, intensivierte Grüninger seine eigenmächtige Hilfsaktion und rettete so Hunderten das Leben. Ende 1938 zählte die Eidgenössische Fremdenpolizei kurzzeitig 10 000 jüdische und nichtjüdische Flüchtlinge im Land. Die jüdischen Flüchtlinge wurden bis zu ihrer verlangten *„Weiterwanderung“* in Lagern untergebracht. Im Bodenseeraum dienten das Naturfreundehaus in Schaffhausen und eine leerstehende Fabrikhalle in Diepoldsau als Aufnahmestellen. Die Unterhaltskosten für die Flüchtlinge wurden vollständig jüdischen Hilfskomitees und jüdischen Wohlfahrtsvereinen übertragen. Vor allem protestantische Kreise der Schweiz appellierten in Zeitungsaufrufen an die Bevölkerung, diese Hilfskomitees finanziell zu unterstützen. Politisch liberale Zeitungen wie der „Landbote“ schlossen sich solchen Appellen an. In Leitartikeln wurde die Schweizer Bevölkerung aufgerüttelt: Auch wenn kein Schweizer die völlige Öffnung der Grenze gutheiße und man sich darüber einig sei, dass die Aufgenommenen bis zur Weiterreise nicht arbeiten dürften, müsse doch Menschlichkeit herrschen. *„Es sollte nicht mehr vorkommen, dass Flüchtlinge, die einmal im Lande sind, wieder an die deutsche Grenze zurückgestellt werden, wo sie neues Elend und Plage erwartet.“* Wo es um die elementarsten Menschenrechte gehe, müssten Demokraten und Christen *„ein freies Wort dazu sagen“*.[116]

Es gab freilich auch andere, deutlich vernehmbare Stimmen. Der verbreitete Antisemitismus offenbarte sich in rhetorischen Wendungen, die zum Begründungsrepertoire der seinerzeit offiziellen Flüchtlingspolitik gehörten. So führte der damalige Kreuzlinger Bezirksstatthalter Otto Raggenbass in einem Beitrag für den konservativen „Thurgauer Volksfreund“ vom Dezember 1938 (also kurz nach den November-Pogromen) aus: *„Es ist oft schwer, angesichts der bestehenden Tatsachen Leute auszuweisen und über die Grenze zu stellen; doch ist es heilige Pflicht der Behörden, Land und Volk vor den ernsten Gefahren der Überfremdung und der antisemitischen Bewegung zu schützen.“*[117]

Geschickt umging der führende Wahlbeamte des Bezirks Kreuzlingen die Tatsache, dass es in seinem eigenen Land erhebliche Sympathien für die nationalsozialistische Ideologie gab und beispielsweise im Kanton Schaffhausen zu dieser Zeit rechtsextreme *„Fröntler"* sogar in höheren Staatspositionen saßen. Raggenbass schob den Juden selbst die Verantwortung für den existierenden Antisemitismus zu: Weil sie da waren, erzeugten sie Antisemitismus, lautet die Logik dieses Rechtfertigungsmusters. Raggenbass vertrat die Meinung der regierenden Mehrheit in Kanton und Bund. Außenseiter wie Paul Grüninger setzten sich nicht durch mit ihrer humanitären Haltung. Vielmehr wurde Grüninger nach Interventionen durch den Chef der Eidgenössischen Fremdenpolizei, Heinrich Rothmund, Anfang 1939 fristlos entlassen und wenig später wegen Verletzung von Dienstpflichten vor Gericht gestellt. Bis zu seinem Tod 1972 blieb er ein verfemter, völlig verarmter Mann. Als ihn die israelische Gedenkstätte Yad Vashem 1971 mit dem Ehrentitel *„Gerechter unter den Völkern"* auszeichnete, wurde diese Ehrung in der Schweizer Öffentlichkeit kaum wahrgenommen. Erst 1995 wurde Grüninger durch die Justiz, die ihn einst verurteilt hatte, nachträglich rehabilitiert.

Rückblickend kritisierte Heinrich Rothmund in einer Bilanz von 1941 die laue Haltung gegen die Grenzsperre von 1938: Sie sei *„auf den Unwillen der Grenzbevölkerung"* gestoßen, namentlich St. Gallen, Basel und Schaffhausen hätten *„nur mit größter Mühe zur Vernunft gebracht werden können"*. Über den Kanton Thurgau hatte er nicht zu klagen. Nach dem November-Pogrom nahmen St. Gallen, Basel und Schaffhausen zum Ärger der Bundesbehörden erneut Hunderte Flüchtlinge auf. *„Dann gab es endlich Ruhe"*, schrieb Rothmund, der bis 1958 im Amt blieb.[118]

Als 1942 unter dem Eindruck der Deportationen in die Vernichtungslager eine letzte große Fluchtwelle an die Schweizer Landesgrenze schlug, erneuerte der Schweizer Bundesrat die Grenzsperre und das totale Einreiseverbot für jüdische Flüchtlinge. Heinrich Rothmund erklärte: *„Flüchtlinge nur aus Rassegründen, zum Beispiel Juden, gelten nicht als politische Flüchtlinge."*[119] Nun kam es auch an den Grenzübergängen in Konstanz mehrfach zu erschütternden Szenen, wenn aufgegriffene jüdische Flüchtlinge direkt in die Hände der Gestapo ausgeliefert wurden. Ausgelieferte wurden oft schon an Ort und Stelle misshandelt und anschließend auf die Deportationszüge in die Vernichtungslager geschickt. *„Niemand wird daran zweifeln, dass den rückgestellten Flüchtlingen der sichere Untergang droht“*, schrieb ein Kommentator des „Landboten“ am 21. August 1942, wenige Tage nach dem Erlass der totalen Einreisesperre. Die überwiegende Mehrheit des Volkes vertrete die Ansicht, *„dass hier eine Preisgabe des Asyls vorliegt, die angesichts des furchtbaren Schicksals der Rasseflüchtlinge nicht zu rechtfertigen ist“*. Wieder waren es vornehmlich protestantische Kreise, die zunehmend Anstoß an der offiziellen Politik des Landes nahmen. Es kam auch zu spontanen Äußerungen des Unmuts: In Rorschach nahm eine Schulklasse von 15-jährigen Mädchen allen Mut zusammen und schrieb dem Bundesrat in Bern, sie seien *„aufs Höchste empört, dass man die Flüchtlinge so herzlos wieder in das Elend zurückstößt.“* Die Lehrer der Klasse gerieten in Verdacht, die Kinder aufgehetzt und so die Sicherheit des Landes gefährdet zu haben. Die jungen Autorinnen des Briefes wurden einzeln verhört und dann zum Schweigen verpflichtet.[120] Es dauerte weitere zwei Jahre, bis die Schweiz ihre Asylrechtspraxis änderte. Im Juli 1944 trafen nach den ersten Massendeportationen ungarischer Juden in das Vernichtungslager Auschwitz Nachrichten in Bern ein, wonach alle ungarischen Juden mit dem Tod bedroht seien. Zu diesem Zeitpunkt war der Schweizer Regierung längst klar geworden, dass Hitler-Deutschland den Krieg verlieren würde. Ein Politikwechsel schien auch im Vorgriff auf das künftige Verhältnis zu den Alliierten angezeigt: Am 12. Juli erließ das Eidgenössische Justiz- und Polizei-Departement Weisungen

Karikatur zur Unterwanderung der Schweiz durch Nazi-Deutschland: Kleine Schweizer Nazi-„Führer“ werden von Deutschland aus „aufgepumpt“. Aus dem „Nebelspalter“ 1934.

über den Umgang mit jüdischen Flüchtlingen. Diese wurden erstmals als allgemein gefährdet eingestuft und generell als Flüchtlinge anerkannt. Mit Flüchtlingsströmen war zu diesem Zeitpunkt an der Schweizer Grenze nicht mehr zu rechnen.

Manche Funktionäre der Schweiz brauchten jedoch länger, um den erfolgten Politikwechsel in die Praxis umzusetzen: So verweigerte Bezirksstatthalter Raggenbass einigen in Konstanz gestrandeten, jüdischen KZ-Überlebenden noch im Januar 1946 den Grenzübertritt zur Teilnahme an einer Gedenkfeier der jüdischen Gemeinde für die Opfer des Konzentrationslagers Bergen-Belsen. Die Einstellung der Bevölkerung den Juden gegenüber sei vom Vorwurf geprägt, die Juden würden in vielem bevorzugt, schrieb Raggenbass und lehnte den Besuchsantrag ab.[121]

Bedrohungsängste der Schweiz 1934: Europa erwartet vom kleinen Eidgenossen, er solle sich mit Hitler-Deutschland anlegen.

Die Grossmächte und die Schweiz

„Du, Kleiner! sei doch nicht feige — schlage kräftig zu!"

Ernst Hilb, aufgenommen nach 1933.

AUS „ÜBERFREMDUNGSGRÜNDEN" ABGELEHNT:

DAS LANGE RINGEN DER FAMILIE HILB UM EINE NEUE HEIMAT

Im Sommer 1936 verlängerte der Kreuzlinger Gemeinderat dem damals 32-jährigen Textilkaufmann Ernst Hilb aus Konstanz die Gewerbeerlaubnis für dessen Kreuzlinger Filiale. Der junge Kaufmann war im Thurgau kein Unbekannter: Schon seit 1924 reiste er, ausgestattet mit Dauervisum und Arbeitsbewilligung, als Vertreter des Familienunternehmens für die Kreuzlinger Niederlassung durch die ganze Schweiz, um Stoffe en gros anzubieten. Sein Vater Siegfried hatte die Schweizer Filiale bereits 1896 eröffnet. Das Hauptgeschäft befand sich in Konstanz in der grenznah gelegenen Kreuzlingerstraße, wo Ernst auch aufgewachsen war. Seit dem Tod des Vaters 1932 führte Ernst Hilb beide Unternehmen weiter. Doch das Konstanzer Geschäft hatte seit Beginn der Boykottmaßnahmen 1933 von Jahr zu Jahr weniger Umsatz gemacht. Hilbs Mutter Elsa, seine Schwester Marianne und er sprachen seither oft über ihre Zukunftsaussichten. Sollten sie in die USA oder nach Südamerika auswandern, wie Verwandte und Freunde es längst getan hatten, oder versuchen, sich dauerhaft im nahen Kreuzlingen niederzulassen?

Die antisemitischen Tendenzen in der restriktiven Zuwanderungspolitik des Kantons Thurgau seit 1933 waren der Familie nicht verborgen geblieben. Dennoch versuchte Ernst Hilb mehrfach, eine Niederlassungsbewilligung und eine Verlängerung seiner Gewerbeerlaubnis in der Schweiz zu erlangen. Ende 1937 zerbrach die Hoffnung: Die Fremdenpolizei des Kantons Thurgau lehnte eine *„Wohnsitznahme"* der Familie *„aus Überfremdungsgründen"* ab. Im Jahr darauf wurde Ernst Hilb von den Behörden seiner Heimatstadt

Ernst Hilb als Knabe mit seiner Mutter Elsa und seiner Schwester Marianne. Um 1907.

Konstanz im Zuge der verschärften Maßnahmen zur *„Ausschaltung der Juden aus der deutschen Wirtschaft“* aufgefordert, den elterlichen Betrieb zu *„liquidieren“*. Ein weiteres Mal versuchte Hilb, dem mit der Zwangsliquidierung der Firma die Existenzgrundlage in Konstanz genommen war, eine Aufenthaltsbewilligung für den Kanton Thurgau zu erhalten. Zwar erklärte sich die Thurgauer Gemeinde Altnau im Frühjahr 1939 bereit, Hilb und seine Angehörigen gegen eine Kaution von 5000 Schweizer Franken für die Dauer eines Jahres aufzunehmen. Hilb konnte anführen, dass das elterliche Geschäft der Schweizer Armee während des Ersten Weltkriegs eine Million Bergschuhnägel geliefert und sich so Verdienste um die Schweizer Landesverteidigung erworben habe. Doch das Eidgenössische Justiz- und Polizeidepartement lehnte ab: Hilbs weitere Anwesenheit in der Schweiz sei *„aus Gründen der Überfremdung sowie wegen der Belastung des Arbeitsmarktes unerwünscht“*, heißt es im Schreiben vom 25. März 1939. Wenige Monate bevor mit dem Beginn des Zweiten Weltkriegs die deutsch-schweizerische Grenze kaum mehr passierbar wurde, wurde Ernst Hilb von den Schweizer Behörden gezwungen, trotz erheblicher Gefährdung persönlich nach Mannheim zum Schweizer Konsulat zu reisen, um sein bisheriges Niederlassungsrecht in ein viel schwächeres Transitvisum umwandeln zu lassen.

Als letzten Ausweg bemühte er sich nun bei Konsulaten mehrerer südamerikanischer Staaten um Einreisevisa. Aus der Dominikanischen Republik kam eine Zusage. Im Oktober 1939 erteilten die Schweizer Bundesbehörden, wohl nur aus Rücksicht auf Hilbs in Kreuzlingen niedergelassene Verlobte Dora Gump, eine auf sechs Monate befristete Einreisebewilligung. Deren Vater, Bernhard Gump, ein aus Wangen am Bodensee stammender jüdischer Viehhändler, hatte schon seit der Jahrhundertwende Bauern auf beiden Seiten der Grenze mit Vieh beliefert und war Ende der

1920er-Jahre nach Kreuzlingen gezogen. Doch auch er, der mit allen nötigen Aufenthaltsbewilligungen versehene Thurgauer Viehhändler, musste nun darum kämpfen, mit seiner Familie in der Schweiz bleiben zu dürfen.

Als Ernst Hilb im Oktober mit der Schweizer Einreisebewilligung seine Heimatstadt endgültig verließ und die deutsche Grenze überschritt, wurde er von einem Beamten besonders streng durchsucht. Der Beamte stieß auf ein Adressbuch, aus dem er die Seiten herausriss. In der Hilbschen Familienüberlieferung wird die Antwort, die der mutige Vater dem Zöllner gegeben habe, so wiedergegeben: *„Vermiesen Sie mir doch nicht meine letzten Minuten auf deutschem Boden!“*

Trotz der für das Ehepaar erteilten Transitvisa über Italien und Panama nach der Dominikanischen Republik erhielt Dora Hilb keinen Schiffsplatz auf dem von Genua auslaufenden Dampfer „Grazio“. Schließlich war beschlossen worden, dass Ernst zunächst alleine reisen sollte. Auch dieser Plan zerschlug sich, überdies brannte die „Grazio“ aus. Eine letzte Hoffnung richtete sich auf die USA. Auf deren Warteliste für Einwanderungskontingente hatte sich Ernst Hilb schon 1938 unter dem Eindruck der immer radikaleren Ausgrenzung der Juden in Deutschland setzen lassen. Doch im Sommer 1940 schlug die Schweizer Fremdenpolizei zu: Hilb habe seine Einreisebewilligung nur *„erschlichen“* und nie ernstlich vorgehabt, die Schweiz Richtung San Domingo oder USA zu verlassen, stellte die Behörde fest. Da er inzwischen durch die 1940 verfügte Ausbürgerung aus dem Deutschen Reich staatenlos geworden war, ordneten die Bundesbehörden seine Internierung in einer Strafanstalt an. Dank der Intervention eines Ständerats und eines Obersten im Generalstab, wurde diese Anordnung jedoch vorübergehend außer Vollzug gesetzt. Gleichwohl wurden in den folgenden vier Jahren zeitlich befristete Einweisungen in verschiedene Internierungslager ausgesprochen. Insgesamt leistete Ernst Hilb so bis Kriegsende 500 Diensttage. In der übrigen Zeit war ihm jede Arbeitstätigkeit untersagt. Vielmehr sollte er sich intensiv um seine Auswanderung kümmern. Doch alle Versuche, in die USA oder in ein anderes

Aufnahmeland zu gelangen, und Tausende Franken und Dollars an Sicherheitsleistungen, Kosten für anwaltliche Beratung, Provisionen für Agenten und Reisebüros blieben vergeblich, vor allem, seit Hitler den Vereinigten Staaten im Dezember 1941 den Krieg erklärt hatte.

Ein im Familienarchiv gehütetes Bündel Briefe offenbart eine besondere Leistung des hartnäckig um seine Zukunft kämpfenden jungen Mannes. Gerade als er selbst in den größten Schwierigkeiten steckte, seine Heimatstadt verlassen und vor jeder Verlängerung seiner *„Duldung“* in der Schweiz bangen musste, kümmerte sich Ernst Hilb rührend um die Belange von noch weitaus gefährdeteren Familienangehörigen: In Göppingen lebten sein Onkel Emil Hilb sowie dessen Tochter Elsbeth und deren zweiter Mann Ludwig Oberdorfer mit den Töchtern Lise und Dora und dem 1938 geborenen Sohn Franzl. Ludwig Oberdorfer war Teilhaber und schließlich Inhaber der Firma seines Schwiegervaters gewesen, eines Unternehmens, das Füllungen für Matratzen, Polstermöbel und Betten herstellte. Nach dem Pogrom im November 1938 war Ludwig Oberdorfer mit anderen Göppinger Juden im KZ Dachau inhaftiert gewesen. Danach wurde er gezwungen, sein Unternehmen an den örtlichen NSDAP-Ortsgruppenleiter zu verschleudern. Seit dieser Zeit intensivierte sich der Briefverkehr zwischen den Göppinger Hilb-Oberdorfers und den Kreuzlinger Hilbs.

Während er selbst nach Einwanderungsmöglichkeiten suchte, sich mit Konsulaten, Reisebüros, Speditionen und oft zwielichtigen Auswanderungsagenten herumschlug, nutzte Ernst Hilb die Möglichkeiten der Schweiz, um auch für die Göppinger Verwandten einen Weg zur Auswanderung in ein sicheres Drittland zu finden. Über seine Adresse liefen Erkundigungen nach Chile, Bolivien, Brasilien, Kuba, Venezuela, Nicaragua, Südafrika, Argentinien, Haiti, Peru und über die Dominikanische Republik. Da Juden im Deutschen Reich über keinen Telefonanschluss mehr verfügen durften und Ferngespräche in die Schweiz für die finanziell bedrängten Verwandten zu teuer geworden waren, unterhielt Ernst einen intensiven Briefverkehr mit seinem angeheirateten Vetter Ludwig. Der gebürtige Regensburger schlug anfangs noch einen heiteren Tonfall

Ernst Hilb (rechts) mit seinen Schwiegereltern Gumpp, seiner Frau Dora und seinen Kindern 1960 während einer Familienfeier vor dem Konstanzer Inselhotel.

an, gab sich optimistisch und zuversichtlich, dass irgendein Land der Welt ihn und seine Familie schließlich aufnehmen werde: *„Und wenn es einmal so weit ist, dann müssen wir uns auf den Hosenboden setzen und alles probieren und wenn wir auf einem Frachtdampfer fahren"*, schrieb er noch im Sommer 1939. Doch dann wurde er krank und musste operiert werden; Ernst Hilb mahnte eine Entscheidung an, San Domingo, Chile, Kuba seien noch offen, doch der etwas zögerliche Ludwig dachte gerade über Haiti nach.

Der Krieg begann, und viele Länder schlossen die Grenzen. Ludwigs Briefe klangen bald mutloser, schreckliche Ängste beherrschten seine Familie. Anfang 1940 erfuhr er, für Haiti müssten nun 5000 US-Dollar als Sicherheitsleistung in den USA deponiert werden. Ludwig Oberhofers Monatsgehalt im eigenen Unternehmen hatte zuletzt 400 Reichsmark betragen. Aufs Neue durchziehen Oberdorfers Briefe Erwägungen, wer außer seinem amerikanischen Vetter, der als Bürge fungierte, und dem treuen Ernst Hilb noch helfen könnte, Einreisebewilligungen zu erhalten, die nötigen Depotgelder aufzubringen und irgendwie ein rettendes Ufer zu erreichen. Ein Vetter in New York, Inhaber eines Krawattengeschäfts, hatte bereits eine höhere Kaution hinterlegt, die nun durch dubiose Agenten und politische Einwirkungen verloren gegangen zu sein schien.

Im März 1940 schreibt Ludwig Oberdorfer über die schöne, ferne Idee eines Wiedersehens mit Ernst Hilb die bitteren Zeilen: *„Da aber bis auf unsere USA-Nummer alles auf dem Nullpunkt steht, sind die Aussichten dazu mehr wie schlecht. Lasst bald wieder von Euch hören; wir warten mit Schmerzen auf jede Post und freuen uns damit und hoffen und hoffen und hoffen."* Zu den ungewissen Aussichten in der Auswanderungsfrage gesellten sich materielle Sorgen, denn Ludwig Oberdorfer hatte kein Einkommen mehr. Immer häufiger kündigt Ernst in seinen Briefen an, man werde wieder einmal Lebensmittel schicken: Schweizer Schokolade, Käse und Ovomaltine bereiteten den Verwandten kleine Freuden. Im Dezember

1940 berichtete Ernst Hilb in vorsichtigen Andeutungen über die eben erfolgte Deportation der badischen Juden in das Lager Gurs: *„Dass viele unserer früheren Bekannten nach Südfrankreich gekommen sind, werdet Ihr gehört haben. Solche können dort sehr gut warme Kleidung, Überschuhe, Kissen etc. gebrauchen."* Ob die selbst bedrängten Göppinger noch etwas zur Linderung der Not in Gurs beitragen konnten? Die Briefe sagen nichts darüber aus.

Im Dezember 1940 sinken die Hoffnungen auf die USA wieder einmal. *„Wir sind alle außerordentlich bedrückt"*, schreibt Ludwig an Vetter Ernst. Einige Monate später, der Überfall auf die Sowjetunion hatte gerade begonnen, schloss das US-amerikanische Konsulat in Stuttgart seine Pforten. Das war besonders bitter, hatten die Oberdorfers doch in letzter Minute noch eine Zusage für ein Visum erhalten, es hatte nur noch die Schiffspassage gefehlt. *„Ich weiß wirklich nicht mehr, was ich tun soll, was könnt Ihr mir raten"*, fragt Ludwig im Juni 1941 die Verwandten in Kreuzlingen. Noch einmal keimt Hoffnung auf, nachdem sich Ernst Hilb der Sache erneut angenommen hatte. Doch nun mussten 2000 US-Dollar, mehr als zuvor, für die Schiffsfahrkarten aufgebracht werden. Die Hälfte hatte ein weiterer Verwandter aus den USA gestiftet. *„Wie gerne täten wir uns mit 3.Klasse-Schlafraum zufrieden geben"*, beteuerte Ludwig gegenüber Vetter Ernst, doch auch die Kreuzlinger konnten die fehlende Summe nicht aufbringen. Als die Sache auch im September noch nicht vorangekommen war, schreibt Ludwig: *„Wie Ihr Euch leicht vorstellen könnt, sind wir seelisch vollständig erledigt und auch an die Verwirklichung der Auswanderung kann ich nicht mehr glauben."*

Sein letzter umfangreicher handschriftlicher Brief datiert vom 17. Oktober 1941. Er ist das erschütternde Zeugnis völliger Hoffnungslosigkeit und Verlorenheit. Ludwig Oberdorfer resümiert bitter: *„Unsere Auswanderung scheitert an unserer eigenen großen Hilflosigkeit."* Kuba, Chile, letzte Rettungsanker, die Ernst Hilb vorgeschlagen hatte, waren wegen des fehlenden Geldes unerreichbar geworden. Ludwigs letzte Zeilen an die so hilfreich gewesenen Verwandten lauten: *„So hoffen und wünschen wir immer, dass uns bald wieder Frieden wäre und der Herrgott auch mit uns wieder ein Einsehen hätte!"*

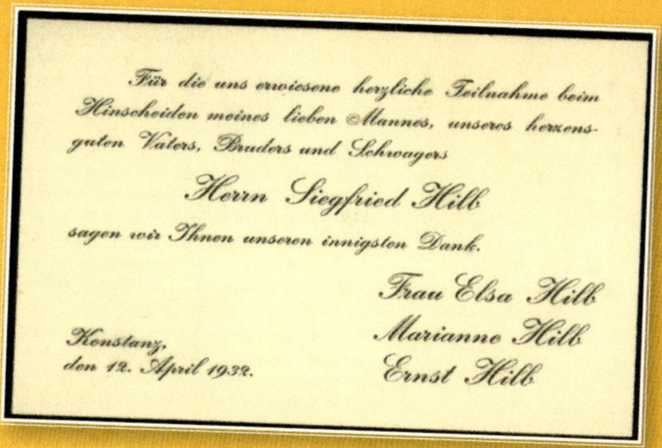
Für die uns erwiesene herzliche Teilnahme beim Hinscheiden meines lieben Mannes, unseres herzensguten Vaters, Bruders und Schwagers

Herrn Siegfried Hilb

sagen wir Ihnen unseren innigsten Dank.

Frau Elsa Hilb
Marianne Hilb
Ernst Hilb

Konstanz,
den 12. April 1932.

Sechs Tage später erließ Reichsführer SS Heinrich Himmler ein generelles Ausreiseverbot für Juden. Die Judenpolitik des NS-Staates trat in die radikalste Phase ein, die Vernichtung jüdischen Lebens in Deutschland und in den besetzten Gebieten. Am 27. November 1941 wurden die ersten Göppinger Juden, darunter auch Ludwig und Elsbeth Oberdorfer und ihre Kinder Lise, Dora und der dreijährige Franzl, mit kleinem Gepäck über Stuttgart in das *„Reichskommissariat Ost"* nach Riga in das dortige Ghetto deportiert. Elsbeths Vater Emil Hilb blieb zunächst alleine in Göppingen zurück. *„Herr Hilb kommt jetzt öfters zu uns, er ist ganz verstört"*, teilte eine Bekannte nach der Deportation mit. Im Dezember schrieb er selbst den Kreuzlinger Verwandten, von denen er Auskunft über den Verbleib seiner Familie zu erhalten hoffte. Doch es kam keine Nachricht mehr. Im darauffolgenden Sommer wurde Emil Hilb ins KZ Theresienstadt und von dort in das Vernichtungslager Treblinka deportiert und ermordet. Einen letzten Dienst konnten die Hilbs in Kreuzlingen der Mutter Ludwig Oberdorfers, Ricka, erweisen. Auch sie wurde nach Theresienstadt deportiert. Immerhin durfte sie von dort nach Kreuzlingen schreiben und ab und an ein Lebensmittelpaket empfangen. Auf ihrer letzten Postkarte an die Hilbs, geschrieben am 13. Oktober 1943 in Theresienstadt, dankt sie für die Grüße und teilt mit: *„Dass wir beide, Sie und ich, noch nichts von Ludwig gehört haben, macht mir große Sorge und ich hoffe doch, dass bald gute Nachricht durch's Rote Kreuz eintrifft."* Diese Hoffnung sollte sich nicht erfüllen. Nach späteren Feststellungen war die gesamte Familie Oberdorfer während einer Mordaktion im März 1943 ums Leben gekommen. Ricka Oberdorfer starb im Januar 1944 im KZ Theresienstadt.

Im Winter 1945 erhielt Ernst Hilb wieder einmal Post von der Eidgenössischen Fremdenpolizei. Er wurde darauf hingewiesen, dass sich am 10. Dezember eine Rückkehrmöglichkeit für ihn und seine Frau Dora nach Deutschland *„in die englisch besetzte Zone"* biete. In einem *„geschlossenen Transport"*, wie die Fremdenpolizei wenig sensibel formulierte. Die Botschaft war unmissverständlich: Auch rund ein halbes Jahr nach Kriegsende wollte die Schweiz den unliebsamen jüdischen Emigranten und nun auch seine Frau loswerden. Ernst Hilb hatte inzwischen Arbeit in einer Handschuhwirkerei im appenzellischen Herisau gefunden und war mit seiner Familie dorthin gezogen. Statt der Aufforderung zur Ausreise ausgerechnet in das Land der Täter nachzukommen, stellte Hilb den Antrag, endlich aus dem Emigrantenstatus entlassen zu werden. Immerhin sei er seit 1926 in der Schweiz berufstätig gewesen und seine Familie habe über mehrere Jahrzehnte ein gut florierendes Unternehmen im Thurgau betrieben. Dieses Mal hatte er Glück, die Behörde kam Hilb entgegen, gab sich sogar großzügig: *„Aus Familienrücksichten entlassen wir ebenfalls Ihre Frau Dora, Ihre Mutter Elsa geb. Dreyfuss sowie Ihre Schwester Marianne aus der Emigrantenkontrolle."*

Fast elf Jahre später, in denen der inzwischen 55-jährige Hilb zweifacher Familienvater geworden war, als Prokurist des Textilunternehmens in Herisau über ein geregeltes Einkommen verfügte und Steuern bezahlte, stellte er für sich und seine Familie den Antrag auf Einbürgerung in der Schweiz. Doch die mehrheitlich protestantisch geprägte Bürgerschaft von Herisau wollte die jüdische Familie nicht haben: Nach dem unverhohlen antisemitischen Hinweis eines Bürgers in der öffentlichen Bürgerversammlung, *„man wolle nur christliche Appenzeller"*, wurde der Vorschlag zur Einbürgerung der Familie Hilb mit 129:124 knapp abgelehnt. Immerhin löste diese Ablehnung in der „Appenzeller Zeitung" eine kleine Debatte über Toleranz aus. Als der Antrag ein Jahr später erneut gestellt wurde, machte die Bürgerschaft von Herisau den noch immer staatenlosen Ernst Hilb mit seiner Familie zu Herisauer Bürgern und damit zu Schweizern. Jahrzehnte nach seiner Vertreibung aus Deutschland hatte er eine neue Heimat gefunden. Im selben Jahr sprach das „Landesamt für Wiedergutmachung" in Freiburg dem Antragsteller Ernst Hilb für den Vermögensschaden, den er durch seine Vertreibung und die Kosten für seine geplante Auswanderung erlitten hatte, 3096 Deutsche Mark und 59 Pfennig Schadensersatz zu.

TE

„DIE BUDE MUSS WEG!“: DIE ZERSTÖRUNG DER SYNAGOGE IM NOVEMBER 1938

Im Juni 1938 kam es in Konstanz zu einer erneuten Boykottaktion gegen die wenigen, noch von Juden geführten Geschäfte. Auf die Gehwege vor den Ladentüren war über Nacht *„Jüdisches Geschäft“* gemalt worden. In der Nacht von Samstag auf Sonntag 25./26. Juni wurden die Schaufenster des Textilgeschäfts „Spiegel & Wolf“ in der Rosgartenstraße 12 mit der großformatigen Aufschrift *„Saujud“* und *„Juda verrecke“* beschmiert. Tagsüber fuhr ein Lastwagen der SS absichtlich an die Sonnenüberdachung heran und beschädigte sie dadurch. In einem der Berichte der 1933 nach Prag geflohenen Leitung der Sozialdemokratischen Partei heißt es: *„Das alles sah grausig aus und der Menschenstrom, der am Sonntag an dem Geschäft vorbeizog, wollte kein Ende nehmen. Es waren auch viele Ausländer da, weil die große Ruderregatta auf dem Bodensee stattfand. So sahen auch sie die Zerstörungen. Die Vorbeipromenierenden machten ihrem Unwillen laut und ungeniert Luft.“* [122]

Einige Monate später blieben laute Proteste aus, als am Mittwoch, dem 9. November 1938, die Synagoge angezündet und später gesprengt wurde. Der zur Totenfeier und Aufnahme neuer Bewerber zusammengekommene örtliche SS-Sturmbann III/79 hatte durch einen Telefonanruf aus Stuttgart oder München die Weisung erhalten, das Gotteshaus anzuzünden. Der örtliche SS-Oberführer Walter Stein – er hatte die abendliche Feier geleitet – und SS-Standartenführer Alfons Graf machten sich mit einigen weiteren SS-Männern auf den Weg, dem angeordneten *„spontanen Volkszorn“* Ausdruck zu verleihen. Kurz zuvor hatten sie noch ihre Uniformjacken gegen zivile Oberbekleidung ausgetauscht, vermutlich, um der Aktion einen noch spontaneren Anstrich zu verleihen. Doch die Täter waren schlecht vorbereitet: Es fehlte an Brandbeschleunigern, und so ließ sich das aus Stein erbaute Gotteshaus nicht so leicht in Brand setzen.

Diese Brandstiftung war der zweite Versuch, die Konstanzer Synagoge zu zerstören. Der Stadt kommt die zweifelhafte Ehre zu, reichsweit die erste Brandstiftung gegen ein jüdisches Gotteshaus erlebt zu haben: Im No-

Der Dienstplan der Freiwilligen Feuerwehr für das Jahr 1938, im November vergaß die Wehr ihre Pflicht zur Nothilfe.

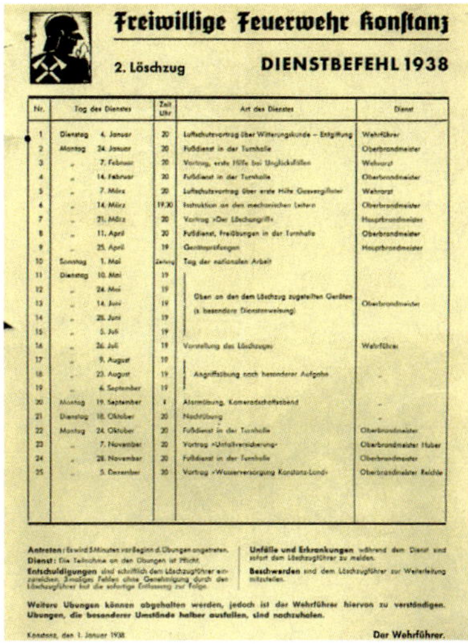

Freiwillige Feuerwehr Konstanz

2. Löschzug

DIENSTBEFEHL 1938

Nr.	Tag des Dienstes		Zeit Uhr	Art des Dienstes	Dienst
1	Dienstag	4. Januar	20	Luftschutzvortrag über Witterungskunde – Entgiftung	Wehrführer
2	Montag	24. Januar	20	Fußdienst in der Turnhalle	Oberbrandmeister
3	„	7. Februar	20	Vortrag, erste Hilfe bei Unglücksfällen	Wehrarzt
4	„	14. Februar	20	Fußdienst in der Turnhalle	Oberbrandmeister
5	„	7. März	20	Luftschutzvortrag über erste Hilfe Gasvergifteter	Wehrarzt
6	„	14. März	19.30	Instruktion an den mechanischen Leitern	Oberbrandmeister
7	„	21. März	20	Vortrag »Der Löschangriff«	Hauptbrandmeister
8	„	11. April	20	Fußdienst, Freiübungen in der Turnhalle	Oberbrandmeister
9	„	25. April	19	Geräteprüfungen	Hauptbrandmeister
10	Sonntag	1. Mai	[illegible]	Tag der nationalen Arbeit	
11	Dienstag	10. Mai	19	Üben an den dem Löschzug zugeteilten Geräten (s. besondere Dienstanweisung)	Oberbrandmeister
12	„	24. Mai	19		
13	„	14. Juni	19		
14	„	28. Juni	19		
15	„	5. Juli	19		
16	„	26. Juli	19	Vorstellung des Löschzuges	Wehrführer
17	„	9. August	19	Angriffsübung nach besonderer Aufgabe	„
18	„	23. August	19		
19	„	6. September	19		
20	Montag	19. September	[illegible]	Alarmübung, Kameradschaftsabend	„
21	Dienstag	18. Oktober	20	Nachtübung	„
22	Montag	24. Oktober	20	Fußdienst in der Turnhalle	Oberbrandmeister
23	„	7. November	20	Vortrag »Unfallversicherung«	Oberbrandmeister Huber
24	„	28. November	20	Fußdienst in der Turnhalle	Oberbrandmeister
25	„	5. Dezember	20	Vortrag »Wasserversorgung Konstanz-Land«	Oberbrandmeister Reichle

Antreten: Es wird 5 Minuten vor Beginn d. Übungen angetreten.
Dienst: Die Teilnahme an den Übungen ist Pflicht.
Entschuldigungen sind schriftlich dem Löschzugführer einzureichen. 3maliges Fehlen ohne Genehmigung durch den Löschzugführer hat die sofortige Entlassung zur Folge.

Unfälle und Erkrankungen während dem Dienst sind sofort dem Löschzugführer zu melden.

Beschwerden sind dem Löschzugführer zur Weiterleitung mitzuteilen.

Weitere Übungen können abgehalten werden, jedoch ist der Wehrführer hiervon zu verständigen. Übungen, die besonderer Umstände halber ausfallen, sind nachzuholen.

Konstanz, den 1. Januar 1938

Der Wehrführer.

vember 1936 waren Unbekannte in das Gebäude eingedrungen, hatten Thora-Rollen, liturgische Gewänder und Möbel übereinandergestapelt und angezündet. Der Sachschaden war beträchtlich gewesen, doch die Freiwillige Feuerwehr hatte den Brand damals schnell löschen können. Zwei Jahre später kehrte sich die Feuerwehr von ihrem alten Leitspruch *„Gott zur Ehr, dem Nächsten zur Wehr"* ab: Gegen 3 Uhr morgens hatte ein Anwohner die Feuerwehr alarmiert. Doch die anrückenden Löschmannschaften befolgten, statt zu löschen, die Befehle der selbstbewusst auftretenden Brandstifter. SS-Oberführer Stein brüllte: *„Die Bude muss weg!"*, dann ordnete er an, die Feuerwehr habe nur die angrenzende Nachbarschaft zu schützen, nicht aber zu löschen. Schließlich wurden Feuerwehrleute zu Mittätern: Weil die Synagoge auch nach Zuhilfenahme von herbeigeschafftem Benzin nicht richtig brennen wollte, wurden der stellvertretende Feuerwehr-Kommandant, Arthur Schwarz, und ein Feuerwehrmann, der Zimmermeister war, aufgefordert, auf den Dachboden zu steigen

Die ausgebrannte Synagoge am Morgen nach der Brandstiftung, eine bislang kaum bekannte, heimlich angefertigte Fotografie vom Dach eines Nachbarhauses aus. Links oben ist die Dreifaltigkeitskirche zu erkennen.

und dort die Luken zu öffnen. Beide wirkten so – ob willentlich oder durch Bedenkenlosigkeit – an der Brandstiftung mit, denn durch die geöffneten Dachluken entstand ein Sog, der das Feuer erst richtig anfachte. Andere Feuerwehrleute folgten der Aufforderung, weitere Brandbeschleuniger und Atemschutzgeräte herbeizuschaffen, was sie in Vernehmungen nach dem Krieg vehement abstritten.[123]

Der Haupttäter: SS-Oberführer Walter Stein (rechts) im Kreis von Parteigrößen, links in SS-Uniform der badische Innenminister Karl Pflaumer.

Waren nach dem ersten Brandanschlag 1936 noch polizeiliche Ermittlungen wegen Brandstiftung aufgenommen worden, untersagte das Justizministerium nun nach den Pogromen jede Untersuchung der Vorgänge. Einige der auf dem Brandplatz anwesenden Behördenvertreter, so Landrat Kaufmann, NSDAP-Kreisleiter Sandritter, ein Major der Garnison, mehrere Polizisten und ein Staatsanwalt, fabrizierten teils kuriose Berichte über das Ereignis. In einem dieser Protokolle heißt es, man könne über die Brandursache *„keine weiteren Feststellungen“* machen.[124]

Am frühen Donnerstagmorgen des 10. November forderte SS-Oberführer Walter Stein ein Sprengkommando des in Radolfzell stationierten III. Bataillons der SS-Standarte „Germania“ an, um die brandgeschädigte, aber nicht zerstörte Synagoge sprengen zu lassen. Noch im Morgengrauen waren etliche jüdische Männer vor der Synagoge zusammengetrieben und von Brandstiftern und Passanten bespuckt, getreten und damit bedroht worden, man werfe sie ins Feuer. Nach der Sprengung zogen einige Schulklassen unter Führung ihrer Lehrer an den Ort des Geschehens. Die Reaktionen der breiten Bevölkerung sind schwer zu rekonstruieren: Anders als in mehreren Städten des Deutschen Reichs war es in der Nacht in Konstanz nicht zu Zerstörungen von jüdischem Privateigentum oder zu Plünderun-

Polizeifoto der Schäden im Innern der Synagoge, aufgenommen 1936 nach dem ersten erfolglosen Brandanschlag.

gen von Geschäften gekommen. Überlebende erinnerten sich später an den Zuspruch und die Empörung von Nachbarn, an gute Worte im Verborgenen und da und dort an eine kleine Gabe als Aufmunterung. Über die Behauptung, die Zerstörung eines massiv gebauten Gotteshauses sei Ausdruck des *„spontanen Volkszorns“* gewesen, wurde im noch immer stark katholisch geprägten Konstanz bitter gelacht. Ein Gotteshaus anzuzünden betrachteten viele Bürger als schwere Sünde. Die Ereignisse des Vortages hielten die Bevölkerung freilich nicht davon ab, am karnevalistisch bedeutsamen 11.11. in den Sälen und Gaststätten der Stadt die Eröffnung der Fasnachtssaison 1938 ausgelassen zu feiern.[125]

Die Verwaltungsspitze hielt sich während der Ereignisse des 9. und 10. November merklich im Hintergrund: Oberbürgermeister Albert Herrmann wollte als Jurist ganz offenbar nicht mit einer schweren Brandstiftung, die diese Tat auch damals strafrechtlich war, in Verbindung gebracht werden. Sein ideologisch radikalerer Kollege, Bürgermeister Leopold Mager, erschien erst nach der Sprengung der brandgeschädigten Ruine kurz am Schauplatz, um die Feuerwehr anzuweisen, eine Brandwache zu halten. Auch wenn sie nicht an der Brandstiftung mitgewirkt hatten, trugen die beiden Spitzenbeamten der Stadtverwaltung im Grunde das Verbrechen doch mit: Weder befahlen sie der ihnen unterstellten Feuerwehr rechtzeitig, den Brand zu löschen, noch unternahmen sie Schritte zur Strafverfolgung. Vielmehr beteiligte sich die Stadtverwaltung nach dem Brand an der für sie profitablen Abwicklung des Schadensfalls und an der Verwertung des frei werdenden innerstädtischen Grundstücks.[126]

Siegfried Rothschild nach seiner Entlassung aus dem KZ Dachau, Dezember 1938.

DER DANK DES VATERLANDS: SIEGFRIED ROTHSCHILD

Während der Durchsuchung der Wohnung von Siegfried Rothschild im Zuge des Pogroms im November 1938 kamen auch dessen Feuerwehr-Auszeichnungen zum Vorschein. Eine der Medaillen trug eine Widmung, in der vom Dank des Vaterlandes die Rede war. Rothschilds Tochter Liselotte erinnerte sich Jahrzehnte später, sie habe als damals 16-jähriges Mädchen den Beamten frech gefragt, ob das, was sie da gerade erlebten, nun der Dank des Vaterlandes sei. Der ironische Hinweis blieb ohne Wirkung. Der 53-jährige Vater wurde festgenommen und mit anderen jüdischen Männern nach Dachau verschleppt. Als er nach vier Wochen zurückkehrte, erkannte die Familie den stark abgemagerten und kahlgeschorenen Vater und Ehemann kaum wieder.

Kurz darauf musste Rothschild einer Weisung zufolge, die er in Dachau erhalten hatte, seine Fahrradwerkstätte mit dem Warenlager eilig verkaufen und die Auswanderung betreiben. Rothschild heftete sich seine Kriegsauszeichnungen ans Revers und ging zum Fotografen, um Passbilder für die Ausreisepapiere machen zu lassen. Dieses Foto des kahlgeschorenen Mannes, der nur noch aus seiner Heimatstadt fortkommen wollte, hat sich erhalten.

Die Ruine der gesprengten Synagoge, aufgenommen einige Tage nach dem Pogrom. Ein Konstanzer Bauunternehmer führt bereits die Trümmersteine weg.

Der Konstanzer Treuhänder Walter Oetting hatte die Verwertung des Warenlagers übernommen, heftig bekämpft von der Parteigliederung Wirtschaftsgruppe Einzelhandel, die Rothschilds Werkstattbestände nur noch *„Schrottwert"* zugestand, um noch niedrigere Preise durchzusetzen. Zuletzt wurde die Wohnungseinrichtung verschleudert. Dann, ein Vierteljahr nach Kriegsbeginn, erhielten Siegfried und Sofie Rothschild mit ihren Kindern Liselotte und Alfred dank einer schon früher erfolgten Anmeldung ein Visum für die USA. Zurückgelassen werden musste die ebenfalls in Konstanz lebende 78 Jahre alte Großmutter. Sie hätte nachkommen sollen, sobald ihre Papiere vollständig vorgelegen hätten. Dazu kam es nicht mehr: Die alte Dame wurde im Oktober 1940 deportiert; schon nach wenigen Wochen starb sie im Lager Gurs. Siegfried Rothschilds Familie ließ sich in New York nieder, seine Nachfahren leben noch heute in den USA.

TE

Konstanz

In Konstanz selbst brach am Donnerstagfrüh nach 7 Uhr in der Synagoge in der Sigismundstraße ein Brand aus; die Synagoge brannte vollständig aus. Die Feuerwehr traf umfassende Sicherungsmaßnahmen, um ein Umsichgreifen des Brandes auf die benachbarten Häuser zu verhindern.

Außerdem mußten in der Stadt und im Kreis Konstanz, wo an zwei Stellen ebenfalls Brände ausgebrochen waren, eine Anzahl Juden zu ihrer eigenen Sicherheit in Schutzhaft genommen werden.

—::—

Dass die taktische Zurückhaltung der Stadtspitze auch mit der Grenznähe der Stadt zu tun hatte, zeigt die Berichterstattung der Ostschweizer Zeitungen: Bereits am 10. November meldeten mehrere Thurgauer und Zürcher Blätter, dass in ganz Deutschland Synagogen in Brand gesteckt und Eigentum von jüdischen Deutschen zerstört worden war. Am Freitag, dem 11. November, nannte der Winterthurer „Landbote" Konstanz erstmals als Ort schrecklicher Taten, am Tag darauf brachte er einen ausführlichen Bericht über den *„Sturm des nationalsozialistischen Pöbels auf die jüdische Bevölkerung"*, in dem die Ereignisse in Konstanz, Wangen, Gailingen und Randegg genau beschrieben wurden. *„In Konstanz wurde ein Mann, der dem Brand der Synagoge beiwohnte und hervorhob, dass diese Zerstörung nicht gerade nötig gewesen sei, verprügelt"*. Jüdische Bürger versteckten sich in ihren Häusern, aus Angst vor neuen Gewalttaten. Über die Haltung der Bevölkerung heißt es dort: *„Kein Mensch wagt, sich für bedrängte und kranke Juden einzusetzen."*[127]

Unmittelbar nach dem Krieg wurden Ermittlungen wegen der Brandstiftung aufgenommen. 1947 kam es zu einer Hauptverhandlung gegen einen am Brand nicht beteiligten SS-Standartenführer. Das Verfahren wurde eingestellt. Durch die detaillierten Angaben eines emigrierten jüdischen Augenzeugen leitete der Konstanzer Oberstaatsanwalt Dr. Gulden 1962 ein weiteres Ermittlungsverfahren ein. In dessen Verlauf wurden umfangreiche Vernehmungen und Sachverhaltsklärungen vorgenommen, die den konkreten Tatverdacht gegen die namentlich bekannten Beteiligten erhärteten. Einige der mutmaßlichen Täter, Mittäter und Helfer lebten noch. Zwei Beschuldigte wurden inhaftiert. Zu einer Hauptverhandlung und einer gerichtlichen Aufarbeitung des Konstanzer Synagogenbrands kam es jedoch nicht mehr: Sachverhalt und die Beteiligten waren zwar umfangreich festgestellt worden, doch die Taten waren inzwischen verjährt, eine Strafverfolgung nicht mehr möglich. Auch Jahrzehnte später lehnte einer der Beteiligten, der damalige stellvertretende Feuerwehrkommandant Arthur Schwarz, jede persönliche Verantwortung ab. In einem 1989 mit ihm geführten Interview begründete er das Nichteingreifen der Feuerwehr lapidar: *„So waren halt die Tatsachen, wir sind halt dran gehindert worden."*[128]

Die spätere „Mainauwache“ der Polizei in der Mainaustraße, bis 1945 Sitz der Konstanzer Gestapo.

Die Bilanz des Terrors: Im ganzen Reich waren 267 Synagogen zerstört und mindestens 90 Menschen ermordet worden. Nach einer ersten Bilanz der NS-Sicherheitspolizei vom 11. November 1938 waren zudem 815 Geschäfte zerstört, 29 Warenhäuser in Brand gesetzt oder demoliert und 171 Wohnhäuser angezündet oder verwüstet worden.[129]

Auch in Konstanz wurden am frühen Morgen nach der Tat jüdische Männer zusammengetrieben, manche in den Zellen der Gestapo in der Mainaustraße misshandelt. Angestachelt von einem persönlichen Feind des Opfers, versuchten einige SS-Männer den Rechtsanwalt und Gemeindevorsteher Moritz Bloch nahe beim Pulverturm im Seerhein zu ertränken. Weil Passanten das Geschehen auf dem Boot, in das man Bloch geschafft hatte, bemerkten und laut protestierten, ließen die Täter von ihrem Vorhaben ab. Sie brachten Bloch zur Gestapo. Dort wurde er mit Stahlruten so heftig geschlagen, dass er auf einem Auge erblindete. Etwa 60 jüdische Männer wurden weisungsgemäß ins Konzentrationslager Dachau deportiert. Einer der Verschleppten, Hans Thanhauser, kam dort ums Leben. Die Übrigen kehrten nach einer Haftzeit von vier Wochen bis drei Monaten misshandelt, gedemütigt und stark abgemagert nach Konstanz zurück.

In der historischen Forschung ist vielfach die These vertreten worden, das November-Pogrom mit den öffentlich verübten Verbrechen sei eine Art Testlauf im Vorgriff auf die spätere *„Endlösung“*, die planvolle Ermordung des europäischen Judentums, gewesen. Eine Konstanzer Überlebende brachte diese Einschätzung später auf eine griffige Formel: *„Als sie sahen, dass keine Revolution kam, konnten sie weitermachen.“*[130]

ZWEIMAL VERFOLGT:
FAMILIE THANHAUSER

Als der 59-jährige Hans Thanhauser am frühen Morgen des 10. November 1938 von der Gestapo aus seinem Kurz- und Weißwarengeschäft in der Wessenbergstraße abgeholt und nach Dachau geschafft wurde, waren seine beiden Söhne bereits in Sicherheit. Sein ältester Sohn Ernst war schon nach dem Abitur 1933 zum Studium nach Frankreich und von dort 1935 nach Palästina gegangen. Auch der jüngere Sohn Kurt hatte Deutschland 1933 verlassen, war während des Bürgerkriegs in Spanien gewesen und von dort nach Argentinien geflüchtet. Auch dem Jüngsten, Heinz Karl, gelang es, rechtzeitig nach Palästina zu emigrieren.

Der Vater der Drei überlebte die Haft im KZ Dachau nicht. Am 4. Dezember kam er dort unter ungeklärten Umständen ums Leben. Wenige Wochen vor Kriegsausbruch konnte Kurt seine in Konstanz zurückgebliebene Mutter Martha nach Argentinien nachkommen lassen. Ernst Thanhauser schloss 1940 mit seiner deutschen Vergangenheit gründlich ab, indem er seinen Namen ins Hebräische übertrug und sich fortan Jecheskel Tanai nannte. Er heiratete die Deutsche Ruth Bohme, das Paar bekam zwei Töchter, Michal und Shlomit. Jecheskel arbeitete lange als Grundschullehrer, unterrichtete

Jecheskel Tanai, der frühere Ernst Thanhauser, im Kreis seiner Schüler in Palästina.

Kurt Thanhauser in seinen späteren Lebensjahren.

ehrenamtlich auch Einwandererkinder in Hebräisch und spielte leidenschaftlich gerne Violine, unter anderem im „Jordan Valley Orchestra."

Auch Kurts Leben verlief zunächst in guten neuen Bahnen: Er fand in Buenos Aires Arbeit und heiratete dort die aus Frankfurt stammende Lotte. Das Paar bekam 1955 einen Sohn, Juan Miguel, benannt nach dem 1938 ums Leben gekommenen Konstanzer Großvater. Einige Jahre später wurde Silvia geboren. Juan Miguel arbeitete in einem Unternehmen der Autozuliefererindustrie. Er setzte sich für Arbeiterrechte ein, damals ein gefährliches Engagement, denn Argentinien wurde von einer rechtsgerichteten und überdies auch antisemitischen Militärjunta beherrscht. Im Juli 1978 verschwand Juan Miguel eines Morgens spurlos. Jahre später erst erfuhren Kurt und Lotte Thanhauser, dass ihr Sohn von Militärs entführt, gefoltert und ermordet worden war. Jahrelang kämpften die Eltern in der *„Coaliciòn contra la impunidad"* (Koalition gegen Straflosigkeit), einem Zusammenschluss von Menschenrechtsorganisationen, darum, dass die Mitglieder der früheren Junta vor Gericht gestellt würden, aber eine 1989 erlassene Generalamnestie hatte sie von Strafverfolgung freigestellt. Am Ende seines Lebens, seine Frau war inzwischen gestorben, erhielt der zweimal in seinem Leben von Verfolgung und staatlichen Gewaltverbrechen betroffen gewesene Kurt Thanhauser eine Entschädigung für den toten Sohn. *„Es gibt keine Wiedergutmachung"*, schrieb er 1997, *„aber immerhin die Anerkennung einer Schuld"*.

TE

DAS SCHWEIGEN DER KIRCHEN

Eine Woche nach den Pogromen in Deutschland veröffentlichte der Kirchenrat der reformierten Kirche des Kantons Zürich einen Aufruf, in dem das Entsetzen und die Empörung über die deutsche Judenhetze zum Ausdruck gebracht wurden. Weil Christen jenseits der Grenze schweigen müssten, sei es Pflicht der Schweizer Christen, *„laut hinauszurufen"*, was geschehen sei: *„Es ist eine furchtbare Ungerechtigkeit, ein Volk, das so gut wie jedes andere, ein Recht auf Existenz besitzt, mit allen nur denkbaren Mitteln vernichten zu wollen."* [131] Der Kirchenrat bedauerte in diesem Schreiben, dass die Schweiz aus Rücksicht auf ihre Arbeitslosen den *„gepeinigten Flüchtlingen"* kein Asyl bieten könne. Aber das Schweizervolk könne spenden, damit die Hilfswerke den Bedrängten helfen könnten. Wenige Tage später griff das Zentralkomitee der Schweizer Flüchtlingshilfe diesen Appell auf und schlug in eigenen Veröffentlichungen vor, jeder Schweizer könnte einmal pro Woche auf ein reichhaltiges Mahl verzichten und die so eingesparten 30 bis 50 Rappen der Flüchtlingshilfe zukommen lassen.

Diesseits der Grenze blieben die christlichen Kirchen nach dem Pogrom stumm: Sowohl der Oberkirchenrat der Evangelischen Kirche in Baden als auch das Ordinariat des Erzbistums Freiburg schwiegen. Der evangelische Landesbischof Julius Kühlewein hatte sich zwar 1933/34 der *„Bekenntnisfront"* (die badische Bezeichnung für die Bewegung der *„Bekennenden Kirche"*) angeschlossen und dem nationalsozialistischen *„Reichsbischof"* Müller öffentlich die Gefolgschaft versagt. Doch zu den Verbrechen im November 1938 schwieg der badische Bischof. Nicht anders verhielt sich der katholische Erzbischof Conrad Gröber. Das Verhältnis des Freiburger Oberhirten zum Nationalsozialismus war ambivalent. Anfänglich hatte er den neuen Führerstaat Adolf Hitlers unterstützt und, in der Hoffnung auf eine unbehelligte Weiterexistenz der Kirche, sein Kirchenvolk zur Mitarbeit am *„Aufbauwerk"* des *„Führers"* aufgerufen. Später, als sich der antikirchliche Kurs des NS-Regimes verschärfte, das katholische Vereinswesen, die Jugend- und Sozialarbeit nahezu vollständig unterbunden, der Religionsunterricht aus den Schulen verdrängt wurde und die Institution der Kirche in Gefahr schien, wählte der Bischof vor allem in seinen Predigten auch deutliche Widerworte. Bekannt ist auch, dass er die von der Freiburger Caritas-Mitarbeiterin Getrud Luckner betriebene Fluchthilfe für Juden unterstützte.

Doch zur Diskriminierung und Verfolgung der Juden insgesamt fiel kein öffentliches Wort. Schlimmer noch: Wie Walter Jens nachgewiesen hat, waren Bischof Gröbers öffentliche Äußerungen nicht nur vom landläufigen Antikommunismus geprägt, sie enthielten auch weiterhin Elemente des alten christlichen Antisemitismus. Im „Bischöflichen Amtsblatt" vom 27. März 1941, also wenige Monate nach der Deportation der badischen Juden, heißt es in Bezug auf Jesu Tod, er sei der *„unausgesetzten Wühlarbeit der Pharisäer und Schriftgelehrten und der so leicht zu beeinflussenden, wankelmütigen Masse"* zuzuschreiben. Den Pharisäern unterstellt Gröber *„jüdische Weltherrschaftsbegier"* und Judas, den Verräter, beschreibt er in reinstem NS-Jargon: *„Dieser unsäglich elende Wicht"*, der Jesus mit einem *„schmatzenden Kuss der schmutzigen Judaslippen"* verraten habe. Gröbers Schlussfolgerung: *„Über Jerusalem gellt (...) der wahnsinnige, aber wahrsagende Selbstfluch der Juden: 'Sein Blut komme über uns*

Sonntäglicher Kirchgang einiger Bürger, rechts das Münster, davor noch der später abgerissene neogotische Brunnen. Aufnahme um 1935.

Die deutsche Evangelische Kirche hat den Arierparagraph angenommen. „Bevor man nicht den Stammbaum dieser Männer untersucht hat, gehören sie nicht zur Kirche und in die Museen des III. Reichs!"

Der Schweizer „Nebelspalter" spottet 1933 über den schändlichen Arierparagraphen, mit dem einige evangelische Landeskirchen getaufte Juden von Kirchenämtern ausschlossen.

und unsere Kinder!' Der Fluch hat sich furchtbar erfüllt. Bis auf den heute laufenden Tag."[132]

Mit solchen öffentlichen Wortmeldungen lieferte der Freiburger Erzbischof geradezu die theologische Rechtfertigung für die Repressions- und Terrormaßnahmen gegen die Juden. Selbst nach dem Ende der NS-Diktatur beharrte Erzbischof Gröber in ähnlicher Diktion auf theologischer Abgrenzung gegenüber den Juden, während er andererseits bereits wenige Wochen nach Kriegsende in Hirtenbriefen zur Versöhnung und zur Vergebung gegenüber größeren und kleineren Nationalsozialisten aufrief. Dass sich die christlichen Kirchen später stark für verurteilte deutsche Kriegsverbrecher einsetzten und bei den West-Alliierten teils massiv auf Begnadigung drängten, erscheint nur folgerichtig: Beide Konfessionen hatten ähnliche Feindbilder gepflegt. In der Nachsicht für die Täter lag zugleich das Verzeihen der eigenen Komplizenschaft mit dem NS-Regime.

Jenseits der hohen Kirchenhierarchie sah das Bild anders aus: Der damalige Konstanzer Münsterpfarrer, Geistlicher Rat Ernst Alexander Kuenzer, galt nicht gerade als Freund der Juden. Doch er selbst und die anderen katholischen Geistlichen der Stadt blieben den nationalsozialistischen Gliederungen fern. Erhebungen der französischen Besatzungsarmee ergaben, dass nur ein katholischer Pfarrer 1934 Anwärter der SA war. In Singen am Hohentwiel widersetzten sich zwei katholische Pfarrer, August Ruf und Gottfried Kaiser, öffentlich dem kirchenpolitischen Kurs des Staates. Kaiser setzte sich während des Krieges für polnische und französische Zwangsarbeiter ein und wurde deshalb inhaftiert. Pfarrer Ruf verhalf einer jüdischen Frau zur Flucht, wurde verurteilt und starb 1944 im Gefängnis. Auch der frühere Meersburger Pfarrer W. Restle betätigte sich als Fluchthelfer für verfolgte Juden, beherbergte sie bei sich und zeigte ihnen sichere Wege über die grüne Grenze in die Schweiz.

Von den drei evangelischen Pfarrern in Konstanz gehörte einer bis 1937 der SA an, ein anderer war Mitglied der NS-nahen „Deutschen Christen".[133] Insgesamt zeigte die evangelische Kirche nicht nur in Konstanz vor allem in den Anfangsjahren des Dritten Reichs eine größere Nähe zum Nationalsozialismus als die katholische. Bei den Kirchenwahlen 1933 errang die im Juli 1933 gegründete, dem Nationalsozialismus nahe stehende Ortsgruppe der „Deutschen Christen" acht von fünfzehn Sitzen im Kirchengemeinderat. Dieser anfangs starken Gruppe stand früh eine entschlossene Opposition um den Kirchenältesten Hermann Schneider gegenüber. Die „Deutschen Christen" fanden ihren theologischen Kopf im Wollmatinger Pfarrer Hermann Senges. Geführt wurde die Gruppe von NS-Ratsherr Julius Ziehmehl.

Senges, 1932 Vikar und drei Jahre später Pfarrer der noch jungen Wollmatinger evangelischen Gemeinde, verstand seine Arbeit als kämpferische Selbstbehauptung in der Diaspora. Früh demonstrierte er seine Nähe zu Hitlers Drittem Reich. Seine Semesterarbeit des Jahres 1935 widmete der 32-jährige Pfarrer dem Buch *„Mythos des 20. Jahrhunderts"* des NS-Chefideologen Alfred Rosenberg. Ein Jahr nach Hitlers Regierungsantritt feierte Senges – wie Tausende andere Pfarrer beider Konfessionen – einen Dankgottesdienst für den *„Führer"*. Zur Einweihung der neuen Wollmatinger Christuskirche hingen meterlange Hakenkreuzfahnen vom Turm der Kirche, eine der neuen Glocken war Adolf Hitler geweiht. Der Pfarrer selbst heiratete an einem 20. April – Hitlers Geburtstag. Er ermutigte junge Wollmatinger Männer, sich freiwillig zur SS zu melden, und lud immer wieder ausgewiesene Nationalsozialisten aus dem Umfeld der „Deutschen Christen" zu Vorträgen über das Christentum und das „Dritte Reich" ein.[134]

Eine jüdische Hochzeit 1937, aufgenommen möglicherweise in Konstanz. Seltenes Fundstück aus den Nachlasspapieren einer vormals jüdischen Konstanzer Familie.

Doch nicht nur der NS-nahe Wollmatinger Pfarrer erwies dem Nationalsozialismus die Reverenz. Auch die evangelische Gesamtkirchengemeinde Konstanz diente sich 1933 den neuen Machthabern an, indem sie in Rückgriff auf Luthers Zwei-Reiche-Lehre den neuen Staat als von Gott eingesetzte weltliche Autorität begrüßte. Zum 450. Geburtstag Martin Luthers im November 1933 lud der von Stadtpfarrer Kurt Blum präsidierte Kirchengemeinderat zum Festakt ins Konzilgebäude. Kirchliche und weltliche Amtsträger versammelten sich unter Kirchen- und Hakenkreuzfahnen. Als Festredner sprach Oberkirchenrat Brauß aus Karlsruhe. Sein Thema: *„Von Luther zu Hitler"*.[135]

Entschieden regimekritisch verhielten sich nur die „Ernsten Bibelforscher" (Zeugen Jehovas). In Konstanz wurden 1936 nach einer Flugblattaktion gegen Hitler mehrere Anhänger dieser Gemeinschaft inhaftiert. Der Litzelstetter Bauer Augustin Romer wurde Jahrzehnte später in Erinnerung an seine Widersetzlichkeit – er hatte Bibelstunden veranstaltet und eingeschmuggelte Broschüren verteilt – mit einem Straßenschild geehrt. Als die christlichen Kirchen feststellten, dass Hitler keine Politik der friedlichen Koexistenz zwischen Christentum und Nationalsozialismus verfolgte, rückte mancher frühe Jubelprediger von seiner Begeisterung ab. Doch im November 1938 hatten die verfolgten badischen Judengemeinden nichts Hilfreiches von den christlichen Kirchen zu erwarten. Ob spätere Aussagen von Zeitzeugen zutreffend sind, wonach Bedrängte in den Tagen nach dem Pogrom in der Konstanzer Lutherkirche beim dortigen jungen Pfarrer Friedrich Mono Unterschlupf gefunden haben sollen, konnte durch Quellenfunde bisher nicht belegt werden.[136]

Andernorts zeigten Pfarrer und kirchlich engagierte Laien mehr Zivilcourage: In Ulm beispielsweise wagte der dortige evangelische Münsterpfarrer Prälat Dr. Konrad Hoffmann in seiner Bußtagspredigt, das christliche Doppelgebot der Liebe zu Gott und zum Nächsten in direkte Beziehung zu den Ereignissen der Pogrome vom 9. November zu stellen. Der Prälat blieb unbehelligt.[137] In Berlin klagte der katholische Dompropst Bernhard Lichtenberg den Terror an,

קול ששון וקול שמחה

und in Göppingen erstattete der damalige junge Staatsanwalt und spätere württembergische Ministerpräsident (CDU) Gebhard Müller Anzeige gegen die Brandstifter der dortigen Synagoge. Eine besonders mutige Frau wirkte in der Konstanzer Klosterschule Zoffingen: Die Ordensschwester und Lehrerin Brigitte Hilberling – nach NS-Verständnis selbst sogenannte *„Halbjüdin"* – hielt Jugendliche zu kritischer Distanz zur NS-Ideologie an und versuchte, sie geistig gegen den Rassenwahn zu wappnen.[138]

Die Leitungen der Amtskirchen aber verrieten im November 1938 ihren eigenen Glauben. Ob die nach dem 9. November einsetzende weitere Radikalisierung der Verfolgungsmaßnahmen hätte aufgehalten werden können, wenn die Bischöfe damals öffentlich Protest erhoben hätten, darüber kann nur spekuliert werden. Aber dass sie es unterlassen haben, zeigte dem Regime, dass die – neben der Wehrmacht – letzte Instanz eines möglicherweise wirkungsvollen Widerstands keine Gefahr mehr bedeutete.

Erzbischof Dr. Conrad Gröber in Konstanz. Bis zuletzt hielt er antisemitische Predigten, unterstützte aber auch die Freiburger Fluchthelferin Getrud Luckner.

MERCEDES-BENZ-NIEDERLASSUNG ODER SPIELPLATZ?

In den Tagen nach dem Pogrom begann die verwaltungstechnische Abwicklung des Schadensfalls *„Synagogenbrand"*. Zwar gab es keine polizeilichen Ermittlungen, aber der Trümmerhaufen sollte ordnungsgemäß entsorgt werden. Der Konstanzer Oberbürgermeister Albert Herrmann bat das Bezirksamt, gegen die jüdische Restgemeinde eine Abrissverfügung zu erlassen. Die weitgehend mittellose Gemeinde war nicht mehr ohne Weiteres in der Lage, die Kosten für die Trümmerbeseitigung aufzubringen, zumal sie ihren Status als Körperschaft des öffentlichen Rechts inzwischen verloren hatte und ihr Vermögen bereits beschlagnahmt war. Das Bezirksamt kündigte an, die Ruine im Wege der Ersatzvornahme abtragen zu lassen und der jüdischen Gemeinde die Kosten für diese Arbeiten aufzuerlegen.

Die Stadtverwaltung forderte acht Bauunternehmer auf, ein Angebot zum Abriss der zerstörten Synagoge abzugeben. Vier bewarben sich um den Auftrag. Die Bauunternehmer J. Leonhardt, Mathias Gutknecht, Emil Schäfer und Wilhelm Dittus aber gaben trotz Aufforderung kein Angebot ab, möglicherweise wollten sie aus einem zerstörten Gotteshaus keinen Gewinn ziehen. Während ein Bauunternehmer den Auftrag für 3679 Reichsmark ausführte, schlug ein anderer vor, dort eine Großgarage zu errichten. Ein ortsansässiger Autohändler bekundete sein Interesse, auf dem frei werdenden Platz einen Ausstellungsraum für Mercedes-Automobile einzurichten. Der für den Fremdenverkehr zuständige Ratsherr Erwin Hildenbrand schlug vor, die Stadt solle das Grundstück hübsch herrichten und als Spielplatz für die Kinder Konstanzer Mütter anlegen.[139]

Im Dezember 1938 übernahm der vormalige Zentrumspolitiker und Konstanzer Bürgermeister und jetzige städtische Rechtsrat Franz Knapp den Auftrag, die ausstehende Summe für die Trümmerbeseitigung einzutreiben. Die überlieferten städtischen Akten zeigen keine Anzeichen dafür, dass der fromme Katholik Knapp, dessen morgendlicher Gang ins Rathaus stets von einem Gebet im Münster unterbrochen wurde, Probleme damit hatte, das offensichtliche Unrecht rigoros zu exekutieren: Er empfahl seinem Dienstherrn sogar, die Zwangsvollstreckung einzuleiten, sollte die jüdische Gemeinde nicht zahlen können oder wollen. Die inzwischen fast mittellose Ge-

Dem 1938 schwer misshandelten Rechtsanwalt Moritz Bloch kam die bittere Aufgabe zu, den Verkauf der Gemeindegrundstücke zu betreiben.

meinde, die vom kurz zuvor schwer misshandelten und halb erblindeten Rechtsanwalt Moritz Bloch und den Synagogenräten Gustav Nathan und Berthold Wieler vertreten wurde, wusste sich nur durch einen Notverkauf zu helfen: Vier Wochen nach dem Brandanschlag wurde ein kleines Teilstück des Synagogengrundstücks an einen benachbarten Zahnarzt verkauft, mit dem Erlös konnte die Forderung der Stadtverwaltung beglichen werden.

Nach längeren Verhandlungen um das inzwischen leer geräumte und als *„Bauplatz“* ausgewiesene Hauptteil des Synagogengrundstücks kam im Juni 1940, vier Monate vor der Deportation der Konstanzer Juden, ein Kaufvertrag mit einem ortsansässigen Unternehmer zustande: Carl Ludwig Bühler, Fabrikant pharmazeutischer Erzeugnisse, und seine Frau Anna erwarben das 964 Quadratmeter große Areal für 15 000 Reichsmark. Der Konstanzer Notar Dr. Rösch beurkundete den schändlichen Vertrag. Nach dem Ende des „Dritten Reichs“, dessen Politik der *„Grundstücksentjudung“* er über Jahre in nüchterner juristischer Pflichterfüllung mitgetragen hatte, gab sich Notar Dr. Rösch immerhin große Mühe, anfragenden jüdischen Überlebenden bei der Rückübertragung ihres Eigentums behilflich zu sein.

Als das von den letzten acht Konstanzer Juden bewohnte, dem Synagogengrundstück benachbarte jüdische Gemeindehaus 1942 *„unter geeigneter Nachhilfe“* der Gestapo (wie Bürgermeister Mager es formulierte) *„freigemacht“* wurde, plante die Stadt, dort ein *„Lehrlingsheim“* einzurichten. Zur Abrundung dieser Pläne erwarb sie im März 1943 das Synagogengrundstück von Fabrikant Bühler zum Preis von 15 000 Reichsmark hinzu. So war auch die Stadt zum wiederholten Mal zur Arisierungsgewinnerin geworden.

Nach dem Krieg machte die neu gegründete Israelitische Landesgemeinde Südbadens Restitutionsansprüche gegen die Stadt geltend. In einem am 23. April 1949 vor der Restitutionskammer des Landgerichts Konstanz geschlossenen Vergleich willigte die Stadtverwaltung ein, das Synagogengrundstück unverzüglich auf die Israelitische Landesgemeinde umzuschreiben. Unterzeichner des Vergleichs auf städtischer Seite war der neue Oberbürgermeister Franz Knapp. Auch er kannte sich in diesem Fall bestens aus, hatte er doch als städtischer Rechtsrat an der Beseitigung der Tatfolgen und der repressiven Eigentumsübertragung mit Mitteln des NS-Unrechts dienstbeflissen mitgewirkt.[140] Im Mai 1957 beschloss der Oberrat der Israeliten Badens den Verkauf des Grundstücks an die Stadt oder an den Meistbietenden. Neben anderen Bietern bewarb sich der aus Polen stammende KZ-Überlebende Sigmund Nissenbaum. Er hatte sich nach dem Krieg in Konstanz niedergelassen, seine Familie hatte bereits das ehemalige Gemeindehaus der jüdischen Gemeinde erworben, in dem er selbst wohnte. Im Juli 1958 verkaufte die inzwischen wieder formierte Israelitische Religionsgemeinschaft Badens, vertreten durch die Oberratsmitglieder Leopold Ransenberger und Heinrich Freund, vor einem Karlsruher Notar das Grundstück für 33 500 Deutsche Mark an Nissenbaum.

Dass die Konstanzer Synagoge wieder hätte aufgebaut werden können, hielten angesichts der geringen Zahl jüdischer Überlebender damals sogar die Verkäufer für ausgeschlossen. Allerdings wurde Nissenbaum verpflichtet, an einem dort neu zu errichtenden Wohn- und Bürogebäude eine Erinnerungstafel anzubringen. Auch sollte er keine Vergnügungsbetriebe oder Restaurants im Haus unterbringen dürfen. Diese Forderung sollte durch eine persönlich beschränkte Dienstbarkeit auf dem Kaufgrundstück abgesichert werden. Das Konstanzer Notariat machte gegen diese Forderung rechtliche Bedenken geltend. Der Karlsruher Notar Fehn hielt dage-

Ein Bild der Synagoge aus dem Jahr 1883.

gen, eine neue Nutzung des Grundstücks dürfe nicht *„in kränkendem Gegensatz zu der früheren Zweckbestimmung“* stehen. Notar Fehn erklärte: *„Sonst würde ja gerade auch das Ziel der Machthaber vor 1945 erreicht werden, alle Erinnerungen an das Vorhandensein jüdischer Gemeinden in Deutschland spurlos auszutilgen.“* [141] Die vereinbarten Auflagen zulasten des Käufers blieben bestehen. Dass sich in unseren Tagen auch ein Hotelbetrieb und ein gediegenes Suppen-Restaurant im Wohn- und Geschäftshaus befinden, empfinden Kritiker der heutigen Eigentümerfamilie als Verstoß gegen die Auflagen des Oberrats von 1958. Damals war andererseits nicht abzusehen, dass Sigmund Nissenbaum in den Neubau, der dort 1966 entstehen sollte, eine private Synagoge und Versammlungsräume integrieren würde; Räume, die zum Zentrum der neu gegründeten jüdischen Gemeinde wurden und bis heute die konservative jüdische Gemeinde beheimaten.

Die zerstörte Orgelempore nach dem ersten Brandanschlag 1936. Vermutlich wurde die Orgel damals ausgebaut und verkauft.

IN DER „HÖLLE VON GURS“

Nach der Zerstörung der Synagogen in Deutschland waren mehrere Verordnungen erlassen worden, die das Leben der Juden weiter reglementierten und beschränkten. Durch den Verlust nahezu jeder Einkommensmöglichkeit waren die Juden auf ihre Ersparnisse angewiesen, die zugleich dazu dienen sollten, die Auswanderung zu finanzieren. Fast ein Viertel der deutschen Juden war nach dem Pogrom 1938 auf Fürsorgeleistungen angewiesen. Nun wurden Rentenzahlungen eingestellt, Konten durch den Staat gesperrt. Mit Kriegsbeginn im September 1939 wurde der Lebensraum der Juden weiter eingeengt, denn nun wurden sie als innere Feinde des Reichs betrachtet und entsprechend behandelt. Ihnen wurden nächtliche Ausgangsverbote auferlegt, sie erhielten geringere Zuteilungen in der Lebensmittelversorgung, durften nur noch zu bestimmten Zeiten und in bestimmten *„Judenläden“* einkaufen und mussten ihre Rundfunkgeräte abgeben. Die fast vollkommene Absonderung der nach dem Krieg so heuchlerisch *„frühere jüdische Mitbürger“* genannten jüdischen Deutschen vom Alltag der Nichtjuden erleichterte dem Regime den letzten Akt der Vernichtung jüdischen Lebens: Knapp zwei Jahre nach der Zerstörung der Synagogen und vier Monate nach dem deutsch-französischen Waffenstillstandsabkommen begann am 22. Oktober 1940 die Deportation der in Baden, in der Pfalz und im Saarland lebenden Juden.

Gauleiter Robert Wagner (li.) nimmt in Konstanz junge Aspiranten in Parteigliederungen auf.

Das besiegte Frankreich hatte der deutschen Auflage zustimmen müssen, dass alle Juden französischer Staatsangehörigkeit aus Elsass und Lothringen in den unbesetzten Teil Frankreichs deportiert wurden. Die beiden ehrgeizigen Gauleiter Robert Wagner (Baden) und Josef Bürckel (Saarpfalz), eben als *„Chefs der Zivilverwaltung“* in Elsass und Lothringen eingesetzt, begannen umgehend damit, die ihnen unterstellten besetzten Gebiete zu *„entjuden“*. Robert Wagner er-

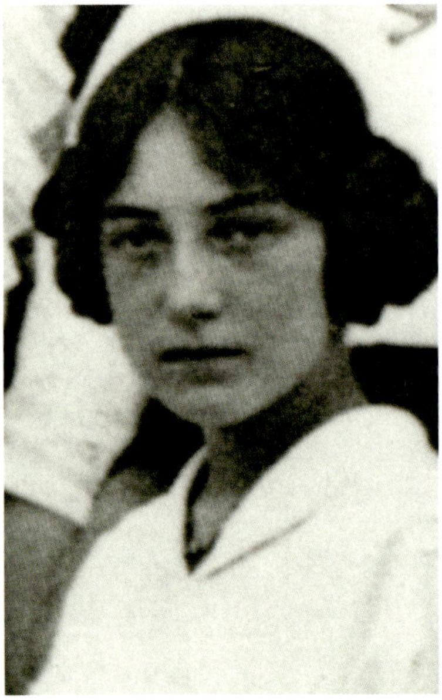

Ida Birn, geborene Rosenthal, Telefonistin im Konstanzer Telegraphenamt, 1942 umgebracht im KZ Izbica.

klärte im Juli 1940: *„Das Elsass muss von allen Elementen, die der deutschen Rasse fremd sind, gereinigt werden.“*[142] Anlässlich einer Besprechung in Berlin im September 1940 forderte Hitler die beiden Gauleiter auf, ihre Gebiete *„judenfrei“* zu machen. Diese Weisung verstanden die fanatischen Gefolgsleute als Aufforderung, die Deportationen auch auf Baden und die Saarpfalz auszudehnen. In einer innerhalb weniger Wochen mit dem Reichssicherheitshauptamt, der Reichsbahn und anderen beteiligten Dienststellen abgestimmten Aktion sollten alle in Südwestdeutschland lebenden, transportfähigen Juden ebenfalls in den unbesetzten Teil Frankreichs abgeschoben und dort interniert werden. Die beiden Gauleiter nahmen an, die Deportierten würden dann mit Hilfe der französischen Regierung nach Madagaskar zwangsausgesiedelt werden. Ausgenommen von der Aktion blieben nur Ehepartner aus *„Mischehen“* und nicht transportfähige Kranke. Innerhalb von zwei Tagen wurden unter Mithilfe der Gestapo und der örtlichen Polizeidienststellen 6504 Juden aus ihren Wohnungen geholt, zu Bahnhöfen gebracht und auf Personenzüge verladen. In teils veraltete Waggons der 4. Klasse gepfercht, ohne ausreichende Versorgung mit Wasser und Nahrungsmitteln, wurden die Menschen in mehrtägiger Reise in das am Fuße der Pyrenäen gelegene südfranzösische Camp de Gurs und damit in den Herrschaftsbereich der mit Deutschland kollaborierenden Vichy-Regierung geschafft.

Am 22. Oktober 1940, es war ein Dienstag, wurden die Betroffenen in Konstanz und in den kleinen Dörfern des Hegau und auf der Höri frühmorgens geweckt. Polizei- und Gestapo-Beamte teilten ihnen mit, sie hätten sich binnen einer Stunde reisefertig bereitzuhalten. Eine Anweisung enthielt Angaben, was mitzunehmen erlaubt war: *„Für jeden Juden ein Koffer oder Paket mit Ausrüstungsstücken. Die zugelassene Gewichtsmenge beträgt für Erwachsene bis 50 kg, Kinder bis 30 kg. Vollständige Bekleidung. Für jeden Juden 1 Wolldecke. Verpflegung für mehrere Tage. Ess- und Trinkgeschirr. Für jede Person bis zu 100.- RM Bargeld. Reisepässe, Kennkarte oder sonstige Ausweise.“*[143]

Leopold Spiegel als junger Rechtsanwalt in Konstanz, um 1910.

„ICH KÖNNTE SIE NICHT ALLEINE LASSEN" – LEOPOLD SPIEGEL

Rechtsanwalt Leopold Spiegel führte in Konstanz eine kleine Anwaltskanzlei. Er stammte aus Wertheim, hatte in München studiert und in Mannheim erste berufliche Erfahrungen gesammelt. In Konstanz heiratete er die zehn Jahre jüngere Betty Gutmann und machte sich in der Bahnhofstraße mit einem eigenen Anwaltsbüro selbständig. Das Ehepaar bekam zwei Kinder, Helmut und Margot. Den gesamten Ersten Weltkrieg verbrachte Spiegel an der Front, zuletzt im Rang eines Feldwebelleutnants. Er erhielt mehrere Kriegsauszeichnungen. Ins Zivilleben zurückgekehrt, widmete sich Spiegel seinem Anwaltsberuf, den er, nach Aussagen von Kollegen, mit besonderem sozialem Engagement ausübte.

Nach der Machtübernahme durch die Nationalsozialisten war Spiegel von den Berufsbeschränkungen gegen jüdische Rechtsanwälte betroffen. Sein Mandantenkreis schmolz, die Einnahmen brachen ein, bald musste die Familie von Ersparnissen leben. Unter dem Eindruck der Ereignisse schickten die Eheleute Spiegel ihre Tochter Margot nach dem Abitur zur weiteren Ausbildung nach Italien und Frankreich. In Deutschland hätte sie zu diesem Zeitpunkt

Betty Spiegel mit den Kindern Helmut und Margot 1920 am Seeufer.

bereits nicht mehr studieren können. Ende 1936 konnte Margot in die USA emigrieren. Im Zuge des Pogroms von 1938 wurde auch Leopold Spiegel im KZ Dachau inhaftiert. Danach intensivierte die Familie ihre Bemühungen zur Emigration. Eine Ausreise nach Venezuela zog sich jedoch zu lange hin. So wurden Leopold und Betty Spiegel mit ihrem 28-jährigen Sohn Helmut im Oktober 1940 nach Südfrankreich deportiert.

Im Sommer 1942 wurden Betty und Helmut Spiegel kurz vor Beginn der Transporte in die Vernichtungslager vom Außenlager Idron in das Stammlager Gurs verlegt – ein böses Vorzeichen, wie die Lagerinsassen ahnten. In dieser Situation beantragte der von der Deportation aus Altersgründen ausgenommene Leopold Spiegel, mit seiner Familie zusammenbleiben zu dürfen. In Gurs traf er auf seinen früheren Studienfreund Dr. Ludwig Mann, der als Chefarzt der internierten Ärzte arbeitete. In einem nach 1945 entstandenen Erinnerungstext, der die Ängste der zur Deportation Bestimmten beschreibt, gibt der Arzt die damals oft gestellte Frage von Ehepartnern wieder: „Männle, soll ich mitgehen? Männle, was würdest Du tun?" In solchen Situationen habe er an seine eigene Frau gedacht und immer geantwortet: „Ich könnte sie nicht alleine lassen." Ebenso verhielt sich Leopold Spiegel. Als Betty und Helmut deportiert wurden, meldete er sich und ging mit ihnen. Bis auf Margot, die in den USA den Krieg überlebte, kam die Familie Spiegel 1942 in Auschwitz ums Leben.

In einem vor dem Landesamt für Wiedergutmachung geführten Verfahren wurde Margot Spiegel Mitte der 1950er-Jahre für den Verlust von Hausrat, Gemälden, Schmuck und Wertpapieren *„entschädigt"*. In Konstanz erinnert heute ein Weg an den 1942 ermordeten Rechtsanwalt Leopold Spiegel.

TE

Kurze Zeit später erschienen die Beamten wieder, um die Menschen abzuholen. Einige der in der Konstanzer Innenstadt wohnenden Familien wurden auf dem Bodanplatz zusammengetrieben und dort auf Lastwagen verladen. Nach Aussagen verschiedener Zeitzeugen sahen dabei mehrere Passanten schweigend zu. Andere Betroffene wurden mit Lastwagen zu Hause abgeholt. Dabei spielten sich teils dramatische Szenen ab, weil die Menschen das Schlimmste befürchteten und sich nicht einfach so wegschaffen lassen wollten. In Gailingen verspottete der Bürgermeister die zusammengetriebenen Menschen, Steine flogen gegen die Lastwagen: *„So, Friesländer, jetzt geht's ins gelobte Land"*, sagte der martialisch in einen khakifarbenen Umhang gekleidete Funktionär, als der 68-jährige Moritz Friesländer zum planenbedeckten Lastwagen geführt wurde. In der Konstanzer Rheingasse wurde die Familie Fürst aufgeladen, die dort viele Jahre lang ein kleines Abzahlungsgeschäft betrieben hatte. Kaum waren die beiden alten Menschen unter den Augen der Nachbarn auf den Lastwagen geschoben worden und der Wagen abgefahren, stürmten einige der Nachbarn das Haus und plünderten die Wohnung. Jahre nach dem Krieg entdeckte die schon 1938 nach England emigrier-

Das längst restaurierte Innere eines der erhaltenen Originalwaggons der Deutschen Reichsbahn, mit denen im Oktober 1940 die badischen und Saarpfälzer Juden deportiert wurden.

te Tochter der Familie Einrichtungsgegenstände ihrer Eltern im Wohnzimmer früherer Nachbarn.[144] Auf dem Güterbahnhof Petershausen stand der Sonderzug bereit. Die Zusammengetriebenen wurden auf die Waggons verteilt, doch erst nach stundenlangem Warten fuhr der Zug gegen Abend ab. In Konstanz blieben nur einige wenige Kranke zurück.

Diese seltenen Fotodokumente vom 22. Oktober 1940 zeigen den Zug durch das Dorf und die Verladung der Galinger Juden auf Lastwagen durch reguläre Polizeibeamte.

Acht Tage nach der Deportation verteilte die Israelitische Gemeinde Kreuzlingen im Kreis ihrer Gemeindemitglieder und bei hilfswilligen Nichtjuden einen Rundbrief, der über den Verbleib der Verschleppten detailliert Auskunft gab und zur Mitwirkung an einer Hilfsaktion (Geld, Kleidung, Lebensmittel) aufrief. Tags darauf fand eine Gemeindeversammlung statt. Das erhaltene Redemanuskript des damaligen Gemeindepräsidenten Albert Schwab dokumentiert gleichermaßen die Erschütterung der Nachbargemeinde und den festen Willen, den Deportierten beizustehen. Schwab sagte unter anderem:

„Wenn Sie sich vorstellen, was es heißt, von einem Tag zum anderen sein Hab und Gut zurücklassen zu müssen und ohne jede Mittel nur mit wenig Habseligkeiten einer ungewissen Zukunft entgegenzusehen, so werden Sie sicher gerne unserem Appell Folge leisten und uns helfen, diesen Bedauernswerten beizustehen. (...) Um alle Deportierten können wir (uns) leider nicht sorgen, aber die etwa 100 Konstanzer, mit denen wir seit Jahrzehnten durch Verwandte und Freundschaftsbande eng verbunden sind, sollen wissen, dass wir Kreuzlinger sie auch im Unglück nicht verlassen.“[145]

Einige Wochen nach der Deportation trafen erste Postkarten aus dem Lager Gurs bei Kreuzlinger Verwandten und der dortigen Gemeinde ein. *„Ohne Zusatznahrung ist es unmöglich, hier zu leben“*, heißt es auf einer der erhaltenen Karten. Die etwa 100 damals in Kreuzlingen lebenden Juden kümmerten sich nun in vorbildlicher Weise um die Gefangenen von Gurs. Ein eigenes Hilfsbüro unter Lei-

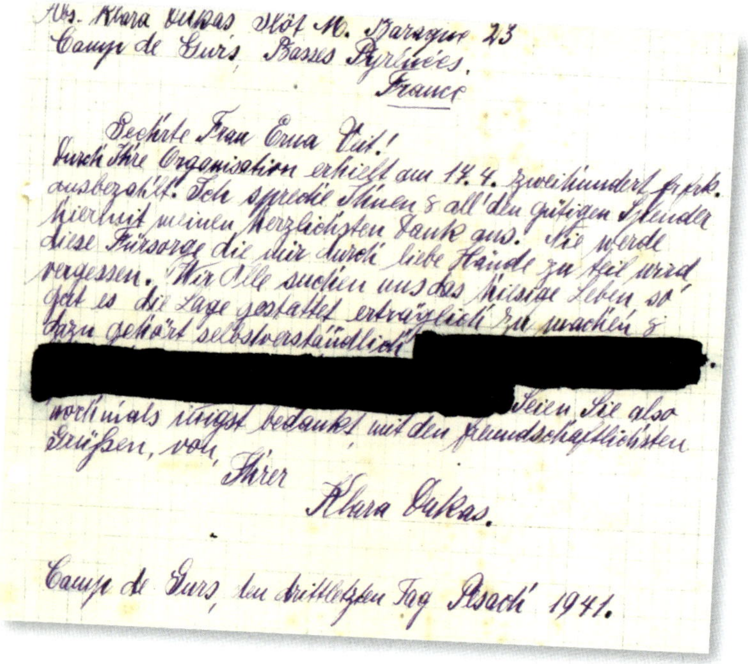

Abs. Klara Dukas Ilôt M. Baraque 23
Camp de Gurs, Basses Pyrénées,
France

Geehrte Frau Erna Veit!
Durch Ihre Organisation erhielt am 14.4. zweihundert frcs. ausbezahlt. Ich spreche Ihnen & all' den gütigen Spender hiermit meinen herzlichsten Dank aus. Ich werde diese Fürsorge die mir durch liebe Hände zu Teil wird nie vergessen. Wir Alle suchen uns das hiesige Leben so gut es die Lage gestattet erträglich zu machen & dazu gehört selbstverständlich [redacted] Seien Sie also nochmals innigst bedankt mit den freundschaftlichsten Grüßen, von
Ihrer
Klara Dukas.

Camp de Gurs, am drittletzten Tag Pesach 1941.

Postkarte aus Gurs mit Dankesworten von Klara Dukas an die Leiterin der Hilfsaktion Erna Veit in Kreuzlingen. Einige Monate später wurde, soweit bekannt ist, auch Klara Dukas in ein Vernichtungslager deportiert.

tung von Erna Veit-Hammel wurde eingerichtet, das den Spendenfluss und die Hilfssendungen koordinierte. Mit Hilfe des Schweizerischen Israelitischen Gemeindebunds, jüdischen und christlichen Helfern und Gewährsleuten in Frankreich und in Genf wurde versucht, den Kontakt aufrechtzuerhalten und Sendungen von Hilfsgütern zu ermöglichen. Der Postverkehr mit dem Lager Gurs unterlag der Zensur. Auf einer Postkarte, die Albert Schwab im Frühjahr 1941 erreichte, dankt die 47-jährige Manja Goldlust für Geldsendungen und Lebensmittelpakete, die ihre Kinder Leo und Paula erhalten hatten, und sie appelliert an die Hilfswilligen in Kreuzlingen: *„Ich bitte von Herzen, uns nicht zu vergessen; die Not der Kinder ist groß, und ohne Zusatznahrung ist es unmöglich, hier zu leben.“*[146]

Bereits im ersten Winter starben in den nicht isolierten, kaum heizbaren Holzhütten des Lagers Gurs, das ursprünglich 1939 eilig für Flüchtlinge des spanischen Bürgerkriegs errichtet worden war, Hunderte der überwiegend älteren Menschen an Infektionen, Kälte und Erschöpfung. Harte Arbeit, Mangel an Medikamenten, ständiger Hunger, die Trennung der Familien und die Angst vor den gerüchteweise bekannt werdenden Transporten in den Osten bestimmten den Lageralltag. Die sanitären Einrichtungen bestanden aus offenen Latrinen. Alte und kranke Menschen mussten sich einen Weg durch den knöcheltiefen Schlamm der Lagerstraßen suchen, um zu einer Waschstelle und zu den Latrinen zu gelangen. Anders als in deutschen Konzentrationslagern wurden die Lagerinsassen zwar nicht misshandelt. Doch die französischen Bewacher, es waren Bewohner der Umgebung, ehemalige Gefängniswärter und Beamte des Innenministeriums, kamen den Lagerinsassen auch nicht zu Hilfe. Allenfalls machten sie Geschäfte mit ihnen und verkauften ihnen Lebensmittel zu überhöhten Preisen. In dieser Situation wurden die

Hilfssendungen aus Kreuzlingen überlebenswichtig. Die 44-jährige Konstanzerin Klara Rothschild schrieb im Frühjahr 1941: *„Ihnen und allen Beteiligten herzlichen Dank für die große Aufmerksamkeit. Es ist uns ein großes Glück, dass es solche guten Menschen gibt, die uns in unserem Unglück beistehen. Gebe Gott, dass auch die Zeit wieder kommt, wo wir uns wieder selbst helfen können, nur diese Hoffnung gibt uns die Kraft, das alles zu ertragen."*[147]

Frauen am Lagerzaun in Gurs, im Hintergrund die kaum heizbaren, aus dünnen Bretterwänden bestehenden Baracken.

Eine Internierte versucht mit primitivsten Mitteln eine warme Mahlzeit zu kochen.

Postkarte aus Gurs mit massiven Schwärzungen durch die Zensur. Details aus dem Lageralltag durften nicht berichtet werden.

Rechts: Blick in eine Lagerbaracke auf die roh gezimmerten Bettgestelle und in den offenen Dachstuhl.

Einigen in Gurs oder in den Nebenlagern Noé, Le Vernet, Les Milles, Rivesaltes und Récébédou internierten Konstanzern gelang durch Vermittlung von bereits ausgewanderten Verwandten im letzten Moment die Emigration. Etliche der Konstanzer Deportierten überlebten die dortigen Verhältnisse jedoch nicht. Zwei nahmen sich das Leben. Die meisten Konstanzer starben später in den Vernichtungslagern Auschwitz und Majdanek, einige in Theresienstadt, in Dachau, in Riga oder anderswo im Osten. Auch Manja Goldlust und Klara Rothschild gehören zu den Getöteten.

Im Januar 1942 beschloss das Regime auf der sogenannten Wannseekonferenz die *„Endlösung"*, die fabrikmäßige Ausrottung der europäischen Juden. Nun wurden im August und September 1942 auch die Lager in Südfrankreich geräumt und die Häftlinge in die Vernichtungslager deportiert, wo sie umgebracht wurden. Die letzten acht im Oktober 1940 in Konstanz zurückgelassenen Alten und ihre Pflegerinnen waren bereits im April 1942 in ein KZ in der Nähe Lublins deportiert und dort getötet worden.

In der bisherigen Heimat machten sich staatliche und städtische Beamte an die Verwertung der zurückgelassenen Vermögenswerte der Deportierten: Das zuständige Regierungspräsidium hatte das Eigentum zunächst eingezogen und die leer stehenden Wohnungen versiegelt. Weil die Aktion wesentlich früher als im übrigen Reich begonnen hatte und auf Reichsebene noch nicht einheitlich geregelt war, was mit dem zurückgelassenen Eigentum der Deportierten geschehen sollte, herrschte zunächst Improvisation und Kompetenzgerangel unter den beteiligten Stellen. Am 23. Oktober 1940 hatte Gauleiter Wagner einen Erlass unterzeichnet, in dem er großspurig verkündete, das *„gesamte Vermögen der aus Baden ausgewiesenen Juden"* werde beschlagnahmt und *„dem Land für verfallen erklärt"*.[148] Das Innenministerium ernannte daraufhin den 34-jährigen Regierungsrat Carl Dornes zum *„Generalbevollmächtigten für das jüdische Vermögen in Baden"* und beauftragte ihn mit der Verwaltung

und Verwertung zugunsten des Landes. Erst im November 1941 lieferte eine Ausführungsverordnung zum Reichsbürgergesetz von 1935 die scheinlegale Grundlage zur Massenenteignung nach: Mit der Entziehung der Staatsbürgerschaft der *„ausgewanderten“* Juden verfiel ihr Vermögen an den Staat.

Dornes schadete sein Engagement als oberster Vermögensverwerter nach 1945 übrigens nicht: Im Entnazifizierungsverfahren wurde er sogar als *„Entlasteter“* eingestuft, ab 1948 war er als Rechtsanwalt tätig und gehörte 1953 als Abgeordneter der CDU dem ersten baden-württembergischen Landtag an.[149] Die Initiatoren der Deportation aus Baden und der Saarpfalz, Wagner und Bürckel, überlebten das *„Dritte Reich“* nicht bzw. nicht lange: Josef Bürckel starb 1944 eines natürlichen Todes, Robert Wagner floh im Frühjahr 1945 vor den vorrückenden französischen Truppen an den Bodensee. Nach der Befreiung von Karlsruhe wurden seine Frau und seine 12-jährige Tochter dort von französischen Truppen festgenommen. Sie steckten Wagners Frau in ein algerisches Bordell in Paris, wo sie sich nach mehreren Vergewaltigungen aus dem Fenster stürzte und starb. Daraufhin stellte sich Wagner den Amerikanern, wurde ausgeliefert, in einem Prozess vor dem Militärgericht Straßburg zum Tode verurteilt und zusammen mit weiteren hochrangigen Funktionären seines Gaus im August 1946 hingerichtet.

Nach der Deportation der Juden wurde die Frage der Vermögensverwertung auf kommunaler Ebene ganz pragmatisch beantwortet: Angesichts des herrschenden Wohnungsmangels bekundete die Konstanzer Stadtverwaltung umgehend Interesse an den frei gewordenen Wohnungen der jüdischen Familien. Als Bürgermeister Mager von Gestapo-Chef Hinz die zur *„Auswanderung der Juden“* betitelte Namensliste erhielt, leitete er sie umgehend dem Ratsschreiber Bühl zu: Der sollte eine Liste der frei gewordenen Wohnungen anlegen lassen, damit sie baldmöglichst neu belegt werden konnten.[150]

Als das ehemalige jüdische Gemeindehaus ausgeräumt wurde, fanden sich dort mehrere liturgische Gegenstände. Wieder einmal war es der bewährte städtische Rechtsrat Knapp, der beauftragt wurde, Möglichkeiten zur Verwertung zu suchen. Knapp wandte sich im November 1940 an das Stadttheater und an den ehrenamtlichen Leiter des Rosgartenmuseums, den Apotheker Dr. Bruno Leiner, mit der Bitte, die Übernahme von Teppichen, Kultgegenständen, Möbeln und Musikinstrumenten zu prüfen. Der offenbar zögernde Leiner verwies geschickt auf neue gesetzliche Bestimmungen, wonach Objekte ohne *„Heimatbindung“* von Museen nicht mehr ausgestellt werden dürften. Knapp beharrte, man könne die Objekte doch nehmen und eventuell später eintauschen. Schließlich unternahmen die Herren eine Ortsbesichtigung. Dort stellten sie fest, dass die hinterlassenen Gegenstände keinen musealen Charakter hatten. Bürgermeister Mager entschied schließlich, die Genehmigung zum Verkauf abzuwarten und dann alles zu veräußern.[151] Drei Jahre später war das inzwischen zuständige Finanzamt Konstanz, Abteilung „Verwaltung jüdischen und reichsfeindlichen Vermögens“, noch immer mit der Verwertung von Vermögenswerten der Deportierten befasst. Die Wessenberg-Galerie sollte prüfen, ob Interesse am Kauf einer mutmaßlichen Zeichnung von Marie Ellenrieder bestand. Eine Reaktion des Galerieleiters Heinrich Schmidt-Pecht ist nicht überliefert. Dem Konstanzer Stadttheater wurden als Requisiten mehrere Biedermeier-Möbel, darunter Vitrinen, Tische, Sessel und Stühle mit Damastbezug, eine Schwarzwälderuhr, ein Frack, eine Reithose, ein paar Ballschuhe und mehrere Nippes-Objekte im Wert von 373 Reichsmark angeboten. Das Theater griff zu. Als im Zuge der Rückgabe *„arisierter“* Vermögenswerte im Winter 1946 auch nach Objekten geforscht wurde, die sich die Stadt gesichert hatte, listete das Theater die damals angeschafften Gegenstände auf.[152]

Dieser Krug stammt aus einem jüdischen Haushalt, er wurde im Zuge einer Auktion von „Judengut“ in Singen versteigert. Jahrzehnte später kam er auf Umwegen ins jüdische Bürgerhaus Gailingen.

Ein Schlussakt der öffentlichen Auslöschung jüdischen Lebens in Konstanz fand unter großem Publikumsandrang statt: Anfang Januar 1941 annoncierte der öffentlich vereidigte Auktionator Leander Hauser die Versteigerung von Zinn, Meißener Porzellan,

Teppichen, Kunstgegenständen, Möbeln und Nähmaschinen aus dem beschlagnahmten Eigentum der Deportierten. Die Auktion fand im Konzilgebäude statt. Hauser und seine Ehefrau, Erna Hauser-Kremer, waren vor 1933 am Stadttheater Konstanz beschäftigt gewesen, er als Direktionsmitglied, sie als Operettensängerin und Schauspielerin. Der Verdacht, sie seien jüdisch, hatte nach dem Machtwechsel auf dem Rathaus genügt, beide zu entlassen. Neben der Gaststätte „Stephanskeller" eröffneten sie ein kleines Antiquitätengeschäft, das auch Auktionen veranstaltete. Eine spätere Mitarbeiterin der Auktionatorin erinnerte sich: *„Erna Kremer war ja Schauspielerin gewesen, die konnte herrlich sprechen und leitete die Auktionen bestens."*[153]

Nicht nur in Konstanz zogen diese Versteigerungen Hunderte Schaulustige an, die mit der Aussicht auf ein *„Schnäppchen"* gekommen waren. Ein Aktenvorgang bei den örtlichen Behörden belegt, dass kein Zweifel daran bestand, was hier versteigert wurde: *„Judengut"*. Auch die Käufer waren sich im Klaren über die Herkunft dieser in großer Menge angebotenen Wohnungsausstattungen. Ein über angeblich ungerechte Zuschläge des Auktionators an Parteifunktionäre erboster Bürger schrieb dem Landrat: *„Was nützt es, den Juden hinauszuwerfen, wenn der jüdische Geist weiterwuchert (...). Einen Juden würde man dafür ins Konzentrationslager stecken, aber dieser Mann kann sogar unter behördlichem Schutz arbeiten."*[154]

Auffallend ist, wie alltäglich die Beteiligung an den Raubzügen nach dem Verschwinden der jüdischen Nachbarn geworden war. Keiner, der solche Gegenstände erwarb, konnte im Zweifel darüber sein, dass sie ihren Eigentümern gewaltsam entrissen worden waren. Die in Wangen am Untersee als Tochter des Dorfarztes Dr. Nathan Wolf aufgewachsene, nach dem Krieg als Staatsanwältin tätige Hannelore König, beschrieb die Teilnahme an solchen Auktionen als Ausdruck menschlicher Gier: *„Es war die Gier der Leute, wie man sich auf die Sachen der Juden gestürzt hat, ohne einen Gedanken darauf zu verschwenden, dass das lauter gestohlene Sachen sind. Es gab auch welche, die nicht zur Versteigerung gekommen sind, aber andere haben mit dem besten Gewissen diese Sachen von meiner Großmutter ersteigert und haben gedacht: Das gehört jetzt uns."*[155]

Johanna Hammel mit ihrer Nichte Renate in Konstanz 1932.

EINE FÜRSORGLICHE TOCHTER: JOHANNA HAMMEL

Die letzte Postkarte an ihre Mutter schreibt Johanna Hammel am 1. September 1942: *„Wir fahren zwar nicht 1. Klasse, aber es geht viel besser, als sie alle dachten. Die Verpflegung ist sehr gut. Man will uns den Abschied schwer machen. Die Begleitung ist angenehm und die Gesellschaft zum größten Teil auch ...“* Sie schreibt diese letzten Zeilen in einem Personenwaggon, der sie mit Hunderten Juden aus dem südfranzösischen Lager Gurs über Toulouse nach Drancy in der Nähe von Paris bringen wird. Von dort wird die 44-Jährige mit dem Transport Nr. 28 in einem Viehwaggon nach Auschwitz deportiert. Am 6. September 1942 ist sie im Vernichtungslager angekommen. Seither fehlt jede Spur von ihr.

Zwei Jahre zuvor, am 22. Oktober 1940, war Johanna, die in der Familie „Hansel“ genannt wurde, mit ihren Eltern Lina und Gustav Hammel und 109 weiteren Konstanzer Juden nach Gurs deportiert

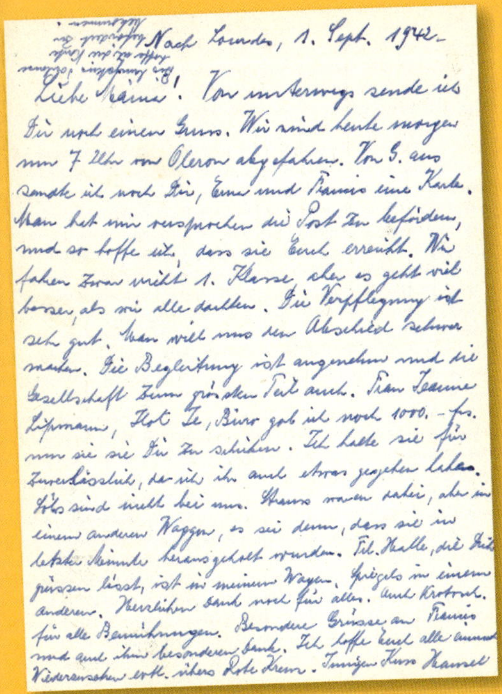

Nach Lourdes, 1. Sept. 1942.

Liebe Mama! Von unterwegs sende ich Dir noch einen Gruss. Wir sind heute morgen um 7 Uhr von Oloron abgefahren. Von G. aus sandte ich noch Dir, Erna und Francis eine Karte. Man hat mir versprochen die Post zu befördern, und so hoffe ich, dass sie Euch erreicht. Wir fahren zwar nicht 1. Klasse, aber es geht viel besser, als wir alle dachten. Die Verpflegung ist sehr gut. Man will uns den Abschied schwer machen. Die Begleitung ist angenehm und die Gesellschaft zum grössten Teil auch. Frau Jeanne Lipmann, Hot. [illegible], Biarr gab ich noch 1000.- frs. um sie Dir zu schicken. Ich halte sie für zuverlässig, da ich ihr auch etwas gegeben habe. [illegible] sind nicht bei uns. Strauss waren dabei, aber in einem anderen Waggon, es sei denn, dass sie in letzter Minute herausgeholt wurden. [illegible], die [illegible] grüssen lässt, ist in meinem Wagen. Spiegels in einem anderen. Herzlichen Dank noch für alles. Auch [illegible] für alle Bemühungen. Besondere Grüsse an Francis und auch ihm besonderen Dank. Ich hoffe Euch alle auf ein Wiedersehen evtl. übers Rote Kreuz. Innigen Kuss [illegible]

[illegible]

Letzter Brief von Johanna Hammel, geschrieben am 1. September 1942 an ihre Mutter auf der Zugfahrt von Gurs nach Drancy.

worden. Die Familie hatte zuvor verzweifelt versucht, Deutschland zu verlassen. Die Rettungsversuche von Johannas Schwester Erna, die seit 1933 in Kreuzlingen lebte, blieben erfolglos. Ein Einreisegesuch in die Schweiz war vom Kreuzlinger Gemeinderat abgewiesen worden. Für Johanna tat sich noch eine Möglichkeit auf, in die USA zu emigrieren: Verwandte in New York hatten schon ein Einreisevisum beschafft, doch sie schlug das Angebot aus, denn sie wollte ihre 66-jährige Mutter und ihren 79 Jahre alten Vater nicht alleine zurücklassen.

Schon kurz nach der Ankunft im Lager Gurs starb Gustav Hammel. Johanna und Mutter Lina gelang es im März 1941, *„temporär beurlaubt“* zu werden. Johannas Schwester Erna konnte aus der Schweiz Geld transferieren, das den beiden Frauen die Unterbringung in einer Privatpension in Idron ermöglichte. Dort trafen sie auf bekannte Gesichter aus Konstanz: Fast 30 zumeist betagte Deportierte hatten im Château d'Idron Unterkunft finden können. Auch hier bot sich Johanna mehrfach die Möglichkeit zur Flucht, doch die Sorge um ihre Mutter hielt sie davon ab, sich selbst zu retten.

Im August 1942 begann die Vichy-Regierung damit, alle ausländischen und staatenlosen Juden zu erfassen und alle unter 60-Jährigen in die Vernichtungslager im Osten zu deportieren. Johanna musste nach Gurs zurückkehren, ihre Mutter wollte sie begleiten, wurde jedoch nach Idron zurückgeschickt. Johanna ahnte, dass ihre Deportation unmittelbar bevorstand, am 27. August schrieb sie ihrer Mutter: *„Ich befürchte, es ist für uns zu spät. Ich sehe schwarz und freue mich um so mehr, wenn es anders kommen sollte.“*

Während Johanna in einer Gaskammer in Auschwitz starb, überlebte ihre Mutter das Kriegsende. Im September 1945 konnte sie zu ihrer Tochter Erna nach Kreuzlingen reisen. Die Familie ließ Johanna nie für tot erklären, sie gilt als verschollen. Ihre Mutter starb 1960 in Kreuzlingen. Nach Deutschland war sie nie mehr zurückgekehrt.

Lisa Foege

JÜDISCHES LEBEN IN KONSTANZ NACH 1945

Anfang Dezember 1945 erreichte die Stadtverwaltung Konstanz der Brief einer jüdischen Überlebenden: Alice Rahmer hatte die letzten Jahre der NS-Diktatur unter falschem Namen und mit falschen Papieren im Untergrund überlebt. Nun schrieb sie aus Memmingen und bat um Nachricht über Menschen, die sie vor dem Krieg in Konstanz kennen und schätzen gelernt hatte: *„Ich war in den Jahren 39/40 oft Gast in Ihrer schönen Stadt und war mit dem letzten Vorsitzenden der jüdischen Gemeinde, Herrn Berthold Wieler, und seiner Gattin Anna und deren Schwester Melanie Pickardt und Sohn Klaus befreundet.“* [156] Die Überlebende wollte wissen, was aus den Freunden und ihren Angehörigen sowie aus den anderen Mitgliedern der damaligen Gemeinde geworden war: *„Ist irgendjemand der früheren jüdischen Gemeinde nach Konstanz zurückgekehrt?“* Die Briefschreiberin erhielt einige Wochen später eine lakonische Antwort: Die alte Mutter der Wielers war 1942 in Konstanz gestorben, Anna Wieler sei 1941 *„nach Stuttgart abgemeldet“* worden, von den übrigen Konstanzer Juden lebten lediglich der Zahnarzt Dr. Moritz Goldmann mit seiner Frau Klara sowie der Kaufmann Artur Kaufmann *„wieder“* in Konstanz. Tatsächlich hatten die Wielers zu den Deportierten des Jahres 1940 gehört, Anna Wieler meldete sich später aus den Vereinigten Staaten, sie hatte die Deportation überlebt.

Im ersten Jahr nach der Befreiung richteten mehrfach Überlebende solche Auskunftsersuchen an den Oberbürgermeister. Sie erkundigten sich nach Verwandten, Freunden und früheren Geschäftsfreunden. Die Antwort fiel meist einsilbig, manchmal geradezu ruppig aus. Auf einem dieser Anschreiben, mit dem ein Fritz Monti nach Mitgliedern der Familien Spiegel, Jung und Haymann geforscht hatte, notierte der Sachbearbeiter der statistischen Abteilung: *„Von den Obengenannten sind keine hier!!!“* [157] Das Thema war den städtischen Mitarbeitern, die als politisch nicht oder nur gering belastet die erste Säuberung der Stadtverwaltung überstanden hatten, offensichtlich unliebsam. Was hätten sie auch antworten sollen? Von den rund 31 000 Juden, die 1933 in den alten Ländern Baden und Württemberg gelebt hatten, waren rund 21 500 rechtzeitig emigriert, 8500 waren deportiert worden. Nur 701 Überlebende waren aus Lagern zurückgekehrt. In Südbaden lebten bei Kriegsende nur noch

Jüdische Überlebende, die als „Displaced Persons“ in Konstanz gestrandet waren, vor dem ehemaligen Gemeindehaus in der Sigismundstraße.

14 Juden. Einige hatten als sogenannte *„U-Boote“* in Verstecken überlebt, andere waren, weil sie in Mischehen lebten, von den letzten Deportationen nicht erfasst worden.[158] Jüdisches Leben fand nach 1945 in Konstanz keinen Anknüpfungspunkt an das, was vor 1933 hier bestanden hatte: Die Synagoge war zerstört, das Gemeindeleben aufgelöst, alle jüdischen Familien vertrieben, gestorben oder ermordet. Erst 1968 kehrten Liesel und Erich Bloch, dessen Vater Moritz letzter Vorsteher der Gemeinde vor der Deportation gewesen war, als einzige Mitglieder der früheren jüdischen Gemeinde aus Israel nach Konstanz zurück, um sich der Erinnerungs- und Versöhnungsarbeit zu widmen.

Doch es gab Anfänge anderer Art: Unter der Leitung des KZ-Überlebenden Abraham Eichenbaum konstituierte sich schon im Sommer 1945 im ehemaligen Gemeindehaus in der Sigismundstraße 21 ein Israelitisches Komitee. Die Mitglieder dieses Komitees, *„Displaced Persons“* wie alle anderen, kümmerten sich um ihre Leidensgenossen, die den Lagern entronnen und auf dem Weg in die Freiheit und in ein Aufnahmeland an der deutsch-schweizerischen Grenze gestrandet waren und hier auf die Erteilung eines Visums warteten. Wie schon nach der Deportation von 1940 bot auch die kleine jüdische Gemeinde in Kreuzlingen diesen Bedürftigen ihre Hilfe an, zumal Lebenszeichen an Familienmitglieder in aller Welt aus der intakten Schweiz mit ihrer funktionierenden Post leichter zu verschicken waren.

Anfangs standen sich die Gesprächspartner aus Kreuzlingen und Konstanz noch an der hermetisch abgesperrten Grenze gegenüber: dort die wohlgenährten Kreuzlinger, da die abgemagerten Überlebenden, die noch die gestreiften KZ-Häftlingsanzüge trugen. Im Juli 1945 erhielt der für Kreuzlingen zuständige St. Galler Rabbiner Dr. Lothar Rothschild erstmals die Erlaubnis der französischen Besatzungsbehörden, Juden in der französischen Zone zu besuchen, um Gottesdienste zu halten und Unterstützung bei der geplanten Rück- oder Auswanderung zu leisten. Im September 1946 bat das jüdische Komitee die Konstanzer Stadtverwaltung, einen geeigneten Saal für Gottesdienste zur Verfügung zu stellen, denn das alte Gemeindehaus war längst als Wohnraum voll belegt. Daraufhin bewilligte die Stadt – gegen eine Gebühr von 20 Reichsmark für jede Nutzung – den großen Saal der Wessenberg-Galerie zur Miete. Heute dient dieser Raum dem Kunstverein als großer Ausstellungssaal.

Ende des Jahres 1946 unternahm der wieder errichtete Oberrat der Israeliten Badens erste Versuche, die verstreut untergekommenen, überlebenden Juden in neuen Gemeinden unter dem Dach der Israelitischen Landesgemeinde Badens zu vereinen. Das Konstanzer Komitee beharrte anfangs auf Eigenständigkeit. Doch Anfang 1947 stellte sich Isidor Krumholz der Stadtverwaltung als neuer Präsident der Jüdischen Gemeinde Konstanz vor, bat um Treibstoffzuteilung für das Automobil der Gemeinde und gab der Hoffnung Ausdruck, die zerstörte Konstanzer Synagoge könne – mit Hilfe der Täter, die sie 1938 zerstört hatten – wieder errichtet werden. Solche Forderungen schreckten die amtierenden Stadtoberen auf. Nachdem im Mai 1945 auf Druck der Besatzungsbehörden 105 Beamte, Angestellte und Arbeiter der Stadtverwaltung (18 Prozent der damals Beschäftigten) wegen ihrer nationalsozialistischen Vergangenheit aus dem Dienst entfernt worden

Ein Tage der Freude: Überlebende am Rande einer Parade der französischen Besatzungsmacht auf der Bodanstraße, im Hintergrund die amerikanische Flagge.

Der kurzzeitige Oberbürgermeister Fritz Arnold, er hatte im Krieg als Pionier-Oberst gedient, eröffnete 1946 die erste Gedenkstätte am Synagogengrundstück.

waren, vermieden die übrig gebliebenen Mitglieder der kommunalen Funktionselite spektakuläre Akte gegen die Belasteten. Schon deutete sich das kommende kollektive Beschweigen der NS-Vergangenheit an: Abgesehen von der durchaus nachhaltigen Säuberung der Spitzenpositionen in Verwaltung, Justiz und Sicherheitsbehörden galt auf der mittleren und unteren Ebene Funktionsfähigkeit mehr als die tiefgreifende Selbstreinigung, die Überlebende und Remigranten forderten.

Ein Beispiel mag diese Politik des Täterschutzes illustrieren: Auf Ersuchen der zugezogenen KZ-Opfer und der jüdischen Gemeinde Kreuzlingen ließ der im Amt belassene frühere Rechtsrat und jetzige Bürgermeister Franz Knapp im Januar 1946 den Synagogenplatz zu einer provisorischen Gedenkstätte herrichten. 30 ehemalige Parteigenossen sollten die Arbeiten ausführen, doch der Amtsarzt bescheinigte 29 von ihnen, sie seien nicht in der Lage, schwere körperliche Arbeit zu verrichten. Knapp teilte dieses Ergebnis der Jüdischen Gemeinde mit, versuchte aber nicht, stattdessen andere politisch Belastete zu diesen Arbeiten heranzuziehen. So türmten die Arbeiter einer Baufirma einige der übriggebliebenen Steine der Synagoge aufeinander, und man brachte eine Tafel an. Auf ihr war die sachlich richtige und doch nebulös-verquere Inschrift zu lesen: *„Hier stand die in den Jahren 1881/83 von der Israelitischen Gemeinde Konstanz errichtete Synagoge. Am 10. November 1938 wurde sie von der SS der NSDAP niedergebrannt.“* Zur Einweihung der Gedenkstätte am 12. Mai 1946 hielt der im Januar von der französischen Militärregierung zum Oberbürgermeister ernannte Fritz Arnold eine Ansprache.

Der 1933 als Technischer Bürgermeister abgesetzte und geschmähte Sozialdemokrat Arnold führte in seiner Ansprache Entlastendes zugunsten der Heimatstadt an: *„Die Stadtverwaltung Konstanz wie auch die gesamte Bevölkerung unserer Stadt lassen durch mich ihr lebhaftes Bedauern darüber aussprechen, dass vor Jahren an* *dieser Stelle die unerhörte Schandtat verübt worden ist, indem ein Gotteshaus zerstört wurde. Wenn uns dabei noch etwas trösten kann, so ist es die Tatsache, dass es fremde Bubenhände waren, die sich an dieser uns alten Konstanzern so vertrauten Kultstätte vergriffen hatten, dass kein Konstanzer dabei mitgewirkt hat.“*[159]

Das war nachweislich falsch, und Arnold, dessen Elternhaus kaum 500 Meter von der Synagoge entfernt stand, wusste das. Zum Zeitpunkt der Einweihungsfeier waren bereits entsprechende Ermittlungen aufgenommen worden, auch standen einige Feuerwehrmänner im Verdacht, an der Brandstiftung von 1938 mitgewirkt zu haben. Davon hatte der Oberbürgermeister als damaliger Dezernent für das Feuerwehrwesen Kenntnis, denn es waren im Leitungsgremium der Feuerwehr Protokollnotizen über das damalige Verhalten der Wehr während des Pogroms gefertigt worden.

Jüdische KZ-Überlebende umrahmen eine große Steinplatte aus der zerstörten Synagoge und die erste Erinnerungstafel, Frühjahr 1946.

Das Stadtoberhaupt richtete am improvisierten Gedenkort den Blick nach vorne: Nicht nur der Erinnerung an *„dunkle Tage"* diene der Stein. Er solle auch für die Zukunft mahnen, *„an den idealen Gedanken der Humanität und der Toleranz festzuhalten, sie zu fördern und zu pflegen; daran mitarbeiten zu wollen mit unserer ganzen Kraft sei zu dieser Stunde unser Gelöbnis!"*

Rabbiner Lothar Rothschild aus St. Gallen, der ebenfalls zur Einweihung des Gedenksteins sprach, sah weniger optimistisch in die Zukunft. Für ihn war jüdisches Leben in Konstanz damals, im Mai 1946, nicht wieder denkbar: *„Mit der feierlichen Handlung des heutigen Tages ziehen wir einen Schlussstrich unter eine kummervolle und enttäuschungsreiche Geschichte. Das neue Leben findet seinen Ort im Land der Väter und in den übrigen, ungebrochenen Zentren der jüdischen Welt. In stolzer Wehmut nehmen wir Abschied von diesem uns im Herzen lieben Platze einer einst ehrwürdigen Stätte."* [160]

Rothschild bat die Gemeinde, den früheren Standplatz der Synagoge in Ehren zu halten und den Gedenkstein zu pflegen. Nach wenigen Jahren waren Appell und Mahnstein jedoch vergessen. Die Stadt ließ die Gedenkstätte verkommen, zumal der neue Eigentümer des Grundstücks, der Oberrat der Israeliten Badens, weit weg in Karlsruhe saß. Zur Errichtung eines größeren Denkmals an dieser Stelle, wie emigrierte Konstanzer Juden vorschlugen, kam es nicht. Auch die Idee, die einstige Synagoge mit Spenden emigrierter Konstanzer Juden wieder aufzubauen, fand keine Verwirklichung. Der Gedenkstein wurde später auf den jüdischen Teil des Hauptfriedhofs versetzt, dorthin, wo 1936 die aus der angezündeten Synagoge geborgenen Thora-Rollen traditionsgemäß bestattet worden waren.

Während ausgemergelte Überlebende auf ihre Auswanderung warteten und in kleinem Kreis jüdisches religiöses Leben wieder auflebte, kam es sogar zu antisemitischen Vorfällen. Im Sommer 1946 führte das Israelitische Komitee Klage darüber, dass Überlebende mehrfach von Jugendlichen mit antisemitischen Parolen angepöbelt worden seien. Die jahrelange antisemitische Indoktrination der Jugend hatte späte Früchte getragen.

Eröffnung des Sederabends der neuen Jüdischen Gemeinde zum Auftakt des Pessach-Festes, unter den Gästen auch französische Militärangehörige. In der Mitte des Tisches liegen die Matzen, das ungesäuerte Brot, bereit.

Mit Gründung des Staates Israel im Mai 1948 nahmen zahlreiche der zeitweise über 200 in und um Konstanz untergekommenen KZ-Überlebenden Abschied vom Bodensee. Auch die Übriggebliebenen saßen eigentlich *„auf gepackten Koffern“*, wie es damals in Kreisen der Überlebenden hieß. Und doch wagten einige von ihnen einen Neuanfang mitten unter den Tätern und Mittätern. Ein kleiner Kreis von KZ-Überlebenden gab die Absicht auszuwandern nach und nach auf. Die Menschen fanden Arbeit und Wohnungen, im grenznah liberalen Klima fühlten sie sich einigermaßen sicher.

Charismatische, führungsstarke Integrationsfigur dieser neuen, 1964 formell als Freiburger Filialgemeinde gegründeten Israelitischen Kultusgemeinde war der aus Warschau stammende Sigmund Nissenbaum. Zusammen mit seinem Vater hatte er mehrere Konzentrationslager, darunter Treblinka, überlebt und war zuletzt als Zwangsarbeiter bei Offenburg eingesetzt. Dort wurde sein Vater umgebracht, der 19-jährige Sigmund konnte fliehen und gelangte bei Kriegsende an den Bodensee. In Konstanz baute er sich eine berufliche Existenz als Altwarenhändler und Immobilienkaufmann auf. Hier lernte er seine spätere Frau Sonja Reinhard kennen. Nachdem er 1958 das ehemalige Synagogengrundstück gekauft und darauf 1966 ein Wohn- und Geschäftshaus errichtet hatte, fand die jüdische Gemeinde dort eine feste Bleibe. Sigmund Nissenbaum widmete sich ab 1983 stark dem Wideraufbau von jüdischen Friedhöfen in seiner polnischen Heimat. Die von ihm gegründete, weltweit geachtete Stiftung führt diese Aufgaben unter Leitung seiner Söhne Benjamin und

Liesel und Erich Bloch kehrten Mitte der 1960er-Jahre aus Israel nach Konstanz zurück und widmeten ihr Leben der Erinnerungs- und Versöhnungsarbeit.

Gideon bis heute fort. Zuletzt beteiligte sich die Stiftung auch am Bau des neuen jüdischen Museums in Warschau.

Religiös betreut wurde die neue jüdische Gemeinde anfangs von Dr. Lothar Rothschild aus St. Gallen, danach von Rabbiner Max Mandelbaum, dem damaligen Landesrabbiner Prof. Dr. Nathan Peter Levinson, seinem Nachfolger Benjamin David Soussan, Oberkantor Schmuel Blumberg, Landesrabbiner Chaim Naftalin und Rabbiner Usi Teitelbaum. Heute ist Schlomo Schiff der Konstanzer Rabbiner.

Diese Gruppe, der einige Zuwanderer aus Israel, Afrika, Mittel- und Südamerika und aus den USA angehörten, bildete eine kleine, aber stabile Gemeinschaft mit ausgeprägtem Gemeindeleben, schönen Feiern und einer großen kulturellen Offenheit zur nicht-jüdischen Öffentlichkeit der Stadt. In seinem Rückblick auf die ersten 50 Jahre dieser nicht unumstrittenen Gemeindegründung im Land der Täter schreibt der Chronist der Gemeinde, Professor Erhard Roy Wiehn: *„Diese Menschen kamen, weil sie sich in ihren Emigrationsländern auf die Dauer doch nicht wohlfühlten, weil sie dort nur eine unzureichende oder gar keine Krankenversorgung hatten oder weil sie in ihre sprachliche Heimat zurück wollten oder aus anderen Gründen.“*[161]

Der aus Israel remigrierte Dr. Erich Bloch hatte sich vorgenommen, der nächsten Generation der Deutschen unvoreingenommen zu begegnen, die Erinnerung an das badische Judentum vor 1933 wachzuhalten und neue Brücken zu schlagen. Im 1964 gegründeten Arbeitskreis für Christlich-Jüdische Zusammenarbeit und in der 1966 ins Leben gerufenen Deutsch-Israelischen Gesellschaft wird diese Arbeit bis heute von christlichen und jüdischen Ehrenamtlichen gemeinsam betrieben.

Mit dem Untergang der Sowjetunion 1991 begann eine neue Phase im Leben der jüdischen Nachkriegsgemeinde: Nun wuchs die Zahl der Seelen auf über 400 an, es mussten Sprachunterricht und

religiöse Unterweisung organisiert, Wohnung und Arbeit gefunden und die soziale Integration der Zuwanderer gefördert werden. Heute herrscht ein reges, an orthodoxen Glaubenstraditionen orientiertes Gemeindeleben, die Gemeinde hat einen eigenen Rabbiner, und noch immer öffnet sie zu den hohen Feiertagen ihre Türen für nicht-jüdische Gäste und lädt Schulklassen ein, jüdisches Leben kennen zu lernen.

Der Konstanzer Kantor Schmuel Blumberg in der Synagoge.

Die Israelitische Kultusgemeinde erhält eine neue Thora, deren letzte Buchstaben eben geschrieben werden. Mehrere Rabbiner aus aller Welt nehmen an diesem feierlichen Akt teil.

Eine Gruppe innerhalb der Gemeinde fühlte sich von der konservativen Richtung der Gemeinde nicht mehr mitvertreten. So kam es 2008 zur Gründung der „Jüdischen Gemeinde Konstanz", die sich den liberalen Traditionen der früheren Kreuzlinger Gemeinde mehr als der Konstanzer Richtung verbunden fühlt. Ein 2012 unternommener Versuch, die beiden Gemeinden wieder zusammenzuführen, scheiterte. Die Kreuzlinger Gemeinde schloss wegen des starken Rückgangs an Gemeindegliedern im Jahr 2009 nach 70 Jahren ihren Betsaal. Dessen Inneneinrichtung wurde dem Jüdischen Bürgerhaus Gailingen vermacht. Mit der Einweihung dieses Saales durch den Rabbiner Dr. Tovia Ben-Chorin fand in Gailingen im Jahr 2013 der erste jüdische Gottesdienst seit der Zerstörung der dortigen Synagoge im Jahr 1938 statt.[162]

Ein Rückschlag im Bemühen, in Konstanz wieder eine Synagoge zu bauen, war das vorläufige Scheitern der seit 1999 verfolgten Pläne, auf einem von der Stadt kostenlos zur Verfügung gestellten Grundstück unweit des Standorts der alten Konstanzer Synagoge eine neue Synagoge zu errichten. Das neue Gotteshaus sollte beiden Gemeinden als Synagoge und Gemeindezentrum dienen. Doch zu groß waren die Unvereinbarkeiten beider Positionen, zu unerfüllbar

Folgeseite: Einbringen der neuen Thora in die Synagoge der Israelitischen Kultusgemeinde Konstanz. Rechts von Rabbiner Chaim Naftalin trägt Gideon Nissenbaum die bekrönte Thora, begleitet von seinem Bruder Benjamin (links).

vermutlich auch die Forderung der Stadt, das neue Gotteshaus müsse beiden religiösen Richtungen zugänglich sein, andernfalls würde das Grundstück der Gemeinde nicht übertragen werden können. Im Dezember 2014 scheiterten die Verhandlungen um den Synagogenbau auf dem Grundstück des früheren Hotels „Anker": Rami Suliman, Vorsitzender des Oberrats der Israelitischen Religionsgemeinschaft Baden, teilte am 11. Dezember 2014 der Öffentlichkeit mit, dem Oberrat sei keine andere Möglichkeit geblieben, als sich aus dem Projekt zurückzuziehen: *„Eine Einmischung der Stadt Konstanz in innere Angelegenheiten der IRG Baden darf es nicht geben."* [163]

Diese bittere Absage wurde im politischen Konstanz als Affront empfunden. Die Stadtverwaltung fühlte sich missverstanden und hielt dem Oberrat vor, übereilt gehandelt zu haben. Doch Anfang 2015 zeigte sich ein neuer Hoffnungsschimmer: Die Israelitische Religionsgemeinschaft Baden widerrief ihre Absage vom Jahresende und bekräftigte ihre Absicht, am gedachten Standort nun doch eine Synagoge zu bauen. Als Voraussetzung hierfür sollen sich beide jüdischen Gemeinden zunächst formal auflösen, um dann in einer neu zu bildenden Einheitsgemeinde zusammenzufinden. Dagegen

Besuch des ersten israelischen Botschafters Asher Ben-Natan (links) in der Bundesrepublik bei der jüdischen Gemeinde. Um 1965.

sprach sich jedoch die liberale Jüdische Gemeinde aus. Dieser Akt sei die erste Zerstörung einer jüdischen Gemeinde in Baden seit der Shoah, äußerte die Vorsitzende der liberalen Gemeinde Minia Joneck. Zum Zeitpunkt der Drucklegung dieser Arbeit war offen, ob der neue Anlauf, die Gemeinden zu vereinen, Erfolg haben wird.

Die Selbstverpflichtung der Stadt, dem neu gewachsenen jüdischen Leben in Konstanz zu einem würdigen Gebäude zu verhelfen, darf sich allerdings nicht in den Interessenkonflikten der beteiligten Gruppen und in tagespolitischen Konflikten auflösen. Die nationalsozialistische Stadtverwaltung beteiligte sich einst an der Entrechtung, Vertreibung und Ausraubung der Juden, insbesondere auch an der Zerstörung der Synagoge. Die heutige Stadtverwaltung und die politischen Gremien bleiben aufgerufen, auch weiterhin jeden realistischen Plan zum Bau einer Synagoge geduldig zu unterstützen.

Bessamin-Büchse (ein Gewürzfässchen) und Kiddusch-Becher einer heutigen jüdischen Konstanzer Familie.

EIN KOCHGESCHIRR MIT SCHMUCK: SIGMUND NISSENBAUM

Zu den zahlreichen „Displaced Persons", die nach Kriegsende in Konstanz gestrandet waren, gehörte auch der polnische KZ-Überlebende Sigmund Nissenbaum. Sein Vater war in Warschau Pächter einer Ziegelei gewesen und hatte eine Futtermittelhandlung betrieben. Nach der Besetzung Polens durch deutsche Truppen war der damals 12-jährige Sigmund mit seiner Familie zunächst in das von den Deutschen eingerichtete Warschauer Ghetto gesperrt worden. Zusammen mit seinem Bruder Josef und seinem Vater Leib Nissenbaum war er 1943 in das Konzentrationslager Majdanek deportiert worden. Von dort kamen die drei Nissenbaums später nach Lublin und schließlich in das KZ Flossenbürg. Sigmunds Mutter Genia, die Schwestern Bronja und Genia sowie ein weiterer Bruder, Jakob, kamen in den Vernichtungslagern der Nazis ums Leben.

Vor dem Abtransport nach Majdanek hatte Sigmunds Bruder Josef als geschickter Elektroschweißer in ein damals viel verwendetes Militärkochgeschirr aus Aluminium einen doppelten Boden eingebaut, unter dem Vater Nissenbaum verschiedene Schmuckstücke der Familie und einige Erinnerungsfotos verbarg. Das Kochgeschirr trug er durch alle Lager bei sich. Einmal rettete ein

Kurz nach der Befreiung, Sommer 1945: Sigmund Nissenbaum noch in der Kleidung eines Zwangsarbeiters.

Sigmund Nissenbaum mit seiner Frau Sonja anlässlich der Verleihung des Ordens „Kreuz von Auschwitz" im ehemaligen deutschen Vernichtungslager.

Goldring das Leben des Vaters: Er hatte schon auf einer Todesliste gestanden, wurde aber durch Bestechung eines Blockältesten von der Liste gestrichen.

Gegen Kriegsende wurden die drei Männer in einem Lager in Offenburg als Zwangsarbeiter eingesetzt. Als sich das Gerücht verbreitete, die Häftlinge sollten weitergetrieben, die Kranken unter ihnen jedoch getötet werden, versuchte der kranke Vater, seinem Sohn Sigmund das Kochgeschirr anzuvertrauen. Ein Lagerältester bemerkte das, ergriff das mit Brot und Tabak gefüllte Behältnis und entdeckte den Schmuck darin. Der herbeigerufene Lagerkommandant nahm den Schmuck an sich, die Fotografien warf er weg. Kurz darauf wurde Vater Nissenbaum zusammen mit 42 weiteren Kranken im Keller des Notlagers mit Beilen und Pickeln erschlagen, die Überlebenden wurden weitergetrieben. Wenige Tage danach befreiten französische Soldaten den Elendszug der Häftlinge.

In Konstanz fanden Josef und Sigmund eine erste Niederlassung. Josef verließ Konstanz nach einiger Zeit und emigrierte in die USA. Der inzwischen 23-jährige Sigmund arbeitete als Gastwirt und als Altwarenhändler, aber auch er plante seine Emigration in die USA. Sie scheiterte unter anderem, weil er wegen angeblich antiamerikanischer Äußerungen denunziert worden war.

Als Sigmund Nissenbaum im Zuge der Wiedergutmachungsverfahren den Gegenwert des damals geraubten Schmucks aus dem Kochgeschirr einklagte, hatte er keinen Erfolg: Das Landesamt für Wiedergutmachung bezweifelte rundweg, dass ein KZ-Häftling noch im Besitz von verborgenem Schmuck gewesen sein konnte. Nissenbaums Anwalt widersprach, verwies auf Eugen Kogons 1946 erschienenes Buch *„Der SS-Staat"* und die darin enthaltenen Schilderungen des Alltags in den Konzentrationslagern mit vergleichbaren Beispielen. Die 1952 angerufene Entschädigungskammer des Landgerichts Freiburg wies die Forderung ebenfalls ab, allerdings mit anderer Begründung: Der von einem SS-Kommandanten geraubte Schmuck falle nicht unter das Bundesentschädigungsgesetz. Der Kläger müsse seinen Rückerstattungsanspruch gegen das frühere Deutsche Reich geltend machen, vertreten durch die Oberfinanzdirektion Freiburg. Nissenbaum gab auf, verfolgte den Fall nicht weiter. Er blieb in Konstanz, wurde ein erfolgreicher Unternehmer und der wichtigste Gründervater der neuen jüdischen Gemeinde. In seinen späteren Lebensjahren gründete Sigmund Nissenbaum – er hatte seinen Vornamen längst eingedeutscht – in Polen eine heute weltweit hoch geachtete Stiftung, die „Fundacji Rodziny Nissenbaumów“, die seither über 200 jüdische Friedhöfe und Kulturstätten in Polen restauriert hat. Der Hochgeehrte starb 75-jährig im Jahr 2001. Seine Söhne Benjamin und Gideon führen die Unternehmen und die Stiftungsarbeit des Vaters fort.

TE

Sigmund, Sonja und Gideon Nissenbaum werden in der Gedenkstätte Auschwitz-Birkenau dem Präsidenten der Vereinigten Staaten von Amerika, George Bush sen., vorgestellt.

ALS REFUGIUM FÜR TÄTER

OB Albert Herrmann während eines „Eintopftages“ des Winterhilfswerks, um 1935.

Was passierte nach 1945 mit den örtlichen Repräsentanten und Tätern des NS-Regimes? Die Brandstifter der Synagoge wurden, wie berichtet, strafrechtlich nie belangt. Die oberste Stadtspitze musste gehen, hatte aber auch keine Strafverfolgung zu fürchten: Oberbürgermeister Albert Herrmann und Bürgermeister Leopold Mager verloren im Mai 1945 ihre Ämter. In ihren Entnazifizierungsverfahren verstanden es jedoch beide Repräsentanten des Unrechtsstaats, ihre Beteiligung beispielsweise an der Judenverfolgung so herunterzuspielen, dass sie kaum mehr ins Gewicht fiel. Diese aktiven Funktionäre des NS-Staates kamen mit bescheidenen Sanktionen davon, Mager wurde am Ende des Berufungsverfahrens sogar als *„Entlasteter“* eingestuft, so geschickt hatte er unter anderem seine angebliche Rolle bei der kampflosen Übergabe der Stadt an die Franzosen darzustellen vermocht. Herrmann arbeitete später als Rechtsanwalt in Karlsruhe, er bereute nie und beharrte seinem Sohn Harald gegenüber darauf, seine Pflichten als Oberbürgermeister untadelig erfüllt zu haben. Mager, der einstige ideologische Scharfmacher und Judenhasser, kehrte gar 1953 als geläuterter Demokrat für neun Jahre als Mandatsträger der „Freien Wähler Gemeinschaft“ in den Konstanzer Stadtrat zurück. Er erzielte sehr gute Wahlergebnisse, vermutlich auch durch Wählerstimmen ehemaliger Nationalsozialisten. Man hat jedoch nie wieder eine politisch verdächtige Äußerung von ihm gehört. Als er 1966 starb, rühmte ihn die 1945 gegründete bürgerliche Tageszeitung „Südkurier“ als verdienten Kommunalpolitiker.

Einige besonders belastete Amtsleiter der Stadtverwaltung wurden ausgetauscht und kehrten auch nicht wieder auf ihre Positionen zurück. Auch der seit 1941 amtierende Direktor des Landgerichts, fanatischer Nationalsozialist und Vater des späteren bundesdeutschen Arbeitgeberpräsidenten Hanns Martin Schleyer, Ernst Schleyer, wurde im Sommer 1945 abgesetzt. Landrat Fritz Kauffmann, Landeskommissär Gustav Wöhrle, die Riege der NS-Ratsherren, führende Chargen der SA, SS und anderer Formationen des NS-Staates sowie die Beamten der örtlichen Gestapo verloren ebenfalls ihre beruflichen Positionen. Einige wurden vor Gericht gestellt. Im „Konstanzer Gestapo-Prozess", der im Oktober 1948 vor dem Obersten Militärgericht der französischen Zone in Rastatt stattfand, sollten sich der zeitweilige Leiter des Konstanzer Gestapo-Kommissariats, Emil Hinz, seine Mitarbeiter Theodor Dell und Otto Grethe sowie der von Singen nach Konstanz versetzte Gestapo-Beamte Emil Truckenbrod für ihre Taten verantworten. Den Männern wurden Misshandlungen von Gefangenen, Einsatz von Folter und die Hinrichtung mehrerer polnischer Kriegsgefangener in den Jahren 1941 und 1942 vorgeworfen. Weil die meisten Opfer der Angeklagten den Krieg nicht überlebt hatten, sollten Sekretärinnen der Gestapo-Dienststellen über die damaligen Vorgänge aussagen. So wurde bekannt, dass in den Kellern der Konstanzer Dienststelle in der Mainaustraße, der heutigen DRK-Rettungszentrale, Festgenommene mit Ochsenziemern

Der frühere NS-Bürgermeister und Judenhasser Leopold Mager als demokratisch gewendeter Stadtrat neben Jungstadtrat Dr. Ulrich Leiner und Oberbürgermeister Franz Knapp (von links nach rechts), aufgenommen im Rosgartenmuseum 1960.

(aus getrockneten Bullenpenissen hergestellte Schlagstöcke), Knüppeln und Fäusten misshandelt worden waren.

Die Tatvorwürfe betrafen jedoch nur die Misshandlungen und die späteren Hinrichtungen von polnischen Kriegsgefangenen. Die Beteiligung der Gestapo an der Misshandlung, Ausplünderung und Deportation der Juden wurde im Verfahren nicht angesprochen. Emil Hinz wurde zu sieben Jahren Freiheitsstrafe verurteilt, Otto Grethe zu fünf Jahren, Theodor Dell zu zwei Jahren, Theodor Truckenbrod wurde freigesprochen.[164]

Zwei der Angeklagten im wenig später vor dem Militärgericht in Freiburg stattfindenden „Konstanzer Gefängnisprozess" hatten noch mehr Glück: Dem früheren Oberstaatsanwalt Weiß und dem früheren Leiter des Gesundheitsamtes Konstanz, Dr. Ferdinand Rechberg, wurde vorgeworfen, Misshandlungen im Konstanzer Gefängnis geduldet zu haben. Rechberg habe zudem Häftlinge ohne medizinische Untersuchung für *„lagerfähig"* erklärt und damit ihre Einweisung ins Konzentrationslager und ihren späteren Tod verschuldet. Die Aussagen von 80 befragten Zeugen ergaben zwar, dass im Gefängnis furchtbare Zustände geherrscht hatten, wofür vor allem der Gefängnisverwalter Schroff verantwortlich gemacht wurde. Die Vorwürfe gegen die beiden anderen Angeklagten erhärteten sich jedoch nicht, Oberstaatsanwalt Weiß und Dr. Rechberg wurden freigesprochen.[165] Dass Rechberg etwa im Fall des im November 1938 festgenommenen, misshandelten jüdischen Wangener Arztkollegen Dr. Nathan Wolf tatsächlich ärztliche Hilfe verweigert und zudem die Überweisung ins KZ Dachau ermöglicht hatte, war damals noch nicht bekannt gewesen. Auch die Tätigkeit des Arztes als Gutachter, der in *„Erbgesundheitsverfahren"* durch seine Begutachtungen dafür gesorgt hatte, dass Mädchen und Frauen zwangssterilisiert wurden, kam 1948 nicht zur Sprache. Einige Jahre später wurde dieser der NS-Rassenlehre verbundene Mediziner zum Direktor des Psychiatrischen Landeskrankenhauses Reichenau bestellt. Während seine Opfer bis in die 1980er-Jahre auf eine minimale Entschädigung für die erlittene Zwangssterilisierung warten mussten, verzehrte der hochgeachtete Medizinalrat eine stattliche Beamtenpension.[166]

Oberbürgermeister Bruno Helmle gratuliert dem 13-jährigen Benjamin Nissenbaum zu dessen Bar Mitzwa, dem Fest der religiösen Mündigkeit.

Gänzlich unbehelligt blieben die zahlreichen Mitwirkenden am Raubzug der „*Arisierung*“: Steuerberater, Wirtschaftsprüfer, Immobilienhändler, Anwälte, Gutachter und Funktionäre der Industrie- und Handelskammer hatten allenfalls die zeitlich befristeten Sanktionen aus ihren Entnazifizierungsverfahren zu tragen, soweit sie Parteifunktionen innegehabt hatten. Ein Blick in die amtlichen Adressbücher der Nachkriegszeit zeigt, dass die meisten dieser Fachleute auch nach 1945 ihren einträglichen Berufen nachgehen konnten. Auch die an der „*Verwertung*“ jüdischen Eigentums maßgeblich beteiligten Beamten des örtlichen Finanzamts mussten, bis auf wenige Ausnahmen, keine nachhaltigen Einschränkungen in ihrer Laufbahn befürchten. Einer der in diesem Referat tätig gewesenen Juristen machte sogar wenige Jahre später eine bedeutende kommunale Karriere: 1957 folgte der Christdemokrat Dr. Bruno Helmle als Oberbürgermeister seinem Parteifreund Franz Knapp im Amt nach.

Franz Knapp, der 1933 als Bürgermeister abgesetzt und kurz darauf als Rechtsrat wieder eingestellt worden war, ist eine der merkwürdigsten Persönlichkeiten der jüngeren Stadtgeschichte. Seine Rolle während der öffentlich-rechtlichen Abwicklung des Synagogenbrands und bei der „*Verwertung*“ jüdischen Vermögens ist zwischenzeitlich mehrfach beleuchtet worden.[167] Die französische Militärverwaltung fasste jedoch umgehend Vertrauen zu dem politisch unbelasteten Juristen und Verwaltungsfachmann aus den Tagen der Weimarer Republik. Er wurde zunächst als Bürgermeister wieder installiert und im September 1946 nach den ersten freien Kommunalwahlen vom neu konstituierten Stadtrat als 66-Jähriger zum Oberbürgermeister gewählt. Dieses Amt bekleidete er bis 1957. Wie kaum ein anderer Verwaltungschef im Südwesten verkörperte Knapp die personale Kontinuität über alle Verfassungs- und Systemumbrüche hinweg. Zu keinem Zeitpunkt wurde die Frage gestellt, ob ein Jurist in so exponierter Stelle zwölf Jahre lang das zu Unrecht gewordene

Recht des NS-Staates hatte vertreten und durchsetzen können, ohne selbst schuldig zu werden.[168]

Gänzlich unpolitisch, wie er als badischer Beamter zu wirken versuchte, war Knapp auch nach 1945 nicht: So versorgte er belastete Ex-Funktionäre des NS-Regimes mit wohlwollend formulierten, entlastenden *„Persilscheinen“*, öffnete anderen Belasteten den Wiederzugang zur Verwaltungslaufbahn und nahm zugleich während der Aufbaujahre die Rolle des persönlich bescheidenen, tief gläubigen Katholiken und großen Integrators der kommunalen Nachkriegsgesellschaft wahr. 1952 erhielt er das Große Bundesverdienstkreuz, 1955 die Ehrendoktorwürde der Juristischen Fakultät der Universität Freiburg. Als er das Amt verließ, verlieh ihm Konstanz *„im Zeichen seiner großen Bescheidenheit und verantwortungsbewussten Haltung“*, die er gerade als Stadtrechtsrat nach 1933 eingenommen habe, die Ehrenbürgerwürde.[169] Im hohen Alter von 92 Jahren ist er in Konstanz gestorben. Ob die Benennung einer innerstädtischen Passage nahe dem historischen Rathaus nach Franz Knapp zu seiner mitwirkenden Rolle in der kommunalen Verfolgungspolitik gegen die Konstanzer Juden passt, darüber zu befinden, ist Aufgabe des Konstanzer Stadtrats.

Erich Ehrlinger, zeitweiliger Chef von Adolf Eichmann, fand nach dem Krieg Unterschlupf in Konstanz.

Unbemerkt von der regionalen Öffentlichkeit, die mit der Verdrängung der eigenen Vergangenheit beschäftigt war, entwickelten sich Konstanz und der Bodenseeraum in den ersten Nachkriegsjahren zu einem Sammelbecken für einige schwer belastete Beteiligte am Mord an den europäischen Juden. Prominentester Vertreter dieser nach 1945 hier Zuflucht suchenden Täter war vermutlich Erich Ehrlinger, der als Führer von Einsatzgruppen, Amtschef im Reichssicherheitshauptamt und späterer Kommandeur der Sicherheitspolizei und des Sicherheitsdienstes SD in Kiew im Rang eines SS-Standartenführers an mehreren Mordaktionen selbst beteiligt und einer der maßgeblichen Vollstrecker des Judenmords war. Zeitweise war er auch Vorgesetzter des späteren Organisators der *„Endlösung“*, Adolf Eichmann,

„Der Hausrat Ohlenschläger ist auf Weisung des Landratsamtes 1941 versteigert worden.“

MITTEILUNG DER STADTVERWALTUNG 1946 AN EINEN ÜBERLEBENDEN

gewesen. Nach dem Krieg verstand es Ehrlinger, ganz unauffällig aufzutreten. Nach kurzer Haft in der britischen Besatzungszone zog er nach Konstanz, nannte sich Erich Fröscher und fand Anstellung als Empfangschef des hiesigen Spielcasinos, das bis heute in der *„arisierten“*, später restituierten Villa der Konstanzer Familie Rothschild untergebracht ist. Nach einigen Jahren verließ Ehrlinger die Stadt und arbeitete unerkannt an anderen Orten, bis er im Zuge der beginnenden Einsatzgruppen-Prozesse ins Visier der bundesdeutschen Justiz geriet und 1961 in Karlsruhe angeklagt wurde. Er wurde wegen seiner Beteiligung am Judenmord zu zwölf Jahren Freiheitsstrafe verurteilt, das Urteil erlangte jedoch keine Rechtskraft. Nach Berufung und Revision wurde der Fall zur Neuverhandlung an das Landgericht Karlsruhe zurückverwiesen. Ehrlinger gelang es, sich mit Hilfe ebenfalls NS-belasteter Gutachter 1969 als dauerhaft haft- und verhandlungsunfähig erklären zu lassen, das Verfahren wurde eingestellt. Erich Ehrlinger starb 94-jährig 2004 in Karlsruhe.[170]

Aus dem Umfeld des früheren Reichssicherheitshauptamtes ließen sich in Konstanz auch einer der früheren Einsatzkommando-Chefs in der Slowakei, der Chef des SD in Bayreuth und zeitweise weitere Amtsträger des NS-Verfolgungsapparates nieder, die offenbar die Nähe der Schweizer Grenze schätzten. Die Herren blieben allesamt unbehelligt von Ermittlungen der Justiz. In Friedrichshafen startete 1957 der vormalige Chef von Ehrlinger im SD, Franz Six, als Werbechef bei der Porsche Diesel Motorenbau GmbH seine Nachkriegskarriere. Six, einer der Intellektuellen der jungen NS-Führungselite, hatte eine steile Laufbahn als Presseleiter im SD-Hauptamt, Amtschef des Reichssicherheitshauptamts und Leiter der „Kulturpolitischen Abteilung“ des Auswärtigen Amtes hinter sich. Im Nürnberger Einsatzgruppenprozess 1948 wegen seiner Beteiligung an Erschießungsaktionen in und um Smolensk zu 20 Jahren Freiheitsstrafe verurteilt, war er 1952 vom US-Hochkommissar für Deutschland, John Jay McCloy, begnadigt und entlassen worden.

DIE „WIEDERGUTMACHUNG"

Im September 1946 bat der jüdische Überlebende Max Hammel aus Achern die Stadtverwaltung Konstanz um Nachricht darüber, wohin seine Wäsche, die er vor der Deportation 1940 bei der Konstanzerin Mina Ohlenschläger eingelagert habe, gekommen sei. Es musste nicht lange geforscht werden: Da die ältere jüdische Dame *„von der Wegführung"* der Juden 1940 betroffen gewesen war, sei der *„Hausrat Ohlenschläger"* auf Weisung des Landratsamtes 1941 versteigert worden, fand die Verwaltung heraus. Gerichtsvollzieher Theodor Härter, damals mit der Versteigerung betraut, meldete: Den Zuschlag erhielt die Konstanzer Spitalverwaltung. Dort wusste man 1946 noch genau, was man zum Preis von 199, 80 Reichsmark erstanden hatte: 4 Frottiertücher, 4 Handtücher, 4 Tischtücher, 24 Servietten, 10 Bettbezüge, 6 Kissenbezüge, 16 Damentag- und Nachthemden, 19 Handtücher, Tischwäsche, diverse weitere Wäscheteile und Pelzsachen.[171] Ob Max Hammel seine Wäsche zurückerhielt, ist den spärlichen Quellen nicht zu entnehmen. Öffentliche Aufrufe, damals erworbene Objekte aus jüdischem Vermögen herauszugeben, blieben weitgehend ohne Resonanz. Verschiedene Gesuche, Namenslisten von damaligen Auktionserwerbern zurückzugeben, wurden von der Stadtverwaltung mit dem Hinweis, es gebe solche Listen nicht, zurückgewiesen.

Bevor in den drei westlichen Besatzungszonen gesetzliche Regelungen über Rückerstattung und Entschädigung erlassen wurden, sahen sich die Kommunalverwaltungen vielfach mit Anfragen konfrontiert, die auf unmittelbare Versorgung der Überlebenden zielten. In den ersten Monaten nach Kriegsende ging es um das Notdürftigste: Menschen wie Max Hammel, die den Lagern entronnen waren, kehrten in Orte zurück, in denen ihnen und ihren Familien alles geraubt worden war, bevor man sie mit kleinem Handgepäck deportiert hatte. Sie brauchten Hilfe: Im September 1945 ordnete die Militärregierung an, Betreuungsstellen einzurichten, bei denen sich sogenannte *„Displaced Persons"* und Überlebende aus Baden melden konnten. Dort sollten sie eine Erstversorgung mit Kleidung, medizinische Hilfe, Unterbringung und Lebensmittel erhalten, denn auf Mitleid aus der Bevölkerung konnten die Überlebenden kaum rechnen: Antisemitische Vorurteile machten sich schon kurz nach

Kriegsende wieder breit und wurden öffentlich geäußert: Die heimatlosen jüdischen Flüchtlinge wurden des Schwarzhandels und der übermäßigen Inanspruchnahme öffentlicher Leistungen bezichtigt, in manchen Städten und Dörfern wurden jüdische Friedhöfe verwüstet. Offenbar war es der nicht-jüdischen Bevölkerung schwer erträglich, den überlebenden Opfern des Regimes, das sie selbst zwölf Jahre lang mitgetragen hatte, zu begegnen. In den Betreuungsstellen saßen Mitarbeiter, die überwiegend selbst zu den Opfern des Nationalsozialismus zählten, auch sie fanden nur wenig Unterstützung in den Amtsstuben der Städte.

Über die bloße Versorgung der Überlebenden hinaus wurde in den westlichen Besatzungszonen früh darüber nachgedacht, wie entstandene Schäden zumindest materiell auszugleichen wären. In eine solche Schadensregulierung sollten auch solche Opfer eingeschlossen sein, die Deutschland verlassen und dennoch das Meiste verloren hatten. Der für diesen Täter-Opfer-Ausgleich gewählte Begriff der *„Wiedergutmachung“* unterliegt bis heute heftiger Kritik: Kriti-

Nach der Befreiung vom Nationalsozialismus stellte sich auch in Konstanz die Frage, was mit geraubten oder unter Zwang verkauften Liegenschaften u. a. in sehr guter Innenstadtlage geschehen sollte. Hier ein Blick auf die Marktstätte.

sche Autorinnen und Autoren nennen ihn *„unerträglich verharmlosend“* und eine Verhöhnung der Opfer. Die auf den ab 1947 erlassenen Gesetzen zur Restitution, Entschädigung und Wiedergutmachung fußenden Verfahren seien ein *„Kleinkrieg gegen die Opfer“* gewesen, mit der *„Wiedergutmachung“* habe sich die Tätergeneration selbst von einer unauslöschlichen Schuld befreit. Langjährig in der Wiedergutmachungs- und Kriegsfolgenliquidationspraxis aktiv gewesene Autoren führen dagegen an, es gebe in der Geschichte keinen zweiten Fall, in dem ein Staat solche Summen aufgebracht habe, um Schuld zu sühnen und eine Vielzahl von Schäden auszugleichen. Zwischen 1945 und 2000 brachte die Bundesrepublik als Rechtsnachfolgerin des Deutschen Reichs insgesamt 105,9 Milliarden Deutsche Mark für Leistungen der *„Wiedergutmachung“* auf. Empfänger der Leistungen waren Einzelpersonen, mehrere osteuropäische Staaten, der Staat Israel, Opfer pseudo-medizinischer Versuche und andere Opfergruppen. Im selben Zeitraum wurden im Rahmen des Bundesvertriebenengesetzes und des Lastenausgleichs inklusive der kriegsbedingt zu leistenden Reparationsschäden 144,1 Milliarden Mark ausgegeben.[172]

Die Militärregierung der französischen Zone lehnte sich in ihrer Gesetzgebung zur Entschädigung eng an die amerikanische Praxis an. Nach der Einrichtung von Versorgungsstellen wurde im April 1946 das Badische Landesamt für kontrolliertes Vermögen errichtet, das unter anderem auch in Konstanz eine Außenstelle erhielt. Da geeignetes Personal fehlte, wurde auch in Konstanz auf Mitarbeiter des Finanzamts zurückgegriffen, die bis 1945 in der Abteilung *„für volks- und staatsfeindliches Vermögen“* gearbeitet hatten, wozu auch die Verwertung jüdischer Vermögen gezählt hatte. Aufgabe der Behörde war es, Vermögen von nationalsozialistischen Organisationen zu beschlagnahmen und das Vermögen von Verfolgten sicherzustellen, um es den rechtmäßigen Eigentümern zurückzugeben, sofern sie oder ihre Nachfahren das Kriegsende überlebt hatten. Dahinter stand die Überlegung, geraubtes oder erpresstes Eigentum müsse restituiert, Entschädigungen für erlittene Haft, für den Verlust beruflicher Stellungen, Vermögensschäden und wirtschaftlichen Boykott müssten geleistet werden. Früh machten die westlichen Alliierten unter Wortführerschaft der Amerikaner deutschen Nachkriegspolitikern klar, dass Deutschland ohne ein umfangreiches Rückerstattungs- und Entschädigungsprogramm nicht in den *„Kreis der freien Völker“* würde zurückkehren können.[173]

Die deutsche Nachkriegsgesellschaft, in ihrem verbissenen Bemühen, jede kollektive Rechenschaft für die NS-Verbrechen abzuwehren, ging allerdings mehrheitlich davon aus, die Finanzierung dieser Entschädigung sei vor allem Sache der unmittelbar Schuldigen aus den oberen Etagen der Macht. Wiedergutmachung sollte von *„den Nazis“*, nicht aus öffentlichen Haushalten bezahlt werden. Entsprechend früh zeigten sich deutliche Abwehrreflexe in Politik und Gesellschaft, als deutlich wurde, dass die Haushalte der Länder und später der Bundesrepublik erhebliche Summen für den Opferausgleich würden bereitstellen müssen. In Wirtschaftskreisen wurde die Ansicht vertreten, Restitutionsansprüche dürften sich nicht auf den gutgläubigen Erwerber einer damals *„jüdischen“* Immobilie oder Firma erstrecken. In der Berliner Zeitschrift „Grundbesitz“ wurde gar die Auffassung vertreten, die damalige *„Arisierung“* sei die eigentliche Wiedergutmachung gewesen, hätten sich doch jüdische Spekulanten in der Inflationszeit nach dem Ersten Weltkrieg in großem Umfang Immobilien zusammengerafft.[174]

In der Bevölkerung war zu hören, die emigrierten Juden seien im sicheren Ausland gesessen, während die Deutschen die Folgen des Krieges hätten erleiden müssen: Sie sollten also froh sein, davongekommen zu sein. In den öffentlichen Debatten um Restitution und Entschädigung wurde häufig die Meinung vertreten, die deutsche Bevölkerung, die Bombardements und Nazi-Terror ertragen habe, müsse nun ebenso wie die Juden zu den Opfern des Nationalsozialismus gezählt werden.

Nachdem sich zwischen den Westzonen unterschiedliche Auffassungen über die Reichweite von Entschädigungsansprüchen festgesetzt hatten, erließ die amerikanische Militärregierung am 10. November 1947 ein Rückerstattungsgesetz (Nr. 59). Die französische Militärregierung folgte wenige Tage später mit ihrer Verordnung Nr. 120. Sie sah einen vererbbaren Anspruch der Verfolgten auf Rückerstattung von Vermögensgegenständen vor, wenn diese aus Gründen der Rasse, Religion, Nationalität, Weltanschauung oder der politischen Gegnerschaft zum Nationalsozialismus durch eine staatliche oder andere Maßnahme geraubt worden waren oder wenn der Verfolgte sein Eigentum infolge der durch die Verfolgung verursachten Zwangslage hatte verkaufen müssen. Erbenloses Vermögen floss, anders als in der amerikanischen Zone, wo jüdische Nachfolgeorganisationen erbten, bis 1950 an den badischen Staat. Danach wurden auch in Baden jüdische Nachfolgeorganisationen als Erben von solchen Vermögen eingesetzt. In der Politik hatte sich die Auffassung durchgesetzt, dass der Rechtsnachfolger des Staates, der die Eigentümer hatte umbringen lassen, nicht Erbe ihres Vermögens sein konnte.[175]

Auf der Rechtsgrundlage dieses Gesetzes wurden 1948 im gesamten Landgerichtsbezirk Konstanz 67 Klagen erhoben, im darauf folgenden Jahr 663 und 1950 weitere 20, danach waren die Meldefristen abgelaufen, Restitutionsklagen rechtlich nicht mehr zulässig.[176] In der Praxis der Restitutionsverfahren erlebten die Kläger bedrückende Situationen: Soweit sie überlebt hatten, standen sie nun vor Gericht den Käufern von damals gegenüber. Weil die Rückerstattungsklage rechtlich eine Nichtigkeitsklage war, musste der Kläger nachweisen, dass er keinen angemessenen Betrag für seinen Vermögensgegenstand erhalten hatte. Erst für Rechtsgeschäfte, die nach

Diesen Armreif erhielt Bea Bravmann zum Abschied aus Deutschland als Geschenk von einer Tante. Tausende Juden hatten ihren Schmuck zurücklassen müssen, als sie Deutschland übereilt und ausgeplündert verließen.

Aus „Haberer“ an der Bodanstraße 22/24 war 1938 „Küll & Co.“ geworden. Um diese Liegenschaft fand Mitte der 1950er-Jahre ein Wiedergutmachungsverfahren statt.

dem 15. Juni 1938 getätigt worden waren, gingen die Gerichte generell davon aus, dass diese unter dem allgemein herrschenden staatlichen Zwang zustande gekommen waren. So gerieten auch in Konstanzer Fällen jüdische Eigentümer in Beweisnot, als sie die Unangemessenheit damals angesetzter Immobilienwerte, des Familienschmucks, des Hausrats nachweisen oder die exakten Umsatzzahlen ihrer Firmen beweiskräftig vorlegen sollten. Die Restitutionskammer des Landgerichts Freiburg bemühte sich in vielen Fällen, den Alteigentümern Gerechtigkeit widerfahren zu lassen. Es wurden beispielsweise frühere Hausmädchen als Zeugen gehört. Sie sollten die Güte und den Zustand des damals verschleuderten Hausrats beschreiben. Ehemalige Hausverwalter sagten über den Bauzustand von Häusern aus, frühere Lehrlinge bescheinigten Angaben über den Monatsumsatz des verloren gegangenen Konfektionsgeschäfts. Aber es schlug auch wieder die Stunde jener Gutachter der Industrie- und Handelskammer, Steuerberater und Bauunternehmer, die schon während der *„Arisierung“* zur Ermittlung von Verkehrswerten beigezogen worden waren und sich damals fast ausschließlich im Sinne der herrschenden Arisierungspolitik geäußert hatten.

Die Kläger in den Restitutionsverfahren lebten meist in weit entfernten Ländern und waren finanziell und psychisch nicht in der Lage, nach Konstanz zu reisen. Unter den damaligen Rechtsanwälten der Stadt übernahmen einige auch Mandate jüdischer Überlebender. Vor allem der ab 1933 selbst verfolgte und emigrierte frühere sozialdemokratische Stadtrat und Rechtsanwalt Hans Venedey, der frühere Offizier Dr. Wolfram Kimmig, der schon während der NS-Zeit couragiert für Bedrängte und Verfolgte eingetretene Dr. Paul Schleich und der seit 1945 in Konstanz als Anwalt zugelassene vormalige Berliner Filmsyndikus und Produktionsleiter Dr. Herbert Engelsing tauchen in den erhaltenen Akten als Anwälte in Rückerstattungs- und Wiedergutmachungssachen auf. Ausschließlich aufseiten der Überlebenden stand der Rechtsbeistand Karl Wasmer. Er war bis 1938 Mitarbeiter des jüdischen Anwalts Moritz Bloch gewesen, kannte viele der Beteiligten aus den erzwungenen Verkaufsverhandlungen der NS-Jahre und hatte die Belange seiner Mandanten auch nach der Emigration noch mutig vertreten.

Großhandel
rumpfwaren Handschuhe
Wirkwaren Strickwaren
Schuhhaus

Wie sehr antisemitische Vorurteile den Untergang des NS-Staates überlebt hatten, erlebte beispielsweise Ida Haymann, als sie ihr 1939 an einen Wurstwarenfabrikanten aus Westfalen verkauftes Anwesen im Rheingut zurückforderte. Die Konstanzer Witwe des 1940 ausgeplündert gestorbenen Rohstoffhändlers Heinrich Haymann war kurz nach dem Tod ihres Mannes mit ihrem Sohn Heinrich nach Gurs deportiert worden. Von dort war ihr die Flucht nach Uruguay gelungen. Ihr Sohn war Ende 1938 aus dem KZ Dachau nur unter der Bedingung entlassen worden, dass die Familie ihr Hab und Gut rasch verkaufen und das Land verlassen werde. Im April 1939 erwarb der Wurstfabrikant die Immobilie für 37 500 Reichsmark. Konfrontiert mit der Rückforderung von 1949, beschimpfte er die Klägerin in seinen Schriftsätzen an die Gerichte: Mit ihrer *„feinen jüdischen Witterung“* habe sie den Anspruch geltend gemacht, um ihn *„mit Hilfe der feindlichen Besatzungsmacht“* um das rechtmäßig erworbene Eigentum zu bringen. Schon ihr Mann habe sich während der *„jüdischen Inflation“* von 1923 durch üble Manipulationen materielle Vorteile ergattert. Nun sei eine *„bis dahin in der Weltgeschichte unerreichte Massenberaubung des deutschen Volkes“* im Gang, erneut *„zum gewaltigen Nutzen“* des Juden und Lumpen- und Knochenhändlers Haymann. Eisern verteidigte der Käufer den günstigen Preis des Anwesens, denn es habe sich, *„wie bei Judenhäusern üblich“*, in einem sehr schlechten Zustand befunden. Das Oberlandesgericht Freiburg, vor dessen zweitem Zivilsenat der Fall schließlich landete, folgte der antisemitischen Einstellung des Wurstwarenherstellers nicht. Im Vergleich, der geschlossen wurde, verpflichtete sich der Käufer, der inzwischen *„völlig mittellos“* in Montevideo lebenden 75-jährigen Klägerin 12 000 Mark nachzuzahlen. Sechs Jahre später starb Ida Haymann im Exil.[177]

Wie die lokale Bevölkerung über die im fernen Freiburg laufenden Rückgabeverfahren dachte, ist derzeit wegen fehlender Primärquellen nur schwer zu rekonstruieren. In manchen Meldungen der 1945 gegründeten Tageszeitung „Südkurier“ tauchen Elemente der verbreiteten Abwehrreflexe gegen die Rückgabe von Immobilien auf. So findet sich beispielsweise in einer Nachricht über das laufende Verfahren um den sogenannten „Hebelhof“ die nach Rechtferti-

Der kurz vor Kriegsbeginn emigrierte Hemdenhersteller Iwan Leib, von seiner Familie scherzhaft „Iwan der Schreckliche“ genannt, forderte sein 1940 beschlagnahmtes Haus (Mitte) an der Marktstätte 1948 mit Erfolg zurück.

gung klingende Bemerkung, der Ankauf durch die Stadtverwaltung sei damals nur *„auf dringendes Ersuchen der jüdischen Besitzerin“* erfolgt.[178] Dass die zum Verkauf genötigten Eigentümerinnen später in Riga und Auschwitz ums Leben kamen und ihre überlebenden Erben die Rückgabe forderten, wurde nicht mitgeteilt.

Andererseits sind auch Gesten auffällig bemühter Hilfsbereitschaft zu beobachten, etwa im Fall des Wohn- und Geschäftshauses Marktstätte 19. Dessen Eigentümer, der Hemdenfabrikant und Herrenkonfektionär Iwan Leib, war rechtzeitig in die USA emigriert, wohin sein Sohn Otto schon früher ausgewandert war. Als Iwan Leib sein 1940 beschlagnahmtes Eigentum zurückforderte, machte sich Notar Dr. Rösch, der all die erzwungenen Rechtsgeschäfte und Enteignungen jahrelang beglaubigt hatte, 1948 eifrig daran, Leib die aktuellen Rechtsverhältnisse darzulegen. Der Fall lag ganz besonders: Leib hatte das Haus in der Vorahnung, dass *„der Retter Deutschlands es mir schon noch wegnehmen würde“*, 1935 an eine Schweizerin verkauft. Der Verkauf war jedoch nicht genehmigt worden, Leib musste das Land verlassen, ohne den Fall geklärt haben zu können. Anders als in den meisten Fällen wurde nach der formalen Enteignung der Juden 1941 nur der Eigentumsanteil einer Schwester Leibs an diesem Haus auf die Finanzverwaltung des Deutschen Reichs im Grundbuch übertragen. So blieben Iwan Leib und drei weitere Geschwister bis 1945 als Eigentümer im Grundbuch eingetragen, ein absoluter Einzelfall. Einer von Leibs Brüdern fiel als geistig Behinderter nach 1940 der Euthanasie-Aktion zum Opfer. So forderte Iwan 1948 im Namen der überlebenden Geschwister Klärung der Verhältnisse. Drei Jahre

„Ich freue mich, einen von mir sehr geschätzten einstigen Mitbürger wieder begrüßen zu können.“

DER NOTAR DR. RÖSCH 1948 AN DEN EMIGRIERTEN IWAN LEIB

nach Kriegsende noch immer im Amt, sorgte Notar Dr. Rösch bereitwillig dafür, dass die Alteigentümer zu ihrem Recht kamen. Als klar wurde, dass der kämpferische Iwan Leib selbst nach Konstanz reisen würde, um alles zu klären, schrieb ihm Notar Rösch: *„Ich freue mich auch meinerseits, dabei einen von mir sehr geschätzten einstigen Konstanzer Mitbürger wieder begrüßen zu können.“* Unmittelbar nach der erfolgten Restitution verkaufte die in den USA lebende Familie das Haus an einen höheren Beamten der Schweizerischen Bundesbahn.[179]

Wie im Kapitel über die *„Arisierung“* dargestellt, wurden zwischen 1948 und 1950 einige Rückforderungen gegen die neuen Eigentümer von Konstanzer Immobilien geltend gemacht. Noch können keine Aussagen darüber getroffen werden, wie viele der rund 440 jüdischen Konstanzer, die 1933 in der Stadt lebten, Grundeigentum besessen hatten. Es dürften deutlich mehr gewesen sein, als die bislang bekannten Restitutionsverfahren nahe legen. In einigen Fällen waren nach 1933 noch Kaufverträge zu beiderseitiger Zufriedenheit zustande gekommen, wenn man die Tatsache des generellen Notverkaufs ausblendet. Wie an einigen Einzelfällen aufgezeigt wurde, hatten jedoch auch in Konstanz spätestens nach 1935 Käufer von der allgemeinen Verfolgungssituation und vom Druck auf jüdische Eigentümer profitiert. Die Vermutung liegt also nahe, dass es in zahlreichen Fällen nicht zu einem Restitutionsverfahren kam. Die meisten der im Rahmen dieser skizzenhaften Darstellung untersuchten Fälle endeten mit außergerichtlichen Vergleichen und der Nachzahlung von Differenzbeträgen, die allerdings durch die im Juni 1948 erfolgte Umstellung auf die Deutsche Mark für viele Entschädigte wertlos wurden. Denn auch diese Summen wurden wie alle Reichsmarkbeträge im Verhältnis 10 : 1 abgewertet. Nur in wenigen Einzelfällen wurden in Konstanz Immobilien tatsächlich restituiert. Meist verkauften die Überlebenden die Immobilie unmittelbar danach. Eine Rückkehr in die alte Heimatstadt kam offenbar für keinen Überlebenden mehr ernsthaft in Betracht.

Ohne einer umfassend quantifizierenden Arbeit vorgreifen zu wollen, fällt insgesamt auf, dass die zwischen Bodensee und Schwarzwald im gesamten Landgerichtsbezirk Konstanz geltend gemachten

750 Restitutionsklagen nur einen Teil dessen betreffen konnten, was Juden vor 1933 in diesem ausgedehnten Gebiet an Immobilien, Grundstücken, Firmengebäuden und beweglichem Vermögen gehört hatte. In Südbaden wurden bis zum Ende der Antragsfrist 4000 Verfahren eröffnet. Bis auf 400 waren Ende 1951 alle diese Fälle erledigt.[180] Viele Familien aber erfuhren in fernen Ländern nicht rechtzeitig von den rechtlichen Möglichkeiten der Restitutionsklage, andere waren zu alt und zu schwach, um sich einem Rechtsverfahren zu stellen. Und nicht zu vergessen: Viele südbadische Juden waren mit ihren gesamten Familien in den Lagern umgekommen oder ermordet worden, es gab oft niemanden mehr, der berechtigte Ansprüche hätte stellen können. Das alles legt die Vermutung nahe, dass auch in Konstanz etliche Profiteure der *„Arisierung“* über die Restitutionsphase hinaus Eigentümer wertvoller Liegenschaften in guter Lage blieben. Hitler hatte diesen Deutschen wahrhaft nachhaltigen Wohlstand beschert.

Relativ spät, im Mai 1950, erließen die Länder Baden, Rheinland-Pfalz und Württemberg Gesetze zur Entschädigung der Opfer des Nationalsozialismus. Nach langer Verzögerung durch die damalige Bundesregierung verabschiedete der Deutsche Bundestag 1953 das Bundesentschädigungsgesetz, das wegen zahlreicher Mängel 1956 novelliert werden musste. Die Rechtspraxis sah ein zweistufiges Verfahren vor: Landesämter für Wiedergutmachung prüften die Ansprüche von Opfern auf Entschädigung. Geltend gemacht werden konnten erlittene Haft, Gesundheitsschäden, Verletzung des Eigentums, Verlust beruflicher Chancen und Erwerbsschäden sowie Vermögensschäden durch geleistete Sonderabgaben (z. B. die *„Judenvermögensabgabe“*). Das jeweils zuständige Landesamt setzte den Umfang der Leistung fest. Gegen dessen Bescheid war Klage vor den Entschädigungskammern der Landgerichte möglich. Fast die Hälfte der abgelehnten Anträge in Baden landeten vor Gericht. Viele Verfahren zogen sich jahrelang hin. Die Landesämter – sie hatten auch die finanzielle Belastung der Landeshaushalte im Blick – traten den Ansprüchen häufig entgegen und zogen Berechtigung oder Umfang von beantragten Entschädigungsleistungen in Zweifel. Baden-Württemberg wies von allen Bundesländern die geringste Anerkennungsquote auf. In der ganzen Bundesrepublik wurden bis Anfang 1956

Der nach Brasilien emigrierte Schuhversandhändler Siegfried Haberer versäumte die fristgerechte Rückforderung seines Eigentums, das wirkte sich negativ aus.

rund 1,25 Millionen Anträge gestellt, nur 62 000 wurden anerkannt. Diese Erfahrung verstärkte bei vielen Überlebenden das Gefühl, der neue deutsche Staat führe einen bürokratischen Kleinkrieg gegen die Opfer.[181]

In der zentralen Kartei des Landes Baden-Württemberg *„zur Dokumentation der Judenschicksale“* finden sich auch 620 Namen von Überlebenden, früheren Bürgern, Ausgewanderten oder nach Kriegsende in Konstanz gemeldeten jüdischen oder mit Juden verheirateten Personen. Den Angaben dieser Kartei zufolge waren fast 300 Personen während der NS-Jahre gestorben oder in den Lagern ums Leben gekommen. Nach dem Krieg stellten 288 Überlebende oder deren Erben Anträge auf Entschädigungsleistungen. Häufig machte eine Person mehrere einzelne Entschädigungsgründe geltend. Am häufigsten forderten diese mit Konstanz in Verbindung stehenden jüdischen Überlebenden Ersatz für Schäden am beruflichen Fortkommen und für erlittenen Verdienstausfall und wegen Behinderung und Abbruch ihrer beruflichen Ausbildung. Sie beantragten Renten oder Witwenrenten und baten darum, geraubte oder verschleuderte Wertgegenstände und Hausrat ersetzt zu bekommen. Geltend gemacht wurden auch Abgeltung für erlittene Schäden an Körper und Gesundheit, Ersatz für KZ-Haft und die Kosten der erzwungenen Auswanderung. Einigen Überlenden ging es im Emigrationsland so schlecht, dass sie *„Soforthilfe für das Überleben“* erbaten.[182]

Hinter den statistischen Zahlen stehen teils bedrückende menschliche Schicksale. Einige Beispiele mögen das veranschaulichen: Siegfried Haberer und seine Schwägerin Johanna Haberer, vormalige Gesellschafter des Schuhversandhauses Haberer & Cie OHG in der Bodanstraße 22/24, machten Mitte der 1950er-Jahre den Verlust des Firmenwertes geltend, den sie beim Zwangsverkauf 1939 erlitten hatten. Das seit 1902 bestehende, auch reichsweit aktive Schuhhandelsversandhaus hatte 1932 noch 573 000 Reichsmark Jahresumsatz und 8 Prozent Umsatzrendite gemacht. Trotz der Boykottmaßnahmen war der Umsatz 1937 nur auf 450 000 Reichsmark gesunken.[183] Als das Geschäft mit dem reichsweit eingeführten Firmennamen, dem Warenlager, der Kundenkartei und dem Inventar im September 1938 an den Berliner Kaufmann Werner Küll und den Investor Robert von Skene für 93 000 Reichsmark verkauft wurde, blieb der Firmenwert, wie bei *„Arisierungsgeschäften"* bereits vorgeschrieben, ausdrücklich unberücksichtigt. Ein im Nachkriegsverfahren als Gutachter beigezogener Konstanzer Schuhhändler bezifferte den Firmenwert für die Zeit vor 1933 mit 30 000 Reichsmark, für das Jahr 1938 nur noch mit 10 000 Reichsmark. Die nach Brasilien und Uruguay emigrierten früheren Inhaber versäumten es nach dem Krieg, innerhalb der gesetzlichen Fristen die Rückgabe des Geschäfts zu verlangen. Sie wollten nicht mehr nach Deutschland zurückkehren. Dieses Versäumnis wurde ihnen 1959 zum Verhängnis: Die Entschädigungskammer des Landgerichts Freiburg bestätigte den Bescheid des Landesamtes, das Siegfried und Johanna Haberer nur einen Entschädigungsanspruch von 4000 Mark zugesprochen hatte. Die Geschädigten hatten weitere 8500 Mark verlangt. Weil sie von den damaligen Käufern keine Rückgabe gefordert hätten, so befand das Gericht, könnten sie sich nun *„nicht an die öffentliche Hand halten"*. Lediglich in einem parallel geführten weite-

Nach der Deportation der letzten acht im ehemaligen Gemeindehaus wohnenden Juden 1942 plante die Stadt dort die Einrichtung eines Lehrlingsheimes. 1948 wurde das Gebäude der jüdischen Landesgemeinde übereignet.

„Hinzukommen muss gleichzeitig ein Leben unter menschenunwürdigen oder haftähnlichen Bedingungen.“

AUS EINEM ABLEHNENDEN ENTSCHÄDIGUNGS-URTEIL 1957

ren Verfahren wegen der damals zwangsweise erfolgten Verschleuderung des auf 125 000 Reichsmark geschätzten Warenlagers sprach das Gericht den Haberers im Frühjahr 1962 einen Entschädigungsanspruch von 1600 Mark zu.

Anspruch auf Ersatz ihres während des Pogroms zerstörten und ausgeraubten Warenlagers und ihrer familiären Wertgegenstände machte auch die aus Köln stammende Anna van Geldern geltend. Ihr Mann Leo hatte in Köln ein Textilgeschäft betrieben. Er war 1943 als Jude in Auschwitz vergast worden. Anna van Geldern und ihre drei Kinder Rolf, Edith und Ruth waren nach der Deportation des Ehemanns und Vaters nach Konstanz geflohen und hatten dort, wie Edith später erzählte, bei einer nicht-jüdischen Familie im Stadtteil Stadelhofen Unterschlupf gefunden. Offenbar hatten sie die jüdische Herkunft des Vaters verschleiern können. So überlebten sie als sogenannte *„U-Boote“* das Kriegsende. Die Entschädigungskammer des Landgerichts Freiburg wies 1962 dennoch alle Ansprüche ab: Zuständig für die Klage wäre das Land Nordrhein-Westfalen gewesen, außerdem hatte Anna van Geldern Fristen versäumt.[184] Ob die betagte Frau danach noch Ansprüche in Köln geltend machte, ist nicht bekannt. Ihre Tochter Edith war später als Wirtin des Nachtlokals „Pferdestall“ eine stadtbekannte Größe.

Elise Dorsch hatte mit ihrem ersten Mann, dem Juden Adalbert Goldmann, in Berlin gelebt, wo sie mehrere Bars und Kabaretts betrieben. Als das letzte den Goldbergs verbliebene Lokal „Orient“ 1935 schließen musste, wurde der Österreicher Goldberg im Zuge der Nürnberger Rassegesetze aus Deutschland ausgewiesen. Er begab sich nach Polen, wohin ihm seine Frau folgte. Nach der Besetzung Polens durch die Wehrmacht wurde Adalbert Goldberg als Jude festgenommen, 1941 wurde er in Auschwitz vergast. Elise Dorsch blieb in Polen und heiratete wieder, den polnischen Friseur Stanislaus Dorsch. Nach Kriegsende wurde sie jedoch als Deutsche aus Polen ausgewiesen. So kam sie nach Konstanz. Den 1956 gestellten Antrag der inzwischen 61-Jährigen auf *„Soforthilfe für Rückwanderer“* wiesen das Landesamt und daraufhin auch das Landgericht ab: Elise Dorsch, befanden die Richter, sei keine Rückwanderin, sondern eine Heimatvertriebene. Mit ihrer freiwilligen Ausreise aus Deutschland 1935 habe ihre Verfolgung als nicht-jüdische Ehefrau eines Juden *„geendet“*. Auch sei es ihr nicht verwehrt gewesen, nach dem Tod des jüdischen Ehemanns nach Deutschland zurückzukehren.[185]

Luise Wolf erhielt, weil sie den Judenstern hatte tragen müssen, nach dem Krieg 2250 Mark als Entschädigung.

Ebenfalls erfolglos blieb der Antrag der evangelisch getauften Jüdin Luise Wolf, die nach dem Krieg in Konstanz gestrandet war und sich dort als Klavierlehrerin niedergelassen hatte. Zuvor hatte sie in Berlin gelebt. Dort war sie 1935 wegen ihrer jüdischen Herkunft aus der Reichsmusikkammer ausgeschlossen worden und hatte dadurch ihren Beruf verloren. Seit September 1941 hatte sie den Judenstern tragen müssen. Als sie sich 1943 zur Deportation in die Vernichtungslager melden sollte, floh sie zu ihrer mit einem nicht-jüdischen Arzt verheirateten Schwester in eine Kleinstadt in Pommern. Dort verbarg sie sich einige Monate, dann fand die damals 50-Jährige Unterschlupf in den „Hoffnungstaler Anstalten“ in Lobetal, einer von Pastor Friedrich von Bodelschwingh 1905 gegründeten Pflegeeinrichtung in der Nähe von Berlin. Der dortige Anstaltsleiter, Pastor Braune, versteckte Luise Wolf bis Kriegsende in der Anstalt und ließ sie als Altenpflegerin arbeiten. Während dieser Zeit erkrankte sie schwer an einem Myom, doch eine Operation hätte ihre Tarnung aufgedeckt. Bis Kriegsende harrte sie unter großen Schmerzen und stärker werdenden Blutungen im Verborgenen aus. Zwölf Jahre nach Kriegsende stellte sie im Rahmen des novellierten Bundesentschädigungsgesetzes einen Antrag auf Entschädigung in Höhe von 4050 DM für die Zeit der Illegalität. Das zuständige Landesamt bewilligte ihr 2250 DM, weil sie den Judenstern getragen hatte und dadurch in ihrer Freiheit beschränkt gewesen sei. Das Freiburger Gericht wies den weitergehenden Antrag jedoch ab. Das Leben allein in der Illegalität sei nicht entschädigungsfähig, befand das Gericht. *„Hinzukommen muss gleichzeitig ein Leben unter menschenunwürdigen oder* *unter haftähnlichen Bedingungen."* Luise Wolf habe jedoch weder bei ihrer Schwester noch in den Lobetaler Anstalten unter *„menschenunwürdigen"* Bedingungen gelebt.[186]

Die Betroffenen konnten solche Begründungen nur als zynisch empfinden. Stießen schon die Restitutionsverfahren in der Bevölkerung auf Ablehnung, so wurden die Entschädigungsleistungen an die Opfer als Eingeständnis einer deutschen Kollektivschuld gewertet. Gegen die Ansprüche jüdischer Überlebender stand das in der Bevölkerung verbreitete Gefühl, selbst Opfer des NS-Regimes geworden zu sein. Dass jüdischen Deutschen wenige Jahre zuvor die gesamte Existenz zerstört worden war und dass viele *„Volksgenossen"* an dieser Umverteilung von Vermögen teilgenommen hatten, wollten viele Deutsche nicht mehr wahrhaben. Sparguthaben, Versicherungsleistungen, Wertpapiere, Barvermögen, Schmuck und Edelmetalle der jüdischen Bevölkerung hatte sich der deutsche Staat angeeignet. Hausrat, Fahrzeuge, Kunstsammlungen, persönliche Gegenstände und immaterielle Vermögenswerte, wie Familienalben, waren unauffindbar verschwunden bzw. sie wurden von den Erwerbern nicht herausgegeben. Die körperlichen und seelischen Leiden der Erniedrigten, Emigrierten, Inhaftierten oder Verborgenen wurden gegen Verluste der nicht-jüdischen Bevölkerung aufgerechnet. Auch materiell waren Rückerstattung und *„Wiedergutmachung"* keine Umkehrung des Raubzugs der *„Arisierung"*. Sie konnten allenfalls einen *„begrenzten Beitrag zur ‚Heilung' von Opferbiografien"* leisten".[187]

Das unscharfe Bild hält fest, wie Anne Fürst (rechts) und andere jüngere Konstanzer Juden im Juli 1939 von ihren Eltern auf immer Abschied nehmen.

KEINE TRÄNE ZUM ABSCHIED:
ANNE FÜRST

Moritz Fürst und seine Frau Salomea, Betreiber eines kleinen Abzahlungsgeschäfts für Textilien in der Rheingasse 15, wurden im Oktober 1940 auf einen Lastwagen geschoben und deportiert. Eine Freundin der Familie beobachtete, was dann geschah: Die Nachbarn stürmten das Haus und plünderten, was ihnen in die Hände kam. Das Haus selbst wurde vom badischen Staat *„eingezogen"*. Durch den nachträglichen Entzug der Staatsangehörigkeit und den damit behaupteten Verlust aller Eigentumsrechte ließ sich der Reichsfiskus 1941 auch als Eigentümer dieser Immobilie eintragen.

Nach dem Krieg forderte die Tochter des Ehepaars Fürst das Haus zurück. Die damals 25-jährige Anne war im Juli 1939 von den Eltern gerade noch rechtzeitig zu einer Tante nach London geschickt worden. Später erzählte sie: *„Ich habe damals auf dem Bahnhof nicht geweint und meine Eltern auch nicht, aber ich habe fast mit Bestimmt-*

heit gewusst, dass wenn ich sie nicht aus Konstanz würde rauskriegen können, dann werde ich sie nicht wiedersehen." In London musste sie in der Bäckerei von Verwandten helfen. Alle Versuche, ihre inzwischen deportierten Eltern aus Gurs zu befreien und ihnen die Einreise nach England zu ermöglichen, scheiterten. Moritz und Salomea Fürst wurden im Sommer 1942 von Gurs aus in eines der Vernichtungslager in Polen deportiert und dort vergast.

Das Nachlassgericht in Konstanz stellte 1949 in verräterisch verharmlosender Formulierung fest, sie seien *„im Osten gestorben"*. Vier Jahre nach Kriegsende erhielt Anne, die inzwischen einen Engländer namens Nairn geheiratet hatte, das Haus zurückerstattet. Sie verkaufte es umgehend und verließ ihre Heimatstadt danach wieder. Eine Kreuzlinger Freundin der Eltern teilte ihr noch mit, sie habe eine Schachtel mit Briefen der Eltern, geschrieben in Gurs. Anne Nairn wollte diese Schachtel nicht haben. *„Schon der Gedanke, dass meine Eltern umgekommen sind, ist genug. Ich muss nicht jedes einzelne Detail davon wissen. Verbrennen Sie das, habe ich zu ihr gesagt."* Diese Sätze sprach sie über 40 Jahre nach dem Verlust ihrer Heimat und ihrer Eltern, als sie im Zuge des ersten städtischen Besuchsprogramms für emigrierte Konstanzer Juden im Jahr 1983 noch einmal nach Konstanz gekommen war. Danach kam sie nicht wieder, hielt aber Briefkontakt mit jüngeren Menschen, die sie damals kennengelernt hatte. Einige Jahre später ist Anne Nairn in London nach langer Krankheit gestorben.

TE

Alle hätten sich Mühe gegeben, zu lächeln und keine Tränen zuzulassen, erinnerte sich Anne Fürst noch viele Jahre später.

ZUM UMGANG
MIT DER ERINNERUNG

Im Frühjahr 1946 fanden von den französischen Behörden initiierte *„Konstanzer Kunstwochen“* mit einem internationalen Kunst-, Theater- und Musikprogramm statt. Im Vorwort des Programms beschwor der damalige Oberbürgermeister, der Sozialdemokrat und Pionier-Oberst in Hitlers Wehrmacht, Fritz Arnold, man solle die Deutschen nicht nur nach dem beurteilen, *„was uns als Schuld entgegengehalten wird“*. Vielmehr seien im deutschen Volk auch jene Kräfte lebendig geblieben, *„die aufbauend, Segen spendend und lebensbejahend“* wirkten.[188] Die indirekte Zurückweisung des Schuldvorwurfs veranschaulicht, wie weit selbst ein früherer Gegner des Nationalsozialismus von einem Bekenntnis deutscher Schuld und Scham entfernt war. Selbstkritischere Stimmen setzten sich weder in den ersten Nachkriegsjahren noch später durch: Die 1947 erhobene Forderung, den Opfern des Nationalsozialismus auch in Konstanz ein würdiges Mahnmal zu errichten, wurde diskutiert, aber rasch wieder vergessen. Weder neben dem Krematorium des Hauptfriedhofs noch im Stadtgarten, wie das Hochbauamt 1947 erwogen hatte, wurde ein solches Mahnmal realisiert.

Zwanzig Jahre nach Kriegsende überreichte der in seine Heimatstadt zurückgekehrte Jude Dr. Erich Bloch der Stadtverwaltung eine mühsam zusammengestellte Liste mit 120 Adressen Überlebender und Emigrierter in aller Welt. Damit verband er die Anregung, die Stadt solle diesen Menschen ein Zeichen der Verbundenheit schicken. Der damalige Oberbürgermeister Dr. Bruno Helmle wies die Verwaltung an, diesen Menschen jeweils den aktuellen „Konstanzer Almanach“ zu schicken – als *„Geste des guten Willens“*, wie es in völliger Verkennung der Sachlage hieß. Denn wenn jemand eine Geste des guten Willens hätte erweisen können, dann doch die Opfer des Nationalsozialismus und nicht einer ihrer früheren Repräsentanten. Helmle jedoch erklärte forsch: *„Wir würden uns nicht wundern, wenn einige böse Briefe kämen oder wenn gar in einigen Fällen die Annahme der Sendung verweigert würde“*.[189] Wäre den Adressaten bekannt gewesen, was Helmle während der NS-Zeit getan hatte, wären einige Sendungen vermutlich zurückgeschickt worden. Doch der liberal-jovial auftretende, mit charismatischem Charme ausgestattete Christdemokrat hatte seine eigene Vergangenheit als Finanzbeamter, der

Der Mittäter als Judenfreund: Oberbürgermeister Bruno Helmle bei einer Feierstunde der neuen Israelitischen Kultusgemeinde. In der ersten Reihe (2. v. l.): Der erste Uni-Rektor Professor Gerhard Hess.

Rechts: Die oben liegende Platte ist einer der Trümmersteine der 1938 zerstören Konstanzer Synagoge. Gedenkstätte auf dem jüdischen Friedhof.

mit der *„Verwertung“* jüdischen Vermögens befasst gewesen war, nach Kriegsende gut verborgen gehalten.

Ohne Hemmungen nahm Helmle 1964 an der Feier zur Neugründung der jüdischen Gemeinde Konstanz teil. Als Gruß der Stadt überbrachte er einen silbernen Seder-Becher. Als des 30. Jahrestags des damals noch in alter NS-Diktion *„Reichskristallnacht“* genannten Pogroms gedacht wurde, trat Helmle 1968 während einer Gedenkveranstaltung der „Gesellschaft für Christlich-Jüdische Zusammenarbeit“ an das Rednerpult. Von dort verkündete er, aus dem Blick in die Vergangenheit könne die Gesellschaft *„Kraft für die Zukunft“* finden. Die aufkommende Studentenbewegung war gerade dabei, tiefere Blicke in die braune Vergangenheit der staatlichen Eliten zu werfen und die Nachkriegsordnung infragezustellen. Vielleicht erhob Helmle deshalb den Zeigefinger und verkündete an die Jugend der Stadt gerichtet, die neu *„geschenkte Freiheit“* könne nur *„in der Ordnung erhalten bleiben“*.[190] Am Rande dieser Veranstaltung räumten Zeitzeugen ein, damals schweigend zugeschaut und durch solches Schweigen Schuld auf sich geladen zu haben. Helmle gehörte nicht zu denen, die eigene Schuld und Scham bekannten. Er hatte vielmehr nach dem Krieg Angaben auf Fragebögen gefälscht und seine Tätigkeit im NS-Verfolgungsapparat verschwiegen. Lange nach seinem Tod (1996) brachte ein im Auftrag des Konstanzer Stadtrats erstelltes Gutachten der Historiker Jürgen Klöckler, Wolfgang Seibel und Lothar Burchardt im Jahr 2012 zutage, wie tief der frühere Oberbürgermeister, Ehrenbürger der Stadt und Ehrensenator der Universität in die nationalsozialistische Judenverfolgung verstrickt gewesen war. Beide Ehrungen wurden ihm daraufhin posthum aberkannt.

Mit dem Neubau von 1966 auf dem ehemaligen Synagogengrundstück wurde die dort als Mahnmal aufgestellte Steinplatte aus dem Mauerwerk der 1938 zerstörten Synagoge auf den alten Teil des Jüdischen Friedhofs versetzt. Seither finden dort an jedem 9. November Gedenkstunden statt, an denen auch die christlichen Kirchen

teilnehmen. An der 1966 gegründeten Universität kamen auf Vermittlung des jungen Soziologie-Professors Erhard Roy Wiehn und dank großzügiger Unterstützung durch den Kreuzlinger Kaufmann Kurt Lion erste Kooperationen zwischen den Universitäten von Konstanz und Tel Aviv und mit anderen Hochschulreinrichtungen in Israel zustande. 1987 wurden diese Kontakte mit einem Kooperationsvertrag über die langjährige Zusammenarbeit in Forschung und Lehre besiegelt. Zwei Förderkreise, die „Lion Foundation" und der „Förderkreis für die Zusammenarbeit zwischen den Universitäten Konstanz und Tel Aviv", sichern die finanzielle Basis des Austauschs bis heute. Anfang der 1980er-Jahre war in den Räumen der Israelitischen Kultusgemeinde bereits die nach ihren Stiftern Erich Bloch und Alfred Lebenheim benannte Bibliothek eröffnet worden, die bis heute wichtige Werke zur Geschichte und Religion des Judentums für Forscher und interessierte Laien bereithält.

Etwa zur selben Zeit beschloss der Stadtrat, im Rathausinnenhof eine Erinnerungstafel für die Opfer der nationalsozialistischen Gewaltherrschaft anbringen zu lassen. Die kleine Sandsteintafel wurde genau dort installiert, wo von 1933 bis 1945 eine Gedenktafel für die *„Blutzeugen"* der nationalsozialistischen Bewegung gehangen hatte. Nachdem mit dem parteilosen Dr. Horst Eickmeyer 1980 ein Vertreter der unbelasteten Nachkriegsgeneration Oberbürgermeister geworden war, initiierte die Stadt 1986 ein erstes Besuchsprogramm für ehemalige Konstanzer Bürger, die sich in der Emigration eine neue Existenz aufgebaut hatten. Zum Vergleich: In München, wo der SPD-Politiker Hans-Jochen Vogel 1960 zum Oberbürgermeister gewählt wurde, fand das erste Besuchsprogramm für Münchener Juden schon im Jahr seiner Wahl statt. Auch wenn Konstanz erst 41 Jahre nach Kriegsende auf die Idee kam, Überlebende einzuladen, stieß die Einladung auf positive Resonanz: 1986 und in den beiden Jahren darauf besuchten insgesamt 77 Konstanzer Juden, teils mit ihren Kindern und Enkeln, die Stadt ihrer Kindheit. Die Freude der Gäste über das Wiedersehen war jedoch nicht ungetrübt: Zu sehr schmerzten der Anblick der Elternhäuser, in denen nun andere Menschen lebten, der Anblick der Gräber der Großeltern, die Erinnerungen an erlittene Demütigungen und an den gewaltsamen Tod lieber Angehöriger. Manches Interview, das auch der Autor dieser Zeilen damals als junger Student und Reporter des „Südkurier" geführt hat, endete in Tränen und schmerzvollem Verstummen.

Die publizistische Aufarbeitung der lokalen jüdischen Geschichte begann mit Erich Bloch. Wenige Jahre nach seiner Rückkehr veröffentlichte er 1971 eine Gesamtdarstellung des jüdischen Lebens in Konstanz bis 1940. Sein Erinnerungsbuch wurde zum Standardwerk, weil er aus persönlichen Erinnerungen und aus seinem reichen Namensgedächtnis schöpfen konnte. Zu dieser Zeit war auch an der noch jungen Universität die Aufklärungsarbeit zur lokalen Geschichte des Nationalsozialismus angelaufen. Aus dem Arbeitskreis für Regionalgeschichte und aus den Fachbereichen Geschichte und Soziologie gingen in den folgenden Jahren mehrere wichtige Monografien, Sammelbände, Dokumentationen und biografische Arbeiten zum Thema hervor. Die mit erheblicher finanzieller Förderung der Stadt verwirklichte fünfbändige Konstanzer Stadtgeschichte, die in einem von Lothar Burchardt, Dieter Schott und Werner Trapp verfassten Band auch das 20. Jahrhundert behandelt, war ein wichtiger Meilen-

Die 1946 eingerichtete Synagogen-Gedenkstätte diente wenige Jahre später bis zum Verkauf des Grundstücks als Abstellplatz für Gerümpel und Schrott.

camel active
Julie Mann
Max Mann
Anna Meißner
Erwin Meißner
Siegfried Meißner
Hilde Merzbacher
Julius Merzbacher
Max Moch
Rosa Moerschner
Robertine Moses
Rosa Moses
Samuel Moses
Chlothilde Neumann
Moritz Neumann
Mina Ohlenschlager
Emma Olesheimer
Hans Picard
Melanie Picard
Albert Rosenfeld
Erna Rosenthal
Salomon Rosenthal
Gertrud Rothschild
Klara Rothschild
Rosa Salomon
Sally Salomon
Blanka Samuel
Ludwig Schatz
Max Schriesheimer
Rosa Schriesheimer
Albert Schwarzhaupt
Hella Schwarzhaupt
Klara Seewald
Samuel Seewald
Alfred Spiegel
Betty Spiegel
Helmut Spiegel
Leopold Spiegel
Renée Stein
Rachel Steinem
Elsa Stux
Robert Stux
Bertha Weil
Lina Weil
Hugo Weill
Anna Wieler
Berthold Wieler
David Wieler
Ludwig Wolf
Ricka Wolf
Lina Wolff
Lehmann Wormser
HOTEL
CITY-HOTEL

Ein geselliger Abend in der heutigen Israelitischen Kultusgemeinde.

Links: Erst 2005 errichtete die Stadt den 1940 deportierten Konstanzer Juden unweit der einstigen Synagoge diese schlichte Steinstele.

stein in der wissenschaftlichen und gleichwohl allgemeinverständlich geschriebenen Darstellung der regionalen und lokalen NS-Geschichte. Zeitgeschichtliche Serien in der Tageszeitung „Südkurier", erste Filmprojekte des Südwestrundfunks und privater Filmemacher, etwa zur Fluchthilfe an der deutsch-schweizerischen Grenze, Stadtführungen, Vortragsreihen und die großen NS-Ausstellungen *„Mager & Knapp"* (2002) sowie *„Sommer'39"* (2009) des Rosgartenmuseums trugen ebenfalls zur Aufklärung über den Nationalsozialismus und die Nachkriegszeit bei.

Säkulare Orte der Erinnerung an das jüdische Konstanz und an die Vernichtung jüdischen Lebens ließen allerdings länger auf sich warten: Erst im April 2005 errichtete die Stadt vor der Dreifaltigkeitskirche in Sichtweite der früheren Synagoge eine schwarze Steinsäule, auf der die Namen der 1940 und 1942 deportierten Juden zu lesen sind. *„Dies ist ein Stein, der lebt: durch die Schicksale, die sich hinter den Namen, die hier zu lesen sind, verbergen"*, sagte der damalige Konstanzer Rabbiner Schlomo Schiff zur Einweihung. Kleinere Erinnerungstafeln waren auf Anregung früherer Konstanzer schon während der 1990er-Jahre im Landgericht und in der Polizeidirektion angebracht worden. Sie erinnern an jüdische Anwälte und an Kriminalbeamte, die Hilfsbereitschaft zeigten. Seit 2005 besteht die Initiative „Stolpersteine für Konstanz – Gegen Vergessen und Intoleranz". Sie hat inzwischen über 120 Stolpersteine zur Erinnerung an verfolgte oder widerständige Menschen im Stadtgebiet verlegt.

Ein problematisches Objekt der Erinnerung ist bis heute der inzwischen im Vorraum platzierte Taufstein in der evangelischen Lutherkirche: Als der Stein im März 1951 im Chorraum der Kirche errichtet wurde, ging die Gemeinde davon aus, es handle sich dabei um einen Steinrest der Synagoge, der nun eine würdige neue Verwendung gefunden habe. Dass aus theologisch-jüdischer Sicht ein

Taufstein keine *„würdige“* Zweitverwendung für ein Relikt der zerstörten Synagoge sein konnte, bedachten die Protestanten offenbar nicht. Aus den nur spärlich erhaltenen Unterlagen der Stadtverwaltung geht hervor, dass nach dem Abbruch der Synagoge von der Wiederverwendung der Steine abgeraten wurde. Gleichwohl wurden einige große Bruchsteine auf einem städtischen Lagerplatz in der Nähe des alten Schlachthofs abgelegt. Aus diesem Steinlager, das auch Reste des roten Sandsteinsockels des 1943 abgebrochenen Siegesdenkmals von der Marktstätte enthielt, bezog der Bildhauer des Taufsteins seinen Rohling. Im Juli 1951 ließ sich Oberbürgermeister Knapp vom Hochbauamt über die Herkunft des Rohmaterials zum Taufstein informieren, vermutlich, nachdem er vom mutmaßlichen Zusammenhang mit der Synagoge erfahren hatte. Zu einer öffentlichen Klärung der Vermutungen kam es nicht. Knapp selbst hatte als damaliger Mitwirkender vermutlich auch kein Interesse an einer öffentlichen Erörterung der städtischen Beteiligung an der Zerstörung und Beseitigung der Synagoge. Über 40 Jahre später erst recherchierte der damalige evangelische Studentenpfarrer Otto Vogel den Fall. Nach seiner Einschätzung muss offen bleiben, ob Synagoge oder Siegesdenkmal 1951 den Rohling für den Taufstein lieferten.[191]

Unter einem Fenster des 1966 errichteten Neubaus auf dem Synagogengrundstück erinnert eine Inschrift an das 1938 zerstörte Gotteshaus.

Klarer liegen die Verhältnisse im Fall der Orgel der kleinen katholischen Kirche St. Sebastian im Donaueschinger Ortsteil Hubertshofen: Das ist das Instrument das 1883 in die neu erbaute Konstanzer Synagoge eingebaut worden war. Vermutlich wurde die beschädigte Orgel bereits nach dem ersten Brandanschlag von 1936 ausgebaut, nach Donaueschingen verkauft und dort wieder instandgesetzt. Ein Verkauf nach dem Pogrom von 1938 erscheint unwahrscheinlich, weil die Synagoge am frühen Morgen nach der Brandstiftung gesprengt wurde, der Ausbau der Orgel also zeitlich kaum mehr möglich gewesen wäre.[192]

Zusammenfassend kann festgehalten werden: Weil auch in Konstanz nicht wenige Köpfe der lokalen Funktionseliten nach 1945 wieder in öffentliche Ämter aufgerückt waren, prägte ihre stark rechtfertigende Sicht auf die Judenverfolgung den öffentlichen Umgang mit diesem Kapitel der jüngsten Geschichte. Die Vergangenheit und insbesondere die Beteiligung breiter Bevölkerungskreise an Verfolgung und Ausraubung der jüdischen Minderheit wurde abgestritten, verharmlost, meist aber eisern beschwiegen, hätte doch jede Anerkennung einer eigenen Mitwirkung als Eingeständnis deutscher Kollektivschuld gewertet werden können.

Nach einer kurzen Phase selbstkritischer Töne und bemerkenswerter Offenheit im Umgang mit der jüngsten Vergangenheit beschränkten sich Beiträge in der örtlichen Presse seit den restaurativen 1950er-Jahren auf allgemeine Appelle *„an die Jugend“*, Ähnliches

Die Initialen seines Namens über dem Türsturz seines ehemaligen Hauses (rechts Mitte mit Fachwerk) erinnern noch heute an den jüdischen Metzger Simon Levinger.

dürfe sich nie mehr wiederholen. In der beginnenden Westintegration der Bundesrepublik war Nachsicht gegen die NS-Tätergeneration auch in den bürgerlichen Medien angesagt. Auf den Politikseiten der Zeitungen wurde die *„Aussöhnung"* mit Israel gepriesen. Doch noch Anfang der 1980er-Jahre intervenierte der damalige Chefredakteur des „Südkurier", Franz Oexle, wenn in lokalhistorischen Beiträgen Namen bekannter, nationalsozialistisch engagiert gewesener Familien der Bodenseeregion genannt werden sollten.

Vor Ort, so die stereotypen Begründungsmuster der Kriegsgeneration, hatten die Funktionsträger in Verwaltung, Justiz, Wirtschaft und Kultur bis auf wenige Fanatiker lediglich ihre Pflicht getan und *„Schlimmeres"* zu verhüten versucht. Für lokale antisemitische Taten, wie die Brandstiftung der Synagoge, wurden dunkle *„auswär-*

Wiedersehen mit der alten Heimat: Überlebende Konstanzer Juden und einige ihrer Kinder während der ersten Besuchswoche 1983.

tige" Mächte verantwortlich gemacht. Männer wie die NS-Bürgermeister Albert Herrmann und Leopold Mager oder der spätere Oberbürgermeister Bruno Helmle hatten große Energie aufgewendet, ihre eigenen Täterbiografien umzudeuten. Helmle besuchte eifrig Feiern der neu gegründeten Israelitischen Kultusgemeinde, so als ob er von den Überlebenden von eigener Schuld losgesprochen werden wollte.

Die Gründung der Konstanzer Reformuniversität 1966 brachte neue Impulse: Eine junge, überwiegend zugezogene Wissenschaftlergeneration begann damit, die lokalen Archive zur Geschichte des *„Dritten Reichs"* auszuwerten, Überlebende zu befragen und aus den Quellen darzustellen, was zwischen 1933 und 1945 geschehen war. Stadtverwaltung und Gemeinderat fanden, im Vergleich zu anderen Städten, erst relativ spät zu deutlichen Formen öffentlichen Gedenkens. Die 2005 errichtete Stele für die jüdischen Deportierten, das Gräberfeld für Opfer der Euthanasie auf dem Hauptfriedhof und das 2009 realisierte Mahnmal für den Hitler-Attentäter Johann Georg Elser sind Beispiele für diese im öffentlichen Raum sichtbare Vergegenwärtigung damaligen Leids und des Aufbegehrens Weniger.

Heute steht das Gedenken an die Judenverfolgung während der NS-Herrschaft an der Schwelle zwischen der noch persönlich geprägten Erinnerung und der musealen Gedächtniskultur. Nur noch sehr wenige der damaligen Opfer sind am Leben, die Tätergeneration ist nahezu vollständig verschwunden, Blumengestecke zieren zu Allerheiligen ihre Gräber. *„Wir haben niemanden mehr, den wir noch fragen können. Aber jetzt muss auch niemand mehr mit Opa über den Holocaust streiten, Familienfeiern sind keine Geschichtstribunale mehr"*, schreibt Heinrich Wefing zum Auschwitz-Gedenktag 2015 in der Wochenzeitung „Die Zeit".[193] Jüngere Menschen haben keinen direkten Bezug mehr zur NS-Zeit, die Beschäftigung damit wird zu einem Schulthema neben vielen anderen. Schüler und selbst Studierende verweigern die Auseinandersetzung mit diesem Thema, wenn sie den Eindruck haben, es werde Erinnerung verordnet, zumal dann, wenn ein älterer Lehrer Betroffenheit erwartet oder Fragen der *„deutschen Schuld"* erörtern will. Glaubt man Umfragen, dann will eine Mehrheit der Deutschen mit diesem Thema auch nicht mehr behelligt werden. Eine Studie der Bertelsmann-Stiftung hat ergeben: 81 Prozent der befragten erwachsenen Deutschen würden gerne die Geschichte der Judenverfolgung „*hinter sich lassen*", 55 Prozent wünschten einen „*Schlussstrich*" unter dieses Kapitel deutscher Geschichte.[194]

Der Historiker entgegnet: Geschichtsforschung ist keine Wirtshauszeche, unter die ein Schlussstrich gezogen und die damit beglichen werden könnte. Solange aus Archiven und privaten Nachlässen unbekanntes Quellenmaterial zutage gefördert wird, geht die Arbeit weiter. In der angewandten Geschichtswissenschaft, wie historische Museen sie betreiben, gilt allerdings auch das Gesetz des Marktes: Die Besucher entscheiden, was sie interessiert. Museen, Schulen, Verlage, Theater und Filmemacher werden die Erinnerung an jüdisches Leben in Deutschland und an seine Vernichtung künftig so darstellen und vermitteln müssen, dass die Neugier junger Menschen daran geweckt wird. Das ist riskant: Der Grat, der zwischen Aufklärung und publikumswirksamer Verkitschung verläuft, ist schmal. Doch Jugendliche wollen Geschichte und Bezüge daraus zum heutigen Leben selbst entdecken, verordnete Gedenkrituale schre-

Zwei der originalen Waggons der Deutschen Reichsbahn, mit denen die badischen Juden 1940 deportiert wurden.

cken sie eher ab. Es bleibt eine pädagogische Herausforderung, den kritischen Blick der nächsten Generationen auf die eigenen Zeitverhältnisse auch über die Beschäftigung mit der deutschen Geschichte hinaus zu schärfen.

Abschließend gesagt: Die deutsche Verantwortung für diese Geschichte bleibt bestehen, ob sich Jugendliche nun dafür interessieren oder nicht. In der Gedenkveranstaltung des Deutschen Bundestags zur Erinnerung an die Befreiung des KZ Auschwitz vor 70 Jahren sagte Bundestagspräsident Norbert Lammert im Januar 2015: *„Für die schreckliche Vergangenheit unseres Landes sind die Nachgeborenen nicht verantwortlich. Für den Umgang mit dieser Vergangenheit schon."* [195] In derselben Veranstaltung erinnerte Bundespräsident Joachim Gauck daran, wie sehr sich Fanatismus und Mordbereitschaft in anderem Gewand wiederholen könnten. Auschwitz verpflichte, sich Ausgrenzung und Gewalt entgegenzustellen und Verfolgten *„eine sichere Heimstatt zu bieten"*, sagte er. Auch wenn der Holocaust für künftige Generationen nicht mehr zu den Kernelementen deutscher Identität zählt, gilt, was Gauck sagte: *„Es gibt keine deutsche Identität ohne Auschwitz"*.[196]

„Es gibt keine deutsche Identität ohne Auschwitz."

BUNDESPRÄSIDENT JOACHIM GAUCK, 2015

UNSENTMENTAL UND HUMORVOLL:
HANNELORE KÖNIG

Hannelore König wurde als Tochter des Arztes Nathan Wolf – des *„letzten Juden des Dorfes“*, wie auf seinem Grabstein auf dem Wangener Friedhof zu lesen ist – und der Katholikin Auguste Neuhaus aus Köln an Silvester 1925 geboren. Auch wenn sie aufgrund dieser Herkunft in der ihr eigenen nüchternen Art in Bezug auf ihre Konfession zu sagen pflegte, sie sei *„gar nichts“*, verschränkten sich in ihr doch tragende Elemente der beiden dörflichen Milieus auf unverkennbare Weise. In ihrer Klasse die einzige Schülerin mit jüdischem Elternteil und bürgerlichem Hintergrund, von einem christlichen Dienstmädchen und der geliebten jüdischen Großmutter Nanette erzogen, stand ihre Kindheit eben doch noch im Zeichen eines ausklingenden, langen jüdisch-christlichen Zusammenlebens.

Ab 1933 zur *„Halbjüdin“* geworden, fiel ihre Jugend dann in eine Zeit zunehmender Entrechtung und Ausgrenzung. Ihre Schulzeit in Wangen, Stein am Rhein, Gaienhofen und Konstanz war geprägt von Berufsverbot, KZ-Haft und Exil des Vaters und der Krankheit der Mutter, der gewaltsamen Auslöschung der Wangener jüdischen Gemeinde und der Deportation der Großmutter nach Gurs. Einzige Verbindung zum Vater, der jenseits der Grenze vertretungsweise praktizieren konnte, waren nach dem frühen Tod der

Hannelore König, deren Erinnerungen Zeitgeschichte lebendig gemacht haben.

Mutter häufige Briefe und Sich-Zuwinken aus der Ferne, wenn Nathan Wolf sonntags unweit der Wangener Landungsstelle auf einem Schweizer Bodensee-Dampfer stehend vorbeifuhr. Im Sommer 1943 wurden Hannelore Wolf und ihr jüngerer Bruder Gert als *„gefährliche Elemente"* aus dem Zollgrenzbezirk Konstanz verbannt und einer Weingärtnerfamilie in Obertürkheim als billige Arbeitskräfte zugewiesen. Ihre Heimat sahen sie erst bei Kriegsende wieder. *„Auf einmal"*, sagte Hannelore König in einem Gespräch, *„waren wir wieder da, wo wir hingehörten"*.

Solche Sätze waren typisch für Hannelore König: nüchtern, unsentimental und humorvoll. Eine Feindin allen Geschwätzes, dabei immer aufgeräumt und fähig, die Dinge auf den Punkt zu bringen, war ihr ein gesunder Menschenverstand in seiner schönsten Form eigen. Auch ihre Berufswahl lässt sich von ihren frühen Erfahrungen nicht trennen: Sie studierte, nach Jahren erlittenen Unrechts, in Freiburg und an der Law School der University of Michigan in Ann Arbor Jura, um nach zweitem Staatsexamen und Promotion 1955 in den baden-württembergischen Staatsdienst zu treten. 1958 heiratete sie den 2014 verstorbenen Berufskollegen Dieter König. 1973 wurde sie zur Oberstaatsanwältin ernannt – als erste Frau in Württemberg. Nach ihrer Pensionierung folgte sie 1991 einem Aufruf der Justizverwaltung und stellte ihre Berufserfahrung der Staatsanwaltschaft Dresden zur Verfügung, um in den neuen Bundesländern beim Aufbau eines demokratischen Justizwesens mitzuhelfen.

Obwohl sie nach ihrer Pensionierung weiterhin in Steinenbronn bei Tübingen lebte, hielt Hannelore König stets an Wangen fest, das sie nach wie vor als ihre eigentliche Heimat ansah. Mehrere Wochen des Jahres lebte sie in ihrem Elternhaus, wie sie auch bis zuletzt mindestens einmal jährlich zu Verwandtenbesuchen in die USA flog. Als Zeitzeugin erwies sie sich als erinnerungsstarke und genaue Erzählerin. In der ARTE-Produktion *„Landschaftsgeschichten"* aus dem Jahr 2010 war sie eine der tragenden Stimmen, sodass Regisseur Marcus Welsch aus dem umfangreichen Filmmaterial einen weiteren, einstündigen Film über das Leben der Familie Wolf und die Erinnerungen Hannelore Königs herstellte. Angesichts der Eindrücklichkeit ihrer erzählerischen Begabung und ihrer Bedeutung als eine der *„letzten Zeuginnen“* für die regionale Zeitgeschichte hat die Landeszentrale für politische Bildung Baden-Württemberg überdies ein Projekt gefördert, das mehrere Stunden Filmmaterial mit Aufnahmen Hannelore Königs auf DVD dokumentiert.

Was die Geschichte der landjüdischen Gemeinden auf der Höri und im Hegau betrifft, haben sich wenige so ausgiebig und engagiert auf sie eingelassen wie Hannelore König. Gemeinsam mit ihrem Bruder Gert Wolf stand sie für deren jüngere Geschichte, von der sie so ungemein lebendig zu erzählen wusste. Mitten in den Vorarbeiten für ein ausführliches lebensgeschichtliches Buchprojekt über die Familie Wolf/König verstarb Hannelore König am 19. Juli 2012. Während eines Aufenthalts in Wangen kehrte sie von einem morgendlichen Bad im Untersee, den sie so liebte, nicht mehr zurück: Während des Bades hatte sie einen Herzschlag erlitten.

Manfred Bosch

Nächste Seite: Der langjährige Oberkantor der Israelitischen Kultusgemeinde, Schmuel Blumberg, vor dem Konstanzer Rathaus. Um 1990.

FRIEDRICH

BELEHNUNG DES BURGGRAFEN VON NÜRNBERG 1417
KAMPF DEN SPANIERN 1548

ANMERKUNGEN

1 Reinhard Rürup: Emanzipation der Juden in Baden 1782 - 1862, in: Hegau 1967 (23/24) Heft 12

2 Uri K. Kaufmann: Kleine Geschichte der Juden in Baden, S. 50

3 a. a. O., S. 66

4 Rürup, Emanzipation, a. a. O.

5 Seeblätter, 25. Juli 1847

6 Seeblätter, 1. Juli 1847

7 Konstanzer Zeitung, 21. August 1846

8 Seeblätter, 1. Juli 1847

9 Seeblätter, 25. Juli 1847

10 Erich Bloch, Geschichte der Juden von Konstanz, Konstanz 1971, S. 17

11 a. a. O., S. 19 ff.

12 Konstanzer Zeitung, 27. Januar 1862

13 Konstanzer Zeitung 22. Februar 1862, sowie: Tobias Engelsing: Im Verein mit dem Feuer - Die Sozialgeschichte der Freiwilligen Feuerwehr 1830 bis 1950, 2. Aufl. Lengwil 1999, S. 143

14 Konstanzer Zeitung, 13. März 1862

15 Konstanzer Zeitung, 18. März 1862

16 Kaufmann, Juden, S. 74 f.

17 Jahrbuch der Stadt Konstanz 1911, S. 145, E. Bloch, Juden Konstanz, S.37 ff.

18 Gert Zang, Konstanz in der Großherzoglichen Zeit. Aufschwung im Kaiserreich, Geschichte der Stadt Konstanz Bd. 4.2, S. 53 ff.

19 Vergl. hierzu: E. Bloch, Juden, S. 40 ff sowie Engelsing: „Mit Pantograph durchs Arbeitsleben", in: Südkurier, 13. Februar 1990

20 StAKN S II Fas. 6694, Prozesstabellen 1908 - 1915

21 Bloch, Juden von Konstanz, S. 80

22 Adress-Kalender Konstanz, Jahrgang 1912

23 So etwa bei Erich Bloch, Das verlorene Paradies, bei Hannelore König, Interview, in: Hegau 2007, sowie in zahlreichen der lebensgeschichtlichen Interviews von Erhard R. Wiehn

24 Götz Aly, Warum die Deutschen? Warum die Juden, Gleichheit, Neid und Rassenhass, Frankfurt 2011, S. 44

25 Fritz Stern, Fünf Deutschland und ein Leben, Erinnerungen, München 2007, S. 38

26 Manfred Bosch, Interview mit Hannelore König, in: Hegau 2007, S. 245

27 Jürgen Kocka: Bürgertum im 19. Jahrhundert, München 1988, S. 347

28 Hierzu: Tobias Engelsing, Im Verein mit dem Feuer. Die Sozialgeschichte der Freiwilligen Feuerwehren 1830 - 1950, Lengwil 1990

29 E. Bloch. Juden von Konstanz, S. 87

30 Bodan Konstanz, Denkschrift zur Feier des 60jährigen Bestehens, Konstanz 1902, S. 120 ff.

31 Tobias Engelsing: Professionalität und Praxisbezug. Ingenieurausbildung und Alltag an der späteren Fachhochschule Konstanz 1906 - 1971, in: Entwicklungsfeld Hochschule, Lehre - Forschung - Transfer, Hrg. Fachhochschule Konstanz, Konstanz 1991, S. 158

32 Axel Hoinka, Arnulf Moser: Rudern am Bodensee, in: BGV, 129. Heft 2011, S. 221

33 a. a. O. S. 224

34 Volker Weiss, Jung, frei, deutsch, in: DIE ZEIT, Nr. 36, 29. 8. 2013

35 E. Bloch, Paradies, S. 61

36 Nachlass Friedrich Wirth / Archiv Engelsing, sowie Südkurier 19.10. 1957

37 Konstanzer Zeitung, 2. Oktober 1914

38 Zit. bei E. Bloch, Juden von Konstanz, S. 101

39 Konstanzer Zeitung, 13. Juni 1915

40 E. Bloch, Juden von Konstanz, S. 91

41 StAKN S II 11786 u. 10012

42 U. Kaufmann, Juden in Baden, S. 92

43 Konstanzer Zeitung, 9. September 1883, Abschrift des Protokolls: StAKN SII 1408

44 Semi Moos, Würdigung des Dr. Hermann Chone, Typoskript, Melbourne 1974, StAKN A I 45

45 a. a. O., S. 4

46 Erhard R. Wiehn, Oktoberdeportation, S. 16

47 E. Bloch, Juden von Konstanz, S. 113

48 vergl. Lothar Burchardt, Stadtgeschichte Bd. 5, Ralf Seuffert, Konstanz 2000 Jahre Geschichte, Jürgen Klöckler, Selbstbehauptung durch Selbstgleichschaltung, Werner Trapp, Stadtgeschichte Bd. 5

49 Zum Theaterfall: „Der Israelit", 15. Januar 1891. Zum Tierschutzfall: Pascal Krauthammer, Das Schächtverbot in der Schweiz 1854 - 2000. Die Schächtfrage zwischen Tierschutz, Politik und Fremdenfeindlichkeit, Zürich 2000

50 Wiedergabe der Beiträge in: „Im deutschen Reich", Jg. 12 (1906)

51 Briefwechsel 30.11.1915, StAKN S II 7652

52 G. Aly, Warum die Deutschen?, S. 50

53 Seuffert, Konstanz, S. 212 ff.

54 Zit. n. Werner Trapp, Konstanz in den Jahren von 1924 bis 1933, in: Stadtgeschichte Stadtgeschichte Bd 5, S. 216

55 Münchner Wochenschau, 11. Juni 1932, zit. n. Wolf Gruner: Die NS-Judenverfolgung und die Kommunen, in: Vierteljahreshefte für Zeitgeschichte, Jg. 48 (2000), Heft 1, S. 79

56 IHK-Schreiben 3. April 1933, WirtABaWü Bestand A 6, 2. Teil 7

57 Zit. n. W. Trapp, Machtübernahjme und Ausbau der nationalsozialistischen Herrschaft in Konstanz 1933/34, in: Stadtgeschichte Bd. 5, S. 232

58 Fritz Ottenheimer: Wie hat das geschehen können, Konstanz 1997, S. 23

59 Zit. n. Erhard R. Wiehn, Reichspogromnacht 1938, S. 24

60 Der Landbote, 1. April 1933

61 Der Landbote, 3. April 1933

62 Der Landbote, 5. April 1933

63 Hierzu und im Folgenden: Jürgen Klöckler, Selbstbehauptung durch Selbstgleichschaltung. Die Konstanzer Stadtverwaltung im Nationalsozialismus, Ostfildern 2012, S. 297 ff.

64 Helmut Rathke, Die Juden in Stockach, in: Hegau 34, S. 279 f.

65 Zu diesem Vorgang insgesamt: StAKN S II 16147

66 Schreiben an OB Hermann, StAKN, S II 16147

67 Bodensee Rundschau, 1. August 1933

68 Frdl. Auskunft von Hans-Hermann Seiffert, bisher wurde irrtümlich davon ausgegangen, er sei in Gurs gestorben, so Engelsing, Im Verein mit dem Feuerwehr, S. 146 f.

69 Bodensee-Rundschau, 13. August 1935

70 StaaAFr D 81 /1 Nr. 168, Ermittlungsakten 1935 Dr. Martin Hagelberg und Wiedergutmachungsverfahren 1953

71 Vergl. hierzu die Interviews in E. Wiehn, Reichspogrom 1938, sowie in: Oktoberdeportation 1940, a. a. O.

72 E. Wiehn, Reichspogrom 1938, S. 23 f.

73 Stellungnahme von BM Mager zur Arisierung von Wolf & Co vom 21.11.1938, StAKN S II 14511. Zu Holzherr: Christoph Knüppel, Land und Geist. Hugo Landauer, sein Daisendorfer Gut und die „Bauernzeitung", von Manfred Bosch bearbeiteter Beitrag, in: Manfred Bosch (Hg.), Alemannisches Judentum. Spuren einer verlorenen Kultur, Eggingen 2000. Die von Heinrich Vetter gegründete „Vetter Stiftung" in Mannheim stellt sich zwischenzeitlich selbstkritisch der Arisierungsgeschichte der Unternehmensgruppe.

74 Urteil des LG Konstanz vom 20. Juli 1949, StaaAFr F 167/2 Nr. 48

75 Nicht-arische Firmen im Bezirk Konstanz, Aufstellung der Stadt Konstanz 1938, WirtABaWü Bestand A 6, 2. Teil 7, sowie StAKN S II 14511, Aufstellung des Ratsherrn Brachat vom 9. Januar 1939, Grundbuchakten Konstanz, Einzelakten innerstädtischer Grundstücke.

76 StaaFr LG Konstanz, F 167/3 Nr. 18

77 Grundbuchakten Konstanz, Rosgartenstraße 27, Vergleich vor der Restitutionskammer 1949

78 Fall Adler, Grundbuchakten Rosgartenstraße 14. Fall Rothschild, Außergerichtliche Vereinbarung vom 19.Juli 1948, StaaFr F 167/2 Nr. 31

79 Grundbuchakten Konstanz, Kanzleistr. 9, E. Bloch, Juden, S. 149

80 Andrea Brucher-Lembach, „...wie Hunde auf ein Stück Brot". Die Arisierung und der Versuch der Wiedergutmachung in Freiburg, hg. Vom Arbeitskreis Regionalgeschichte Freiburg e. V., Freiburg 2004, S. 47

81 a.a.O. S. 85

82 „Was ist ein jüdischer Gewerbebetrieb?", Wirtschaftsarchiv Baden Württemberg, Bestand A 6, 2. Teil 4

83 Runderlass 5. Juli 1938, WirtABaWÜ bestand A 6, 2. Teil 4

84 Anfrage vom 26. Januar 1939 sowie Anfrage vom 4. Januar 1939, WirtABaWü Bestand A 6, 2. Teil 6

85 Grundbuchakten Konstanz, Kaufvertrag 18. Juli 1939

86 Grundbuchakten Konstanz, Brief vom 14. November 1956

87 Akte des Restitutionsverfahrens 1960, StaaAFr Bestand F 166/3 Nr. 7965, Südkurier 21. April 1990

88 StaaFr Bestand F 167/2 Nr. 77 Fall Rothschild sowie StAKN S II 14511 Fall Haymann

89 StAKN S II 14511, Lipsky/Wohlwert

90 a. a. O. Schreiben vom 28.Oktober 1938

91 E. Bloch, Juden, S. 154, Grundbuchakten Konstanz, Rosgartenstraße 15

92 E. Bloch, Juden, S. 272, Grundbuchakten Konstanz, Rosgartenstraße 12

93 Brucher-Lehmbach, Freiburg, S. 92

94 Vergl. hierzu z. B. Jörg Friedrich, Freispruch für die Nazi-Justiz. Die Urteile gegen NS-Richter seit 1948, Hamburg 1983, Manfred Bosch (Hg.), Als die Freiheit unterging. Eine Dokumentation über Verweigerung, Widerstand und Verfolgung im Dritten Reich, Konstanz 1985

95 Götz Aly, Hitlers Volksstaat, Raub, Rassenkrieg und nationaler Sozialismus, Frankfurt 2005, S. 25 u. 318, Zu den Zahlen vgl: Wiehn, in: Kustermann: Jüdisches Leben, S. 234, Erich Bloch: Juden von Konstanz, S. 167 ff., Klöckler, Selbstbehauptung S. 337 ff.

96 Brucher-Lehmbach, Freiburg, S. 100, Robert Wieler in E. Wiehn, Reichspogrom 1938, S. 18 , Konstanzer Zahlen: Bloch, Juden, S. 155

97 Brucher-Lehmbach, Freiburg, S. 104

98 StaaFr, Bestand F 166/3 Nr. 5353

99 M. Bosch, Interview Hannelore König, Hegau 2007, S. 272

100 Verstreute Angaben u.a. bei E. Bloch, Juden von Konstanz, Otto Leib, Erinnerungen, in: Konstanzer Almanach 1968 sowie bei E. Wiehn, Reichspogrom 1938

101 Der Landbote, 7. Juli 1938

102 Der Landbote, 12. Juli 1938

103 Johannes Ludwig, Boykott, Enteignung, Mord. Die „Entjudung" der deutschen Wirtschaft, München 1993, S. 200

104 Zit. n. Ludwig, a. a. O. S. 199

105 Reto Wissmann: Von Konstanz nach Kreuzlingen - Die jüdische Unternehmerfamilie V., S. 80ff, in: M. Bürgi, M. Rüthers, A. Wüthrich (Hrg): Kreuzlingen. Kinder Konsum Karrieren 1874-2000, Kreuzlingen 2001

106 a. a. O. S. 81

107 Zit. n. www.geschichte-schweiz.ch/fluchtlingspolitik-2-weltkrieg.html, Unabhängige Expertenkommission Schweiz – Zweiter Weltkrieg: Die Schweiz, der Nationalsozialismus und der Zweite Weltkrieg, Zürich 2002, S. 110 (aufgerufen: Febr. 2015)

108 a. a. O., S. 120

109 Ottenheimer, Wie hat das geschehen können. Von Konstanz in die USA, durch den Krieg und zurück. Jüdische Schicksale 1925 – 1996, S. 31 ff

110 Zu Weyrauch: Klöckler, Selbstbehauptung, S. 312, zu Haug: Engelsing, Sommer `39, S. 28

111 Otto Leib, Zivilcourage in dunkler Zeit, bearb. von Dieter Städele, Delphin-Buch, Konstanz 1989, S. 129 f.

112 Ermittlungsakten/Gerichtsakten im Strafverfahren gegen Viktor Rebholz, GLA Karlsruhe 507 Nr. 8459

113 Franco Battel, „Wo es hell ist, dort ist die Schweiz". Flüchtlinge und Fluchthilfe an der Schaffhauser Grenze zur Zeit des Nationalsozialismus, 2. Auflage, Zürich 2001, S. 200 ff.

114 Stefan Keller, Festung Schweiz, in: DIE ZEIT, Nr. 34, 14.

August 2000

115 Zit. n. Arnulf Moser, Einführungsvortrag zum Film „Die Helfer", Stadtarchiv Konstanz, 30. September 1998, Typoskript, S. 5

116 Der Landbote, 27. August 1938

117 Thurgauer Volksfreund, 10. Dezember 1938, zit. nach R. Wissmann, Kreuzlingen, a. a. O.

118 Stefan Keller, „Festung Schweiz", in: DIE ZEIT, 14. August 2000

119 Zit. n. Stefan Keller, „Wir sind empört", in: DIE ZEIT, 23. Januar 2014

120 a. a. O.

121 Reto Wissmann: Otto Raggenbass aus verschiedenen Perspektiven S. 110, in: Kreuzlingen, a.a.O.

122 Sopade, Exil-Berichte der Sozialdemokratischen Partei Deutschlands, Bericht Konstanz Juli 1938

123 Engelsing, Im Verein mit dem Feuer, S. 148 f, sowie Engelsing, „Die Bude muss weg". Die Konstanzer Synagoge brennt während der NS-Jahre gleich zweimal, in: DIE ZEIT/ ZEIT Geschichte Nr. 4, 2008, S. 50 ff.

124 Staatsarchiv Freiburg, Staatsanwaltschaft Konstanz (1978/59) Akte 1 Js 466/38, Protokoll 10.11.1938

125 Klöckler, Selbstbehauptung, S. 325, „Bodensee Rundschau", 14. November 1938

126 a. a. O., S. 322 f.

127 Der Landbote, Meldungen und Artikel auf der Titelseite vom 10. und 11. November 1938

128 Engelsing, Im Verein, S. 155, basierend auf dem Interview vom 16. Januar 1989

129 Schnellbrief der Sicherheitspolizei 11.11.1938 in: Leon Poliakov, Joseph Wulf (Hrg): Das Dritte Reich und die Juden, Dokumentation, Wiesbaden 1989, S. 41f.

130 Ehrhard Roy Wiehn, Interview mit einem Zeitzeugen, zit. in „Weltwoche", Nr. 43, 27.10.1988

131 „Der Kirchenrat des Kantons Zürich an das reformierte Zürcher Volk", veröffentlicht in „Landbote", 16. November 1938

132 Zit. nach Walter Jens: Macht der Erinnerung - Betrachtungen eines deutschen Europäers, Düsseldorf 1997, S.114 f.

133 Thomas Müller: Die Kirchen in der Konstanzer Politik und Gesellschaft der Nachkriegszeit, Diss.-Manuskript, Konstanz 1995, S. 48

134 Archiv des Ev. Oberkirchenrats in Baden, Karlsruhe, Personalakte Pfarrer Hermann Senges

135 „Konstanzer Zeitung" 20.11.1933, „Luther-Gedenktag"

136 Mündliche Mitteilung der damaligen Gemeindeschwester Käthe Karle gegenüber dem Autor.

137 Eberhard Mayer: Die evangelische Kirche in Ulm 1918-1945, Ulm 1998, S. 427.

138 Michael Kißener (Hrg.): Widerstand gegen die Judenverfolgung, Konstanz 1996, S. 105 ff.

139 StAKN S II 15222

140 Kaufverträge 8.12.1938, 11.6.1940, Vergleich 23.4.1949 Grundbuchakten Sigismundstraße 19 und 21, sowie Klöckler, Selbstbehauptung, S. 337

141 Stellungnahme von Justizrat Fehn, Notariat 3 Karlsruhe vom 9. Juli 1958, a. a. O.

142 Zit. n. Horst Ferdinand, Die Misere der totalen Dienstbarkeit: Robert Wagner (1895 - 1946), NSDAP-Gauleiter, Reichsstatthalter von Baden, Chef der Zivilverwaltung im Elsass, in: Eberbacher Geschichtsblätter, Folge 91, Eberbach 1992, S. 139

143 Zit. n. Julia Wheatley: Die Schicksalsjahre der Konstanzer Juden 1933-1945, maschinenschriftliches Manuskript, Universität Konstanz, o.J., S. 52

144 Berty Friesländer, Für die meisten war es eine Reise ohne Wiederkehr, in: Südkurier, 18. Oktober 1980, sowie Engelsing, Interview mit Anne Nairn-Fürst, 1989

145 Archiv der Israelitischen Gemeinde Kreuzlingen, Akte Korrespondenz Gurs, Protokoll und Redemanuskript vom 29.10.1940. Heute im Archiv der Gedenkstätte Yad Vashem, Israel

146 a. a. O., Karte vom 10. April 1941

147 a. a. O., Karte vom 30. März 1941

148 Brucher-Lehmbach, Freiburg, S. 144

149 Brucher-Lehmbach, a. a. O., S. 126

150 Klöckler, Selbstbehauptung, S. 341

151 StAKN S II 15224

152 StAKN S II 13920

153 Engelsing, Juwelenversteigerungen aus Fabrikantenhäusern, in: Südkurier 5. Januar 1996

154 Zit. nach Engelsing, Im Verein mit dem Feuer, S. 156

155 M. Bosch, Interview mit Hannelore König, Hegau 2007, S. 291

156 Brief vom 4. Dezember 1945, StAKN S II 15219, Akten Hauptverwaltungsamt

157 Brief vom 10. Februar 1946 a. a. O.

158 Südkurier, Angaben des Statistischen Landesamts Baden-Württemberg, 18. April 1962

159 Zum Synagogenplatz nach 1945: Engelsing: Der rote Arnold, S. 320

160 Lothar Rotschild: Der Stein als Zeuge. Ansprache bei Einweihung des Gedenksteines für die zerstörte Synagoge der Israelitischen Gemeinde Konstanz, Konstanz 12. Mai 1946/11. Jahr 5706, gedruckter Redetext, hrsg. von der Israelitischen Gemeinde Kreuzlingen, Kreuzlingen 1946

161 Erhard Roy Wiehn, Jüdisches Leben und Leiden in Konstanz. 50 Jahre Israelitische Kultusgemeinde 1964 – 2014, Konstanz 2014, S. 26

162 Wiehn, Jüdisches Leben, S. 23

163 Pressemitteilung der IRG vom 11. Dezember 2014

164 „Urteil im Gestapo-Prozess", Südkurier, 30. Oktober 1948

165 „Von schwerer Schuld freigesprochen", Südkurier, 25. November 1948

166 M. Bosch, Interview mit Hannelore König, sowie Engelsing, „Es muss doch irgendwann mal eine Gerechtigkeit geben", Südkurier 21. April 1990

167 Vgl. hierzu Klöckler, Selbstbehauptung, S. 375 ff., Engelsing, Roter Arnold, S. 163 ff.

168 Klöckler, Selbstbehauptung, S. 378

169 Jürgen Klöckler, Stadtarchiv Konstanz, Chronologisch geführte Liste der Konstanzer Ehrenbürger, Stand: 19. August 2014

170 Peter Stadlbauer, Vater und Sohn Ehrlinger. Politik, Weltanschauung und strafrechtliche Verfolgung zweier NS-Belasteter aus Ostwürttemberg, in: Proske, Wolfgang (Hg.): Täter, Helfer, Trittbrettfahrer, Band 1, Reutlingen 2010, S. 87 - 123

171 Korrespondenz Stadtverwaltung Achern/Konstanz, September 1946, StKN S II 15219

172 Hans Günther Hockerts, Wiedergutmachung in Deutschland. Eine historische Bilanz 1945 – 2000, in: Vierteljahreshefte für Zeitgeschichte, Jg. 49 (2001), Heft 2, S. 167 ff.. sowie: Hermann-Josef Brodesser et. al., Wiedergutmachung und Kriegsfolgenliquidation. Geschichte, Regelungen, Zahlungen, München 2000, S. 249

173 Tobias Winstel, Verordnete „Ehrenpflicht". Wiedergutmachung für jüdische NS-Opfer, in: Angeloka Baumann, Andreas Heusler, München arisiert. Entrechtung und Enteignung der Juden in der NS-Zeit, München 2004, S. 219

174 Zit. n. Brucher-Lehmbach, Freiburg, S. 172

175 a. a. O., S. 171

176 StaaFr, Bestand F 167/2 Landgericht Konstanz, Restitutionsklagen

177 StaaFr F 167/2 Nr. 34 Haymann gegen Müller 1949/50

178 Südkurier 18. Dezember 1948

179 Schriftwechsel Nachlass Otto Leib sowie Grundbuchakte Marktstätte 19

180 Brucher-Lehmbach, Freiburg, S. 173

181 a. a. O., S. 222

182 Hauptstaatsarchiv Stuttgart, EA 99 / 001 Bü 73, Erhebungsbogen zur Dokumentation der Judenschicksale 1933 – 1945 in Baden-Württemberg auf Grund der Akten des Landesämter für Wiedergutmachung. Für die sorgfältige Auswertung der Kartei dankt der Autor dem studentischen Mitarbeiter stud. phil. Lukas-Daniel Barwitzki

183 StaaFr. Bestand F 166/3 Nr. 7019 Entschädigungsverfahren Siegfried Haberer

184 StaaFr Bestand F 166/3 Nr. 8056 Entschädigungsfall Anna van Geldern. Mündliche Auskunft von Edith Wolf, geb. van Geldern

185 StaaFr Bestand F 166/3 Nr. 5343 Entschädigungsfall Elise Dorsch

186 StaaFr. Bestand F 166/3 Nr. 5426

187 Tobias Winstel, München arisiert, S. 220

188 Zit. n. Engelsing, Der Rote Arnold, S. 312

189 Zit. n. Walter Rügert (Hg.), Jüdisches Leben in Konstanz. Eine Dokumentation vom Mittelalter bis zur Neuzeit, Konstanz 1999, S. 106

190 Südkurier, 11. November 1968

191 Otto Vogel, Bericht zur Taufsteinfrage in der Lutherkirche vom 30. 07. 1994

192 Südkurier 24. Dezember 2013

193 DIE ZEIT Nr. 5, 29. Januar 2015

194 „Angst vor dem Abgrund", Süddeutsche Zeitung, Nr. 22 vom 22. Januar 2015

195 Zit. n. „Eine Lehre für die Ewigkeit", Süddeutsche Zeitung, Nr. 22, 28. Januar 2015

196 a. a. O

NAMENSLISTE DER 1940 UND 1942 DEPORTIERTEN JÜDISCHEN BÜRGER

DIE AM 22. OKTOBER 1940 NACH GURS DEPORTIERTEN KONSTANZERINNEN UND KONSTANZER:

Julie Alcke	50 Jahre
Nelly Alexander	32 Jahre
Ruth Alexander	3 Jahre
Simon Alexander	39 Jahre
Alice Bab	36 Jahre
Ludwig Bab	68 Jahre
Lina Baer	64 Jahre
Charlotte Bloch	92 Jahre
Regina Bloch	65 Jahre
Berta Cohn	47 Jahre
Dora Deutsch	58 Jahre
Helene Dukas	49 Jahre
Klara Dukas	58 Jahre
Jakob Erlanger	75 Jahre
Else Falkenstein	59 Jahre
Laura Ferber	59 Jahre
Moritz Fürst	54 Jahre
Salomea Fürst	52 Jahre
Esther Fuchs	58 Jahre
Arthur Godlewsky	48 Jahre
Else Godlewsky	45 Jahre
Sara Godlewsky	66 Jahre
Leo Goldlust	16 Jahre
Manya Goldlust	46 Jahre
Paula Goldlust	12 Jahre
Klara Goldmann	65 Jahre
Moritz Goldmann	69 Jahre
Dagobert Guggenheim	30 Jahre
Salomon Guggenheim	63 Jahre
Toni Guggenheim	49 Jahre
Dolzina Hammel	66 Jahre
Gustav Hammel	79 Jahre
Johanna Hammel	42 Jahre
Fanny Harburger	67 Jahre
Frieda Harburger	66 Jahre
Rosa Harburger	67 Jahre
Sigmund Harburger	71 Jahre
Simon Harburger	77 Jahre
Fanny Haymann	74 Jahre
Ida Haymann	65 Jahre
Sophie Haymann	55 Jahre
Thekla Heilbrunn	58 Jahre
Laura Hirsch	53 Jahre
Jeanette Kletschoff	55 Jahre
Max Levi	64 Jahre
Rosa Levi	56 Jahre
Heinrich Liebermann	74 Jahre
Paul Liebermann	41 Jahre
Richard Liebermann	40 Jahre
Trude Liebermann	38 Jahre
Betty Lion	55 Jahre
Ida Lion	64 Jahre
Julius Lion	60 Jahre
Emma Loeb	59 Jahre
Hermann Maier	61 Jahre
Julie Mann	69 Jahre
Max Mann	74 Jahre
Anna Meißner	65 Jahre
Erwin Meißner	32 Jahre
Siegfried Meißner	66 Jahre
Hilde Merzbacher	41 Jahre
Julius Merzbacher	50 Jahre
Max Moch	36 Jahre
Rosa Moerschner	54 Jahre
Robertine Moses	63 Jahre
Rosa Moses	62 Jahre
Samuel Moses	65 Jahre
Chlothilde Neumann	59 Jahre
Moritz Neumann	64 Jahre
Minna Ohlenschläger	75 Jahre

Emma Olesheimer	83 Jahre
Hans Picard	30 Jahre
Mela Picard	55 Jahre
Albert Rosenfeld	63 Jahre
Erna Rosenthal	44 Jahre
Salomon Rosenthal	74 Jahre
Gertrud Rothschild	17 Jahre
Klara Rothschild	44 Jahre
Rosa Salomon	57 Jahre
Sally Salomon	64 Jahre
Blanka Samuel	64 Jahre
Ludwig Schatz	69 Jahre
Berta Schmulewitz	82 Jahre
Hugo Schriesheimer	32 Jahre
Max Schriesheimer	63 Jahre
Rosa Schriesheimer	60 Jahre
Albert Schwarzhaupt	54 Jahre
Hella Schwarzhaupt	43 Jahre
Klara Seewald	58 Jahre
Samuel Seewald	70 Jahre
Alfred Spiegel	39 Jahre
Betty Spiegel	54 Jahre
Helmut Spiegel	31 Jahre
Leopold Spiegel	64 Jahre
Cäcilie Spiegel	77 Jahre
Renée Stein	17 Jahre
Rachel Steinem	78 Jahre
Elsa Stux	61 Jahre
Robert Stux	65 Jahre
Berta Weil	68 Jahre
Berthold Weil	41 Jahre
Alfred Weil	60 Jahre
Rosa Weil	54 Jahre
Lina Weil	73 Jahre
Hugo Weill	55 Jahre
Anna Wieler	58 Jahre
Berthold Wieler	64 Jahre
David Wieler	69 Jahre
Ludwig Wolf	73 Jahre
Rika Wolf	70 Jahre
Lina Wolff	55 Jahre
Lehmann Wormser	70 Jahre

AM 24. APRIL 1942 WURDEN AUS KONSTANZ NACH IZBICA DEPORTIERT:

Friedrich Bensinger	16 Jahre
Sophie Bensinger	48 Jahre
Ida Birn	45 Jahre
Siegfried Birn	44 Jahre
Erwin Jung	59 Jahre
Julie Levy	53 Jahre
Bella Stern	56 Jahre
Irma Wieler	60 Jahre

NACH AKTUELLER QUELLENLAGE NACH 1942 AUS KONSTANZ DEPORTIERT:

Regina Levi 55 Jahre
vermutlich am 22.10.1940 nach Gurs
Fanny Bischofsheimer 71 Jahre
am 23.8.1942 nach Theresienstadt
Lina Eichler 72 Jahre
am 10.01.1944 nach Theresienstadt
Hans Liebermann 37 Jahre
Frühjahr 1941 nach Cholm
Chaja Clara Rauchfleisch
1943 nach Rumänien
Hermann Rauchfleisch 63 Jahre
1943 nach Rumänien

LITERATURHINWEISE

ALY, Götz: Warum die Deutschen, warum die Juden? Gleichheit, Neid und Rassenhass, Frankfurt a. M. 2012.

ALY, Götz: Hitlers Volksstaat. Raub, Rassenkrieg und nationaler Sozialismus, 4. Auflage, Frankfurt a. M. 2005.

BATTEL, Franco, „Wo es hell ist, dort ist die Schweiz". Flüchtlinge und Fluchthilfe an der Schaffhauser Grenze zur Zeit des Nationalsozialismus, Zürich 2001.

BAUMANN, Angelika / HEUSLER, Andreas: München arisiert. Entrechtung und Enteignung der Juden in der NS-Zeit, München 2004.

BERTZ, Inka / DORRMANN, Michael (Hg.): Raub und Restitution. Kulturgut aus jüdischem Besitz von 1933 bis heute. Herausgegeben im Auftrag des Jüdischen Museums Berlin und des Jüdischen Museums Frankfurt am Main, Frankfurt a. M. 2008.

BIBBY, Hildegard (Hg.): Themenband Jüdische Kultur im Hegau und am See (Hegau, 64), Singen 2002.

BLOCH, Erich: Das verlorene Paradies. Ein Leben am Bodensee 1897 – 1939, bearbeitet von Werner Trapp, Sigmaringen 1992.

BLOCH, Erich: Geschichte der Juden von Konstanz im 19. und 20. Jahrhundert. Eine Dokumentation, Konstanz 1971.

BOPF, Britta: Arisierung in Köln. Die wirtschaftliche Existenzvernichtung der Juden 1933 – 1945, Köln 2004.

BOSCH, Manfred: Als die Freiheit unterging. Eine Dokumentation über Verweigerung, Widerstand und Verfolgung im Dritten Reich in Südbaden, Konstanz 1995.

BOSCH, Manfred (Hg.): Alemannisches Judentum. Spuren einer verlorenen Kultur, Eggingen 2001.

BOSCH, Manfred: „Hitler war weg und wir waren da!" Manfred Bosch im Gespräch mit Hannelore König, in: Hegau, Zeitschrift für Geschichte, Volkskunde und Naturgeschichte des Gebiets zwischen Rhein, Donau und Bodensee, Jahrbuch 64 / 2007, Singen 2007.

BRÄUNCHE, Ernst Otto: Geschichte und Erinnerungskultur. 22. Oktober 1940 - die Deportation der badischen und saarpfälzischen Juden in das Lager Gurs (Lindemanns Bibliothek;116), Karlsruhe 2010.

BRODESSER, Hermann-Josef et. al., Wiedergutmachung und Kriegsfolgenliquidation. Geschichte, Regelungen, Zahlungen, München 2000.

BRUCHER-LEMBACH, Andrea: ... wie Hunde auf ein Stück Brot: Die Arisierung und der Versuch der Wiedergutmachung in Freiburg, Freiburg 2004.

BÜRGI, Michael / RÜTHERS, Monica / WÜTHRICH, Astrid: Kreuzlingen, Stadtgeschichte im Auftrag der Stadt Kreuzlingen, Kreuzlingen 2000.

BURCHARDT, Lothar / SCHOTT, Dieter / TRAPP, Werner: Konstanz im 20. Jahrhundert. Die Jahre 1914 bis 1945, Stadtgeschichte Bd. 5, Konstanz 1990.

BURGER, Oswald/ GÖRLICH, Harald (Hg.): Jüdische Gemeinden am Bodensee, Konstanz 1999.

DENKLER, Horst: Juden und jüdische Kultur im Vormärz, Bielefeld 1999.

DEUTSCHLAND-BERICHTE der Sozialdemokratischen Partei Deutschlands (Sopade) 1934-40; Salzhausen und Frankfurt am Main 1980.

ENGELSING, Tobias: Der Rote Arnold. Eine Lebensgeschichte 1883 bis 1950, Konstanz 1996.

ENGELSING, Tobias: „Die Bude muss weg". Chronik einer zweifachen Brandstiftung, in: DIE ZEIT, Magazin Geschichte, Nr. 4, Hamburg 2008.

ENGELSING, Tobias: Im Verein mit dem Feuer. Die Sozialgeschichte der Freiwilligen Feuerwehr 1830 bis 1950, Konstanz 1992.

ENGELSING, Tobias: Ohne Beichtzettel keine Absolution. Kirche und Religion im Alltag einer Stadt und ihrer Menschen, in: Familienbande. Konstanzer Familiengeschichte(n) aus vier Jahrhunderten, Hg. Rosgartenmuseum Konstanz, Konstanz 2005.

ENGELSING, Tobias: „Sogar die Bäume schauen uns anders an". Die jüdische Gemeinde: Alltagsleben vor 1933, Entrechtung und Vernichtung im Dritten Reich, in: „Mager und Knapp", Vom Hitlergruß zum Petticoat. Alltagswelten in der Grenzstadt Konstanz 1920 bis 1960, Katalog, Hg. Rosgartenmuseum Konstanz, Konstanz 2002.

FIDLER, Helmut: Jüdisches Leben am Bodensee, Frauenfeld 2011.

FISCHER-HÜBNER, Helga und Hermann: Die Kehrseite der „Wiedergutmachung". Das Leiden von NS-Verfolgten in den Entschädigungsverfahren, Gerlingen 1990.

FERDINAND, Horst: Die Misere der totalen Dienstbarkeit: Robert Wagner (1895 – 1945), NSDAP-Gauleiter, Reichsstatthalter von Baden, Chef der Zivilverwaltung im Elsass, in: Eberbacher Geschichtsblätter, Folge 91, Eberbach 1992.

FRIEDRICH, Eckhart / SCHMIEDER, Dagmar: Die Gailinger Juden. Materialien zur Geschichte der jüdischen Gemeinde Gailingen aus ihrer Blütezeit und den Jahren der gewaltsamen Auflösung, Schriftenreihe des Arbeitskreises für Regionalgeschichte e. V., Nr. 3, Konstanz 1981.

FRIESLÄNDER, Betty: Für die meisten war es eine Reise ohne Wiederkehr..., in: SÜDKURIER, 18. Oktober 1980.

GÖTZ, Franz (Hg.): Gailingen. Geschichte einer Hochrhein-Gemeinde (Hegau-Bibliothek, 98), Tübingen 2004.

HERZL, Theodor: Theodor Herzls Tagebücher 1895 - 1904, 3 Bände, Berlin 1923.

HOFFMANN, Andrea: Schnittmengen und Scheidelinien. Juden und Christen in Oberschwaben (Untersuchungen des Ludwig-Uhland-Instituts der Universität Tübingen; 110), Tübingen 2011.

KELLER, Stefan: Grüningers Fall: Geschichten von Flucht und Hilfe, Zürich 2014.

KLEE, Ernst: Persilscheine und falsche Pässe. Wie die Kir-

chen den Nazis halfen, Frankfurt a. M. 2005.
KIEßENER, Michael (Hg.): Widerstand gegen die Judenverfolgung. Portraits des Widerstands, Forschungsstelle „Widerstand" Universität Karlsruhe, Konstanz 1996.
KLÖCKLER, Jürgen: Selbstbehauptung durch Selbstgleichschaltung. Die Konstanzer Stadtverwaltung im Nationalsozialismus, Konstanzer Geschichts- und Rechtsquellen XLIII, Ostfildern 2012.
KRUSE-NIERMANN, Gabriela (Hg.): Aufgeschrieben, veröffentlicht und vielleicht nicht so schnell vergessen, Konstanz 2002.
KUSTERMANN, Abraham P. / BAUER (Hg.), Dieter R.: Jüdisches Leben im Bodenseeraum, Ostfildern 1994.

LEIB, Otto: Auf Umwegen nach Amerika, Konstanz / New Milford, N.J. 2002.
LEIB, Otto S., bearbeitet von Dieter Städele: Zivilcourage in dunkler Zeit – Eine Ehrentafel für mutige Menschen in den Jahren 1933 bis 1945. In: 5. Delphin-Kreis (Hrsg.): Das Delphin Buch Rund um Konstanz und dort selbst, Konstanz 1997.
LUDWIG, Johannes: Boykott Enteignung Mord. Die „Entjudung" der deutschen Wirtschaft, München 1992.
LUTUM-LENGER, Paula (Hg.): GrenzWege – Widerstand an der Schweizer Grenze 1933-1945. Haus der Geschichte Baden-Württemberg, Stuttgart 1994.

MUSEUM BERLIN (Hg.): Geschichte einer Ausstellung. Zwei Jahrtausende deutsch-jüdische Geschichte, Berlin 2001.

PICARD; Jaques. Die Schweiz und die Juden. 1933 – 1945, Zürich 1994.

OTTENHEIMER, Fritz: Wie hat das geschehen können? Vom Konstanz in die USA, durch den Krieg und zurück. Jüdische Schicksale 1925 – 1996, Konstanz 1996.
OVERLACK, Anne (Hg.): „Ich will als ein ganzer Mann und wahrhafter Deutscher zurückkehren mit reinem Gewissen". Die Kriegstagebücher des Nathan Wolf aus den Jahren 1914 bis 1917. Hegau-Bibliothek, Band 162, Reihe Forum Allmende, Band 10, Bankholzen 2014.

REHN, Marie-Elisabeth: Hugo Schriesheimer. Ein jüdisches Leben von Konstanz durch das KZ Dachau, das französische Internierungslager Gurs, das Schweizer Asyl und die USA nach Kreuzlingen. 1908-1989, Konstanz 2011.
RÜGERT; Walter: Jüdisches Leben in Konstanz. Eine Dokumentation vom Mittelalter bis zur Neuzeit. Im Auftrag der Stadt Konstanz herausgegeben von Walter Rügert, Konstanz 1999.

SCHOLDER, Klaus: Die Kirchen und das Dritte Reich, Bd. 1 Vorgeschichte und Zeit der Illusion 1918 – 1934, München 2000.
SCHREIBER, Sabine: Hirschfeld, Strauss, Malinsky . Jüdisches Leben in St. Gallen 1803 bis 1933 (Beiträge zur Geschichte und Kultur der Juden in der Schweiz, 11), Zürich 2006.
SEIFFERT, Hans-Hermann: Entrechtet – verschleppt – ermordet. Der Weg der Konstanzer Jüdin Johanna Hammel in die Gaskammer von Auschwitz-Birkenau 1898 – 1942, Konstanz 2007.
SEIFFERT, Hans-Hermann: In Argentinien gerettet – In Auschwitz ermordet. Die Schicksale der jüdischen Familien Salomon Guggenheim aus Konstanz und Abraham Guggenheim aus Donaueschingen 1933 – 1945, Konstanz 2010.
SEIFFERT, Hans-Hermann: „Meine geliebten Kinder!" Die Briefe der Konstanzer Jüdin Hella Schwarzhaupt aus der Internierung in Gurs und Récébédou an ihre Kinder, Konstanz 2013.
STERN, Fritz: Fünf Deutschland und ein Leben. Erinnerungen, München 2007.

VORDTRIEDE, Käthe: „Es gibt Zeiten, in denen man welkt". Mein Leben in Deutschland vor und nach 1933, Lengwil 1999.
VORDTRIEDE, Käthe: „Mir ist es noch wie ein Traum, dass mir diese abenteuerliche Flucht gelang". Briefe nach 1933 aus Freiburg im Breisgau, Frauenfeld und New York an ihren Sohn Werner, Lengwil 1998.

WIEHN, Erhard Roy: Judentum und Christentum. Gemeinsames und Trennendes im kurzen Überblick. Versuch einer vergleichenden Betrachtung als aktueller Denkanstoß, Konstanz 2010.
WIEHN, Erhard Roy: Jüdische Gemeinde Kreuzlingen, 70 Jahre. Geschichte, Erinnerungen, Dokumente 1939 – 2009, Konstanz 2009.
WIEHN, Erhard Roy: Jüdisches Leben in Konstanz. 50 Jahre Israelitische Kultusgemeinde 1964 – 2014, Konstanz 2014.
WIEHN, Erhard Roy: Jüdische Rückblicke auf die deutsch-schweizerische Grenzregion am Bodensee im 20. Jahrhundert : Gespräche in Israel, Konstanz und Kreuzlingen, Konstanz 2012.
WIEHN, Erhard Roy (Hg.): Oktoberdeportation. Die sogenannte „Abschiebung" der badischen und saarpfälzischen Juden in das französische Internierungslager Gurs und andere Vorstationen von Auschwitz. 50 Jahre danach zum Gedenken, Konstanz 1990.
WIEHN, Erhard Roy: Überall nicht zu Hause. Jüdische Schicksale im 20. Jahrhundert. Gespräche mit Überlebenden in Konstanz, Konstanz 2012.
WIEHN, Erhard Roy: Zum Reichspogrom 1938. Die Ereignisse in Konstanz 70 Jahre danach zum Gedenken, Konstanz 2008.
WIELER, Robert: 1939 – 1989. 50 Jahre jüdische Gemeinde. 50 Jahre jüdischer Frauenverein Kreuzlingen. Chronik. Kreuzlingen 1989.

BILDNACHWEISE

Umschlagfoto vorne: Veit / Hornung, Umschlagfoto hinten: Rosgartenmuseum

Rosgartenmuseum: S. 8, 9, 11, 12, 13, 14, 15, 16, 18, 19, 21, 22, 24, 25, 29, 32, 34, 36, 43, 42, 44, 61, 72 oben, 75, 76 unten, 81, 92, 99, 100 oben, 102, 104, 108, 121, 124, 125, 127, 130, 132, 139, 148, 183, 197, 213, 218, 221, 227, 229, 237

Stadtarchiv Konstanz: S. 17 (Z1.wolfH8-690), 39 (Z1.wolfH6-2631), 58 oben (Z1.wolfH38-1364), 71 (Z1.wolfH6-2631), 98 (Z1.fi.1527), 103 (Z1.fi.263.5), 171 (Z1.altD9-272)
Stadtarchiv Konstanz Nachlass Dr. Erich Bloch S. 26, 35, 40, 41, 45, 60, 65, 72 unten, 74 oben, 76 oben, 115, 116, 169, 182, 186, 231, 234

Deutsche Bahn Stiftung: S. 189, 252

ETH Zürich, Archiv für Zeitgeschichte: S. 37, 52, 53, 56, 59, 74 unten, 136 rechts, 140

Jüdisches Bürgerhaus Gailingen: S. 31, 82, 83, 190, 191
Kreisarchiv Konstanz: S. 79, 89, 91, 93, 96, 165, 185, 217
Landesarchiv Baden-Württemberg / Staatsarchiv Freiburg: S. 166, 184

Saarlandmuseum Saarbrücken, Stiftung Saarländischer Kulturbesitz, Inv. Nr. NI 919, Foto: Carsten Clüsserath, S. 20

Stadtmuseum Radolfzell: S. 28

Tourist-Information Konstanz: S. 258/259

Landesarchiv Baden-Württemberg / Hauptstaatsarchiv Stuttgart, EA 99001 Bü 304: S. 193, 195

Hella Wolff-Seybold: S. 76 oben, 208, 243, 246, 249

Annette Weiske: S. 22, 24, 43, 44, 61, 75, 76, 125, 127, 130, 139, 197, 213, 227, 237

PRIVATE BILDGEBER:

Archiv Manfred Bosch: S. 63, 86, 87, 254

Shlomit Craig: S. 135, 172

Archiv Engelsing: 23, 33, 51, 66, 68, 69, 84, 88, 95, 99 oben, 100 unten, 101, 105, 112, 113, 114, 117, 118, 122, 123, 128, 129, 136 links, 145, 147, 149, 150, 153, 154, 163, 167, 173, 175, 176, 180, 194, 204, 239, 240, 250

Ron Evans: S. 187, 188, 268

Helmut Fidler: S. 78

Janet Guggenheim: S. 48, 49, 138

Harald Herrmann: S. 99 unten

Dr. Rolf Hilb: S. 30, 144, 155, 156, 159, 161, 179

Erben Isi und Louis Hornung: S. 47, 57

Liliana Löwenstein: 141, 142, 143

Löwinstein-Litan: S. 137

Birgit Lockheimer: S. 109, 110

Familie Nissenbaum: S. 164, 202, 203, 205, 207, 209, 210/211, 212, 214, 215, 216, 220, 235, 242, 247, 248

Dr. Konrad Nowakowski, (Nachlass Schleich): S. 58, 90

Liselotte Rosenthal: S. 107

Hans-Hermann Seiffert: S. 199, 200

Marianne Wintgen: S. 54, 55

Yad Vashem, Israel: S. 192

Erinnerungsfoto aus dem Nachlass der Familie Spiegel

DIE AUTOREN

MANFRED BOSCH (GEB. 1947)

Mitbegründer und bis 2008 Mitherausgeber der „Allmende". Zahlreiche Darstellungen zu Literatur und Zeitgeschichte im deutschen Südwesten, u.a. „Bohème am Bodensee" (1997), „Alemannisches Judentum" (2000), „Schwabenspiegel 1800-1950" (2006; Mithg.) und „Oberrheingeschichten" (2010). Herausgeber von Werken von Jacob Picard, Käthe Vordtriede, Tami Oelfken, Robert Reitzel und Kurt Badt. Bodenseeliteraturpreis der Stadt Überlingen 1998 und 1997.

TOBIAS ENGELSING (GEB. 1960)

Dr. phil. Studium der Geschichte, Rechtswissenschaft und Politik an der Universität Konstanz. 1992 bis 2006 Redaktionsleiter bei der Tageszeitung „Südkurier". Seit 2007 Direktor der Städtischen Museen Konstanz. Lehrbeauftragter der Universität Konstanz, Fachbereich Geschichte. Autor zahlreicher Publikationen zur Geschichte der Bodensee-Region. Journalistische Tätigkeit u. a. für DIE ZEIT, verschiedene Tageszeitungen und Fernsehsender.

LISA FOEGE (GEB. 1982)

Dr. phil. Studium der Geschichte, Soziologie und Kunst- und Medienwissenschaften an der Universität Konstanz. 2007 Magisterarbeit zur Geschichte der Elektrizität in Konstanz. 2012 Promotion über das „Wessenbergheim" in Konstanz. Anschließend Volontariat an den Städtischen Museen Konstanz, seit 2015 Kuratorin / Mitarbeiterin im Museumsmanagement am Rosgartenmuseum Konstanz.

BIRGIT LOCKHEIMER (GEB. 1959)

Studium der Romanistik (Französisch und Spanisch) und Germanistik in Freiburg, Heidelberg und Poitiers. Verschiedene Lehrtätigkeiten. Seit 1991 Verlagslektorin. Tätigkeit als Herausgeberin und Übersetzerin. Mitarbeit bei der Initiative „Stolpersteine Konstanz".

DANKSAGUNG

Die Recherchen zu diesem Buch sowie die Drucklegung wurden gefördert durch die folgenden Institutionen und Personen:

Baden-Württemberg Stiftung
WIR STIFTEN ZUKUNFT

Dr. Dagmar Schmieder, Konstanz

Sparkasse Bodensee

Gesellschaft der Freunde und Förderer des Rosgartenmuseums e.V.

Familie Nissenbaum, Konstanz

Schwarz Außenwerbung, Konstanz

*„Für die schreckliche Vergangenheit unseres Landes
sind die Nachgeborenen nicht verantwortlich.
Für den Umgang mit dieser Vergangenheit schon.“*

NORBERT LAMMERT,
PRÄSIDENT DES DEUTSCHEN BUNDESTAGES,
AM 27. JANUAR 2015